Helmut Krätzl

Neue Freude an der Kirche

Helmut Krätzl

Neue Freude an der Kirche

Ein engagiertes Bekenntnis

Tyrolia-Verlag · Innsbruck-Wien

Mitglied der Verlagsgruppe „engagement“

Die Deutsche Bibliothek – CIP-Einheitsaufnahme

Ein Titelsatz für diese Publikation ist bei
Der Deutschen Bibliothek erhältlich

2. Auflage, 2002

Umschlaggestaltung: Claudia Gundolf, Rum
Umschlagbild: Claudia Gundolf, Rum
Digitale Ausführung: Satzstudio Walter Schöpf, Oberperfuss
Druck: Ueberreuter, Korneuburg
ISBN 3-7022-2412-2

Inhalt

Vorwort

Ein ernst genommenes Bischofsamt ist wahrscheinlich zu allen Zeiten eine Schiffsreise durch Kirchenlust und Kirchenleid gewesen und nie eine Reise in der Prunkbarke, in der sich die Würdenträger durch die Weltgeschichte rudern lassen.

Ein Bischofsamt in der Neige des zweiten und im Übergang zum dritten Jahrtausend hat seine besondere Spannung erlebt. Man hat die Segel seinerzeit im auffrischenden Passat des Konzils gesetzt, den Kompass überprüft, neue Passagen geplant und die Wimpel des Gottvertrauens fröhlich flattern lassen. Aber es kamen dann auch Flauten, Flauten der Angst und der Enge, der Extreme und der Unsicherheiten. Zwischendurch harte Kommandos und Unruhe und Ungeduld im Zwischendeck. Und immer wieder musste es dem Bischof darum gehen, zum rechten Kurs beizutragen und die Einheit im Ganzen zu wahren, der Verdrossenheit in der Crew zu begegnen und die Ängste der einen wie die Resignation der anderen zu mildern. Es hat sich ja eine nicht unbeträchtliche Zahl zu den Booten geschlichen, um das Schiff zu verlassen, zunächst (wie fast immer in der Kirchengeschichte) die Über-Traditionsbewussten in einem offiziellen Bruch und dann viele andere Entfremdete und Enttäuschte.

Es war sicher keine leichte Epoche für Bischöfe vom Schlage eines Helmut Krätzl. Sie erforderte immer wieder einen klaren Blick auf das Kursbuch der Offenbarung, den Kompass des Gewissens, die Sehnsüchte und Nöte der Mitreisenden und das Hoffen auf die Brisen des Geistes. Und die sind gekommen und kommen immer wieder. Manchmal aus Richtungen, aus denen die Fachleute kirchlicher Segelkunst sie gar nicht erwarten.

Krisenzeiten bringen auch unübersehbare Vorteile. Das Schiff, das sich Gemeinde nennt, verliert in diesen Nöten völlig den Charakter der Prunkbarke. Leute, die das noch so sehen wollen, leben in

der Illusionswelt kitschiger Historienfilme. Aber in Zeiten wie diesen kommt man auch drauf, dass es nicht genügt, wenn die Kirche als moralisches Schlachtschiff durch die Weltgeschichte dampft und sich damit begnügt, seine Kanonen auf das wahre (oder vermeintliche) Böse zu richten.
Die Kirche wird auch nicht einfach zum Schnellboot für die Ungestümen, die über alle Wellen hinwegpreschen wollen. In solchen Krisen wird die Kirche wieder zum bescheidenen, rettenden Fischerboot, das sich durchs Weltmeer kämpft und dessen einzige Größe darin besteht, dass der Herr zugestiegen ist und mitfährt – wie damals in der Nacht auf dem See ...

Krisenzeiten zwingen zum Wesentlichen. Und deshalb bin ich meinem lieben Mitbruder, mit dem ich immer ein Herz und eine Seele war, sehr dankbar, dass er seine Reiseroute als Bischof ins Wesentliche des Christseins und der Kirche in diesem Buche dokumentiert.

Altbischof Reinhold Stecher

Einleitung

Meine Freunde wollten zu meinem 70. Geburtstag eine Festschrift herausgeben. Sie sollte nicht in der üblichen Form eine Sammlung von Artikeln „Prominenter" sein, die dem Jubilar nahe stehen. Solche Festschriften enthalten wohl meist Beiträge auf hohem wissenschaftlichen Niveau, werden aber kaum gelesen, sondern dienen höchstens als Nachschlagewerke. So regten meine Freunde an, ich solle eigene Artikel und Vorträge aus den letzten Jahren heraussuchen, die von allgemeinem Interesse sind.

Dieser Vorschlag gefiel mir und ich durchstöberte mein Archiv der letzten fünf Jahre. Zu meinem Erstaunen fand ich dabei Arbeiten zu verschiedensten Themen, von Gottes großer Liebe zu seinem Volk bis zur aktuellen Herausforderung der Globalisierung für die Christen. Die Themen meiner Vorträge und Artikel habe ich meist nicht selbst gewählt, sondern sie wurden mir vorgegeben. Das zeigt einmal, wie vielfältig das Interesse bildungswilliger Christen heute ist, aber auch, zu welchen Themen man sich von einem Vertreter der Kirche Stellungnahmen erwartet.

Die meisten Beiträge in diesem Buch wurden schon einmal in Zeitschriften oder Sammelwerken publiziert. Zum Teil wurden sie direkt dafür geschrieben, zum anderen Teil handelt es sich um Vorträge, die erst später abgedruckt wurden. Das erklärt auch den unterschiedlichen Stil der einzelnen Kapitel.

Eigens für dieses Buch habe ich die kursiv gesetzten „Zwischentexte" geschrieben. Mit diesen wollte ich den jeweiligen Anlass aufzeigen, bisweilen auch die Nachwirkungen meiner Ausführungen. Gleichzeitig füge ich manches Biographische ein, so dass vielleicht eine Art aktuelles Porträt von mir entsteht, wo ich in der Kirche stehe und wofür ich mich besonders einsetze, was mich freut und worunter ich leide.

Wer wird das Buch nun lesen? Bei der Abfassung dachte ich an die ca. 20.000, die mein Konzilsbuch „Im Sprung gehemmt" gelesen haben. Viele von ihnen wollten noch mehr von mir über aktuelle Probleme der Kirche und der Welt erfahren. Ich dachte aber

auch an die vielen Hundert, die in den letzten Jahren zu meinen Vorträgen kamen. Sie werden den einen oder anderen Vortrag in diesem Buch wieder finden, sich aber doch auch für andere aktuelle Themen interessieren.
Als ich mein Konzept erstellt und die Auswahl der Artikel getroffen hatte, rief ich meinen Freund Dr. Otto Kaspar an, der damals noch Generaldirektor des Verlages Tyrolia war, und erzählte ihm davon. Er war vom Vorhaben begeistert und setzte alles dran, das Buch noch in die Herbstproduktion des Verlages zu bringen. So kann es pünktlich zu meinem Geburtstag im Oktober erscheinen. Ich bin ihm und dem Verlag für dieses Entgegenkommen sehr dankbar. Übrigens stammt Otto Kaspar aus derselben Pfarre St. Ulrich in Wien, in der meine erste Liebe zur Kirche geweckt wurde. Mein größter Wunsch wäre, dass durch dieses Buch in so manchen die Liebe zur Kirche vertieft oder wieder erneuert wird.

Helmut Krätzl,
am 15. September 2001, dem Gedächtnis der Schmerzen Mariens. Genau an diesem Tag vor 24 Jahren erfuhr ich in der Wiener Nuntiatur, dass mich Papst Paul VI. zum Weihbischof ernennen will.

I.

Warum ich die Kirche „trotzdem" liebe

Ich wollte zuerst das Wort „trotzdem" gar nicht schreiben, weil es nicht zu meiner Grundstimmung zur Kirche passt. Ich habe die Kirche von klein auf immer geliebt, auch wenn ich sie in unterschiedlichen Erscheinungsformen erlebte. Ich setze aber hier das Wort „trotzdem" aus zwei Gründen. Einmal, weil ich weiß, dass es vielen heute schwer fällt die Kirche zu lieben und ich ihnen dennoch „trotzdem" dazu Mut machen will. Zum anderen aber hat mich dazu Jean-Marie Roger Tillard inspiriert. Er wurde 1927 in Kanada geboren, trat in den Dominikanerorden ein und widmete sein ganzes Leben der Dogmatik. Während des Konzils war er theologischer Berater des kanadischen Episkopates, später Konsultor im Sekretariat für die Einheit der Christen, Mitglied der Internationalen Theologenkommission in Rom, Vizepräsident von „Faith and Order" im Ökumenischen Rat der Kirchen in Genf, Direktionsmitglied des Ökumenischen Institutes „Tantur" in Jerusalem und in vielen anderen theologischen und ökumenischen Gesprächsgruppen tätig. Wenige Monate vor seinem Tod gewährte er dem italienischen Journalisten Francesco Strazzari in einem eiskalten, winterlichen Ottawa (ein Bild für den Winter in der Kirche heute?) ein Interview über sein Verhältnis zur Kirche. Die Publikation dieses Interviews trägt den Titel: „Credo nonostante ..." Das ist das Lebensbekenntnis von Tillard. Er liebte die Kirche immer, er liebte die sich so verändernden Zeiten, die alle „Zeiten Gottes" sind, er ließ sich die Freude an der Kirche „nonostante tutto" nicht rauben. In dieser Haltung habe ich mich selbst wieder gefunden. Und in diesem Sinn schreibe ich auch hier „trotzdem".

Weil Gott die Kirche so leidenschaftlich liebt!

Ich erlebte die Kirche in meiner Kindheit im Widerstand gegen das Naziregime, musste zur DJ (Deutsches Jungvolk) und blieb doch stolzer Ministrant. Als junger Priester durfte ich in einer Kirche wirken, die viele Gläubige anzog, die Jugend faszinierte, sehr großen Einfluss im öffentlichen Leben und in der Politik hatte. Ich fühlte mich getragen vom Aufschwung der Kirche durch das Konzil und konnte danach manches aufbauend mitgestalten. In den 80er Jahren, bedingt durch tief greifende gesellschaftliche Veränderungen, setzte ein dramatischer Umschwung ein. Aus einer stolzen Kirche, in der ich groß geworden bin, war eine gedemütigte geworden. Ich war auf einmal gezwungen, viel intensiver als bisher nach dem Wesen der Kirche zu fragen. Da stieß ich auf das Buch „Kirche" von Jürgen Werbick (zurzeit Professor für Fundamentaltheologie in Münster in Nachfolge von J. B. Metz). Ganz betroffen machte mich darin der Gedanke „Gott hat eine Leidenschaft für die Welt". Diese Aussage öffnete mir einen neuen Zugang zum Verständnis von Kirche, das ich nun in vielen Vorträgen auch anderen weitergeben wollte, die in ihrem Stehen zur Kirche unsicher geworden sind. Im Wesentlichen kam ich immer wieder auf die folgende Betrachtungsweise der Kirche zurück:

Das menschliche und das göttliche Element der Kirche – eine komplexe Wirklichkeit[1]

Die neue Situation, in die die Kirche nach dem Konzil in einer nun pluralen Gesellschaft geraten ist, hat vielen Gläubigen Schwierigkeiten bereitet. Es war für sie nicht mehr die Kirche ihrer Jugend. Sie meinten ihre geistige Heimat verloren zu haben. Ich kann dies nachfühlen und war davon auch betroffen. Allerdings wollte ich das als Herausforderung annehmen und be-

[1] LG 8

gann mich zu fragen: Braucht die Kirche in dieser so veränderten Zeit nicht eine neue Gestalt? Hat nicht das Konzil gerade darum gerungen? War die Kirche, wie ich sie als Jugendlicher und zu Beginn meines Priesterseins erlebte, nicht doch zu triumphalistisch gewesen? Wurde nicht das äußere Erscheinungsbild der Kirche undifferenziert mit ihrem theologischen Wesensgehalt identifiziert, also die empirische, hierarchische Kirche völlig gleichgesetzt mit der theologischen Kirche als Braut Christi und unserer Mutter?[2] Eine solche Kirchensicht aber machte die Ämter und Würden in der Kirche, die Hierarchie schier unangreifbar, forderte unbedingten Gehorsam ein, denn er allein garantiert die Einheit und Wahrheit im Glauben.[3]

Das II. Vatikanische Konzil hat in der Kirchenkonstitution „Lumen gentium" einen neuen Ansatz zum Verständnis von Kirche gebracht. Die mit hierarchischen Organen ausgestattete Gesellschaft und der geheimnisvolle Leib Christi sind nicht identisch, sie bilden vielmehr „eine einzige komplexe Wirklichkeit".[4] Die äußerlich sichtbare Gestalt der Kirche soll das Zeichen, das Sakrament, das Werkzeug des inneren Geheimnisses der Kirche sein. Ich habe jedenfalls in dieser Zeit immer mehr zu verstehen gelernt, was das Konzil mit der sakramentalen Sicht der Kirche wollte, wenn es diese als „komplexe Wirklichkeit" darstellte, „die aus menschlichem und göttlichem Element zusammenwächst". Ich begann damals das Göttliche in der Kirche tiefer zu sehen und auch neu zu lieben. Das menschliche Element aber sah ich in seiner Veränderbarkeit, und das verpflichtet immer wieder zur Reform. Das Ziel jeder echten Erneuerung aber muss sein, dass das äußere ‚Kleid' der Kirche, also ihre Gestalt, den Wesensgehalt, das göttliche Geheimnis der Kirche, deutlicher erkennen lässt. Was aber ist dieses Geheimnis der Kirche?

---

[2] Vgl. M. Kehl, Wohin geht die Kirche? Freiburg-Basel-Wien 1996, 66
[3] Kehl, a.a.O. 66
[4] LG 8

Der unsichtbare Gott will in seinem Volk für die Welt sichtbar werden

Uns fehlt heute oft die Begeisterung für die Kirche, weil wir sie zu irdisch sehen. Mehr Freude an der Kirche bekommt, wer wahrnimmt, dass sie das von Gott erwählte Volk ist, dass er dieses Volk in unverbrüchlicher Treue liebt.

In Jürgen Werbicks Buch „Kirche" hat mich der Gedanke aufgerüttelt: *Gott hat eine Leidenschaft für diese Welt.* Werbick spricht davon, wie der unsichtbare Gott in dieser Welt sichtbar werden will. „Was von Gott ausgeht und werden will – zum Segen derer, die sich davon ergreifen und verwandeln lassen –, das ist die den Menschen geradezu überfallende, in Besitz nehmende, mitreißende, aufweckende *ruach* Jahwes, Gottes verzehrend-lebendig machende Geistleidenschaft. Und wie will Gott sichtbar werden? Mit seiner Leidenschaft für Gerechtigkeit – für das Lebensrecht der Armen und Kleinen, mit seiner Leidenschaft für das Leben – für ein Leben, das den Menschen und jeder Kreatur nicht Strafe, sondern Segen ist. Gott will sichtbar werden in denen, die sich von dieser Leidenschaft entzünden lassen und sie mittragen, mitertragen."[5] Das ist für mich nicht nur eine faszinierende theologische Beschreibung von Kirche, sondern gleichzeitig ein aufregendes pastorales Programm. Gottes Liebe zur Welt soll durch Menschen sichtbar werden, und zwar durch solche, die sich von Gottes „lebendig machender Geistleidenschaft" entzünden lassen, einer Leidenschaft für mehr Gerechtigkeit, die auch den Armen und Kleinen gilt, einer Leidenschaft für das Leben, das jedem Menschen und der Kreatur zum Segen wird. Mir sind dabei Bilder aus der Hl. Schrift neu verständlich geworden, die von dieser „Leidenschaft Gottes" Zeugnis geben.

[5] J. Werbick, Kirche. Freiburg-Basel-Wien 1994, 30

Gott sucht sich ein Volk, um dieses zum sichtbaren Zeichen des Heils zu machen

Volk Israel und Kirche gehören untrennbar zusammen.[6] Gott fängt ganz klein an, bei einer Familie, genauer bei Abraham. Er beruft ein kleines Volk, um durch dieses Volk und seine Geschichte sichtbar zu werden, um an ihm sein Wirken erlebbar zu machen. Gott führt es mit starker Hand aus der Knechtschaft, damit es zum Zeichen auf den einen Gott hin werde, von dem alles Heil kommt. Gottes Volk ist also nicht privilegiert, als ob es sich über andere erheben dürfte, sondern es ist dazu erwählt, Gottes Sein und Wirken für andere sichtbar zu machen. Und das sogar dann, wenn dieses Volk seiner Berufung untreu wird, in die Zerstreuung geht. Denn dann sammelt es Gott aus Barmherzigkeit wieder und führt es zurück.

Also Gott ist es, der die Initiative ergreift, nicht der Mensch. Volk Gottes, das ist nicht ein Volk, das sich gemeinsam auf die Suche nach (einem) Gott macht, sondern ein Volk, das erkennt, dass Gott es sich zu Eigen genommen hat, dass Gott es liebt. Und auf die bange Frage des Mose vor dem brennenden Dornbusch, wer der Heilige, der vor ihm steht, eigentlich sei, nennt Gott diesem Volk seinen Namen: „Ich bin der ‚Ich-bin-da'… Das ist mein Name für immer und so wird man mich nennen in allen Generationen."[7]

Es ist schade, dass der Katechismus der Katholischen Kirche den Gottesnamen wieder übersetzt mit „Ich bin der Ich-bin", also abstrakt philosophisch als das „ens a se" und nicht so „lebensnah" als der „Ich-bin-da".[8]

Als pastorales Programm heißt das zunächst, sein Volk, die Kirche, soll Gott im Heute sichtbar machen. Sie soll nicht nur von Gott reden, ihn in heiligen Zeichen verbergen, sondern erfahrbar machen, dass er da ist und wie er ist und wie er wirkt. Die größte Enttäuschung an der Kirche mag für viele heute sein, dass sie

---

[6] Vgl. dazu G. Lohfink, Wie hat Jesus Gemeinde gewollt? Freiburg-Basel-Wien 1982, 40f.

[7] Ex 3,14.15

[8] Katechismus der Katholischen Kirche, 206

von dieser liebenden, erlösenden Nähe Gottes nichts zu spüren bekommen, gerade in einer Zeit, in der die Sehnsucht nach Erfahrbarem, auch nach Gotteserfahrung wächst. Wie kirchliche Gemeinschaft im Kleinen und im Großen lebt, wie man in den Gemeinden und Diözesen miteinander umgeht, wie Christen beten und feiern, wie die Kirche den Menschen in den verschiedenen Situationen des Lebens, besonders in den existentiellen Krisen, begegnet, sollte etwas von der Nähe eines guten, verzeihenden, liebenden Gottes erahnen lassen. Aber das ist nur möglich, wenn sich viele in der Kirche, Frauen und Männer, Laien und geweihte Amtsträger selbst immer mehr von diesem *ruach* Gottes, von seiner Leidenschaft erwecken und mitreißen lassen. Kirche müsste in allem, was sie nach außen hin ist und tut, durchscheinen lassen, dass sie sich von einem Gott versammelt weiß, dessen Name „Ich-bin-da" heißt.

Der Gott, der sein Volk in die Freiheit führt

Es ist gut, dass heute am Anfang der Lehre über Gott, auch in der Schulkatechese, nicht zuerst der Schöpfergott betont wird, gleichsam aus vorgeschichtlichen Zeiten, sondern der Gott des Exodus, der mit starkem Arm mitten in der Geschichte wirkt und befreit. „Ich bin Jahwe. Ich will euch von der Last der Fronarbeit Ägyptens frei machen und aus der Sklaverei der Ägypter erretten, mit ausgestrecktem Arm. Ich will euch als mein Volk annehmen und will euer Gott sein."[9] Das war das Kernstück der Glaubensverkündigung für das Volk Israel, die Befreiung durch Gottes starken Arm.

Diesen Gott kann aber die Kirche von heute nur sichtbar machen, wenn sie auch selbst in ihrem seelsorglichen Tun in die Freiheit führt, zur Freiheit herausfordert. Im Galaterbrief (Gal 5,1) lesen wir, dass Christus uns zur Freiheit befreit hat. Gemeint ist nicht der autonome Mensch, der nun über sein Dasein selbstherrlich verfügen kann, sondern der Mensch, der sich im Gehorsam ge-

[9] Ex 6,6f.

gen Gottes Willen radikal freigibt und so sich erst selbst findet. Frei wird also, wer auf den Anruf Jesu hin auf Gott hört und aus seiner persönlichen Enge befreit für andere da ist. Freiheit gewinnt man durch Umkehr, indem man sich wegkehrt von falschen Bindungen an das Ich und das Irdische und sich hinwendet zu Gott und damit zum Menschen. Die Schrift spricht auch von der Freiheit vom Gesetz, wo dieses etwa als Mittel missbraucht wird, sich Gott gefügig zu machen. Vor solcher Gesetzesfrömmigkeit warnt Jesus selbst in scharfen Tönen. Freiheit ist dort, wo der Geist des Herrn wirkt. Die aus der Jüngergemeinde wachsende Kirche war eine, in der das freie Wort nicht nur geduldet, sondern auch geübt worden ist. Kirche und Freiheit sind theologisch untrennbar verbunden. Woran fehlt es, dass viele im Alltagsleben der Kirche das heute noch nicht erfahren?
Die Erwählung Gottes kommt aus freien Stücken, ohne jegliches Verdienst. „Nicht weil ihr zahlreicher als die anderen Völker wäret, hat euch der Herr ins Herz geschlossen und ausgewählt; weil der Herr euch liebt und weil er auf den Schwur achtet, den er euren Vätern geleistet hat, deshalb hat er euch aus dem Sklavenhaus freigekauft.“[10] Das bedeutet aber für den Christen: Zur-Kirche-gehören-Wollen ist kein gönnerhafter Akt eines „autonomen“ Menschen, sondern müsste aus dem Bewusstsein kommen, dass Gott einen erwählt hat, weil er liebt! Wann aber hat ein „Durchschnittsbürger“ der Kirche das schon erfahren? Von anderen zur Taufe getragen, mit einem Gottesbild aufgewachsen, das ihm eher Furcht einflößt, hat er das Christsein kaum als Geschenk erachtet und die Liebe Gottes nur höchst selten erfahren. Es braucht ganz neue Anstrengungen, um Erwachsenen die Bedeutung ihrer Taufe bewusst zu machen, damit sie daraus Kraft schöpfen für ihr Leben. Die Erneuerung des Bußsakramentes muss darauf hinzielen, dort dem barmherzigen Vater in seiner verzeihenden Liebe zu begegnen. Eucharistie wird dann nicht mehr als Pflicht empfunden werden, wenn das Gedächtnis an den Tod des Herrn uns dessen Liebe zu jedem von uns noch viel mehr zum Bewusstsein

[10] Deut 7,6–8

bringt und Kommunion als unverdiente Einladung zu einem Liebesmahl verstanden wird.

Gott ist in sein Volk „verliebt"

Wer immer noch meint, im Alten Testament stünde der strafende, richtende Gott im Vordergrund, kennt nicht die vielen Stellen, in denen Gottes Liebe in den rührendsten Bildern menschlicher Liebe dargestellt wird.

Gott, der sein Volk liebt, wie nur Eltern ihre Kinder lieben können

Das hat wohl am schönsten der Prophet Hosea ausgedrückt, wenn er Jahwe sagen lässt: „Als Israel jung war, gewann ich ihn lieb. Ich war es, der Efraim gehen lehrte, ich nahm ihn auf meine Arme. Sie aber haben nicht erkannt, dass ich sie heilen wollte. Mit menschlichen Fesseln zog ich sie an mich, mit den Ketten der Liebe. Ich war für sie wie die (Eltern), die den Säugling an ihre Wangen heben. Ich neigte mich ihm zu und gab ihm zu essen."[11] In diesen Texten wird verständlich, was „Gotteskindschaft" eigentlich heißt. Wie leicht reden wir aber sonst in der Verkündigung davon und es berührt kaum jemanden mehr. Das hieße also für heute, dem Menschen, der nicht „aufrecht gehen" kann, der verlassen sich nach menschlicher Liebe sehnt, der „blutverschmiert" wie in einer Wüste liegt, einen Gott verkünden, der ihn „in die Arme nimmt". Aber das muss erlebbar sein. Die Kirche muss Gott gleichsam ihre Arme leihen. „Die Kirche soll Medium sein. Was man von ihr sehen kann, das soll dem Blick der Menschen – der Glaubenden und um den Glauben sich Mühenden in ihr wie der Neugierigen außerhalb ihrer – erschließen helfen, wes Geistes Gott ist und aus welchem Geist die Glaubenden leben dürfen."[12] Warum haben aber dann die Menschen immer noch so andere Gottesbilder? Hat die Kirche nicht manchmal Gott „instru-

---

[11] Hos 11,1.3–5. Vgl. dazu auch die so berührende Stelle bei Ez 16,5ff.: „Am Tag deiner Geburt hat man dich auf freiem Feld ausgesetzt, weil man dich verabscheute. Da kam ich an dir vorüber und sah dich in deinem Blut zappeln; und ich sagte zu dir, als du blutverschmiert dalagst: Bleib am Leben!"

[12] J. Werbick, 38

mentalisiert", mehr von seinen Geboten als von seiner Liebe geredet? Wobei doch allemal das Motiv der Liebe Menschen viel eher zur Umkehr bringt als Angst vor dem Gericht.

„Weil der Herr euch liebt" wie ein Bräutigam seine Braut

Das Motiv der bräutlichen Liebe kommt schon im Alten Testament vor und zieht sich durch bis in die Bilder von der Kirche im Neuen Testament. Bei Hosea 2,22 lesen wir: „Ich traue mich dir an um den Brautpreis meiner Treue", oder bei Jes 62,5: „Wie der Bräutigam sich freut über die Braut, so freut sich dein Gott über dich." Man muss diesen Gedanken sehr menschlich weiterdenken: d. h. dass Gott verliebt ist in den Menschen und sich unbändig an ihm freut. Diese Schriftstelle kommt oft im Breviergebet vor. Ich halte dabei gerne inne und stelle mir junge Menschen vor, die verliebt sind, die den anderen auf einmal mit ganz neuen Augen sehen, wie gut er ist und wie schön. Die um sich herum alles vergessen um dieses „einmaligen" Menschen willen. Und dann wage ich es kaum auszudenken: So liebt Gott auch mich, sein Volk, seine Kirche?

Weil Gott sich seines Volkes schämt – gibt er ihm ein neues Herz

Gott will, dass sein Volk mitten unter anderen Völkern zu einem Zeichen seines Daseins und seines Wirkens werde. Was Gott aber tut, wenn sein Volk versagt, kommt am eindrucksvollsten bei Ez 36,26ff. zum Ausdruck. Gott verspricht den Seinen, die gefehlt haben, ein neues Herz und einen neuen Geist. Israel hatte durch sein sündhaftes Verhalten das ihm anvertraute Land „unrein" gemacht. Die anderen Völker rundum, die nicht an Gott glaubten, sagten spöttisch: „Das ist das Volk Jahwes!" Da schämte sich Gott seines Volkes, das seinen Namen trägt und diesen entweihte. Aber er straft es nicht, sondern will es selbst wunderbar reinigen. Das Herz aus Stein will er ihnen nehmen und ihnen dafür ein Herz von Fleisch geben. Seinen Geist will er in sie legen, damit sie endlich seine Gesetze achten und erfüllen. Gott gibt nie auf. Der „beleidigte" Gott zieht sich nicht zurück, sondern will zur Ehre seines Namens sein Volk neu heiligen.

Dieses Tun Gottes macht uns klar, worum wir im Vaterunser beten, wenn wir sagen: „Geheiligt werde dein Name." Ein Volk, das sich zu Gott bekennt, das sich Volk Gottes nennt, ehrt Gottes Namen durch sein Tun, durch Werke der Barmherzigkeit und Gerechtigkeit, durch Wahrhaftigkeit und Dienst am Frieden. Christen, die den Namen Jesu Christi tragen, verdienen diesen Namen erst, wenn sie etwas von Christi Geist und seiner Gesinnung in der Welt spüren lassen. Und gegen das zweite Gebot Gottes, „Du sollst den Namen Gottes nicht verunehren", sündigt nicht so schwer, wer heilige Namen gedankenlos ausspricht, viel schwerer sündigen, die den Namen „Christen" tragen, aber dann doch so leben, dass Gott sich ihrer „schämen" muss.

„Gott hat die Welt so sehr geliebt, dass er seinen einzigen Sohn hingab"

Hans Urs von Balthasar nennt das den „äußersten Einsatz Gottes für die Welt".[13]

In Jesus kommt Gott seinem Volk in unüberholbarer Weise nahe, mit Fleisch und Blut, in der ganzen Ausdrucksfülle menschlicher Liebe. Er will durch Jesus dieses Volk noch einmal sammeln. Jesus spricht es aus[14] und macht es deutlich durch viele Zeichen (z.B. die Zwölfzahl). Aber Jesus scheitert. Dieses Scheitern jedoch – und solches kann nur Gott – wird schließlich zum Heile aller.

War Israel schon immer angelegt als heilswirksames Zeichen für die ganze Welt, wird nun im Scheitern der Sammlung des „ersten Volkes" die Berufung zu seinem Volk auf alle ausgedehnt. Als Gefäße seines Erbarmens hat er uns berufen, „nicht allein aus den Juden, sondern auch aus den Heiden".[15] Denn durch sein Sterben riss Christus Jesus die trennende Wand der Feindschaft nieder und vereinigte die beiden Teile, Juden und Heiden.[16] Die Kirche wird zum neuen „Exodusvolk". An ihm „wird erst eigentlich wahr,

[13] H. U. v. Balthasar, In Gottes Einsatz leben. Einsiedeln 1971, 32
[14] Mt 23,37; Lk 13,34
[15] Röm 9,24
[16] Vgl. Eph 2,14

was Hosea als den neuen Bundesschluss – die neue Erwählung – schaute".[17]

Im Petrusbrief wird die neue Erwählung so beschrieben: „Ihr aber seid das auserwählte Geschlecht, die königliche Priesterschaft, das heilige Volk, die Gemeinde, die Gott zu Eigen gehört. Ihr sollt die Machttaten dessen verkündigen, der euch aus der Finsternis heraus in sein wunderbares Licht berufen hat: Ihr seid die, die einst nicht sein Volk gewesen, jetzt aber Gottes Volk geworden sind; die fern von Gottes Erbarmen waren, jetzt aber mit seinem Erbarmen beschenkt sind."[18]

Das also ist die Kirche heute. Wir sind das neue Gottesvolk, für das alles gilt, was dem ersten zugesagt worden ist, an dem alles zur Vollendung kommen soll. Wir gehören Gott, daher sind wir Volk Gottes, nicht aus Verdienst, sondern aus Erbarmen. Wir sind aus der Finsternis ins Licht berufen, gleichsam aus der Wüste aufgelesen in sein Haus geholt. Wir sollen die Großtaten Gottes verkünden, durch unser Sein und Leben. Das ist der große Anspruch an uns, den wir nie ganz erfüllen können. Es wird uns aber umso besser gelingen, je mehr Freude wir wieder an der Kirche haben.

Das Reich Gottes kommt, die irdische Kirche aber wird vergehen

Jeder erlebt Kirche heute in einer ganz konkreten Ausformung. Das kann beglückend, tröstend, aber auch belastend sein. Was aber dann? Ich habe gerade in den letzten Jahrzehnten immer klarer zu sehen begonnen: Kirche ist immer noch mehr als die kleine, vielleicht gar nicht immer im Sinne Jesu Christi handelnde Gemeinde, mehr als dieser oder jener Amtsträger, der den Blick auf Christus durch seine Fehlerhaftigkeit verstellt, mehr sogar als Kirche in einem Land oder in einem Kontinent. Das allein kann schon trösten. Medard Kehl rät unter vielem anderen, gleichsam durch die irdische Kirche auf das endgültige Ziel, das noch aus-

[17] Werbick, 64
[18] 1 Petr 2,10 mit Zitat aus Hos 2,25

stehende Reich Gottes zu schauen. Er sagt: „Je mehr es uns gelingt, die Kirche insgesamt auf das Reich Gottes hin zu relativieren, umso mehr werden wir befreit von einer engen Fixierung auf innerkirchliche Zu- und Missstände."[19] Dabei erinnert er sich an eine Predigt, die er in Tübingen gehört hat, in der in humorvoller Weise das bekannte Jesus-Wort aus der Bergpredigt abgewandelt wurde: „Suchet zuerst das Reich Gottes und seine Gerechtigkeit, alles andere wird euch dazugegeben – auch die Kirche." Die Kirche ist also eine ‚Zu-Gabe' zum Reich Gottes. Worauf wir hingehen, ist dieses Gottesreich, und Kirche ist ein Weg, ein oft mühsamer, gemeinsamer Pilgerweg. Und doch, wo Gemeinschaft im Geiste Gottes wächst, dort wird Kirche schon zu einem Durchblick auf das Reich Gottes hin, dort ist es schon hier und jetzt angebrochen. Das kann durch mich und meine Gebrechlichkeit verhindert werden, aber gerade auch durch mich gelingen.

Am 6. Mai 1996 sprach ich in diesem Sinn am Geistlichen Tag für Pastorale Berufe im Bistum Speyer in der Bildungsstätte Heilsbach bei Schönau. Es war eine Veranstaltung im Rahmen der „Initiative 2000", in der man sich in einem dreijährigen Erneuerungsprozess auf das Jubiläumsjahr 2000 vorbereiten wollte. Zusammen mit dem Diözesanbischof Dr. Anton Schlembach waren 500 Mitarbeiter und Mitarbeiterinnen gekommen. Das Referat ist publiziert in: Bischöfliches Ordinariat Speyer (Hg.), Herr, erneuere Deine Kirche; 1996. Im Jahr 1997 hielt ich dieses Referat leicht verändert vor 2500 Pfarrgemeinderäten in der Diözese Innsbruck in der Kongresshalle. Grundzüge dieses Referates wurden schließlich zu einer Schlüsselbetrachtung in vielen Priesterexerzitien und Besinnungstagen unter dem Titel „Neue Freude an der Kirche". Solche Exerzitien hielt ich für die Priester von Tirol und Südtirol im Bildungshaus St. Michael in Matrei am Brenner, für die Priester der Diözese Graz-Seckau im Stift Vorau, für die Priester der Diözese Linz in Puchheim, die Priester der Diözese

[19] Kehl, 118

Eisenstadt im Meditationszentrum „Ort der Mitte" in Laxenburg. Dasselbe Thema behandelte ich in Besinnungstagen für das Pastoralamt in Wien und für viele andere Gruppierungen. Ich glaube, dass ich so vielen Priestern und anderen Christen „trotz allem" eine tiefere Freude an der Kirche vermitteln konnte.

Weil das Konzil mein Priesterleben prägte

Die Herausgeber des Jahrbuchs der Religionspädagogik in Deutschland wählten für 1999, also für den Rückblick in das auslaufende Jahrhundert, das Thema „Schlüsselerfahrungen". Sie luden auch mich ein, eine solche Erfahrung aus meinem Leben zu beschreiben. Ich überlegte nicht lange. Die Schlüsselerfahrung meines Priesterlebens schlechthin ist das II. Vatikanische Konzil.

Wenn ich in das auslaufende Jahrhundert zurückschaue, dann ist für mich als Christ und Priester das II. Vatikanische Konzil eines der wichtigsten Ereignisse. Es veränderte nicht nur die katholische Kirche nach innen und nach außen, sondern nahm darüber hinaus einen unerwartet großen Einfluss auf die Gesellschaft. Für mich selbst war das Konzil in verschiedener Weise prägend. Als junger Priester war ich von 1960 bis 1963 in Rom für ein Zusatzstudium in Kirchenrecht. Als das Konzil 1962 begann, durfte ich als „Stenograph" Schreiberdienste tun. Von Rom zurückgekehrt wurde ich Pfarrer und erlebte die Auswirkungen des Konzils an der Basis. Schließlich arbeitete ich seit 1969 in der Diözesankurie an der Seite von Kardinal Dr. Franz König, einem ganz bedeutsamen „Konzilsvater", der dann auf seine Weise die Beschlüsse des Konzils in der Erzdiözese Wien und in Österreich umzusetzen versuchte. Seit 1977 bin ich Weihbischof in Wien und habe es mir zur Aufgabe gemacht, im Geiste des Konzils zu wirken. Wie ich das Konzil und seine Auswirkungen erlebte, möchte ich nun in acht Erfahrungen darstellen.

Ein Papst, der die Kirche aus der Erstarrung führt

Ich wurde 1954, also noch unter Pius XII., zum Priester geweiht. Wir erlebten damals ein Wiedererstarken des Christentums nach dem Naziregime und die souveräne Art, wie dieser Papst die Kirche leitete. Erst viel später merkte ich, dass die Erneuerung der Kirche nach dem 2. Weltkrieg eigentlich zu triumphalistisch er-

folgte. Wir hatten das Gefühl, der Papst führe die Kirche in eine neue Zukunft. In Wahrheit kam es in der zweiten Hälfte seines Pontifikates zu stark restaurativen Tendenzen. In der Enzyklika „Humani generis“ etwa kritisierte er 1950 scharf die neue Denkrichtung vieler französischer Theologen. Er warnte vor einer Relativierung der Scholastik und betonte wieder ganz besonders stark das kirchliche Lehramt. Viele Theologen der damaligen Zeit, besonders im deutschsprachigen und französischen Raum, erhielten Rede- oder Schreibverbot. Die Kirche schien zu erstarren.
Nach seinem Tod konnten sich die Kardinäle bei der Papstwahl offensichtlich nicht auf eine bestimmte Richtung einigen und wählten gleichsam als „Interimslösung“ den 77-jährigen Giuseppe Roncalli, den Patriarchen von Venedig. Ich stand damals am Petersplatz, als der neu gewählte Papst der „Stadt und dem Erdkreis“ seinen ersten Segen spendete, und ich war zutiefst enttäuscht. Auf der Loggia des Petersdoms erschien ein weithin unbekannter Mann, der äußerlich wie ein Relikt aus der Barockzeit wirkte. Aber gerade dieser Papst begann sehr bald selbstbewusst zu regieren und versetzte die katholische Welt durch die Ausrufung eines ökumenischen Konzils (das letzte war 1870) in Erstaunen, z. T. sogar in „Schrecken“. Er wollte ein „pastorales“ Konzil und keines mit einengenden Dogmatisierungen oder ausgrenzenden Anathemen. Das Konzil sollte nicht nur „den kostbaren Schatz bewahren“, sondern „einen Sprung nach vorwärts machen“. Er wünschte sich ein Konzil, das die Einheit der Christen fördert und das die Kirche innerlich so erneuert, dass sie gerade in einer Zeit beginnender tiefer Umbrüche der Menschheitsfamilie einen unverzichtbaren Dienst leisten könne. Es ging ein Aufatmen durch die ganze Christenheit, nicht nur in der katholischen Kirche. Man hatte das Gefühl, dass nun ein Papst an der Spitze der katholischen Kirche steht, der sie aus aller Erstarrung herausführen will. Das gab auch vielen außerhalb der Kirche neue Hoffnung.

Ein Lehramt, das auch zu lernen bereit ist

Wir hatten noch alle die starke Betonung des Lehramtes unter Pius XII. im Gedächtnis, bis hin zur Maßregelung vieler Theologen. Plötzlich erlebte ich am Rande des Konzils, dass Bischöfe aus der ganzen Welt, die meist noch in der engen „neoscholastischen" Theologie ausgebildet worden waren, theologische Berater neuerer Denkrichtung mitgenommen hatten. Kardinal König aus Wien wählte dazu Karl Rahner SJ (der knapp vorher noch „römische" Zensuren bekommen hatte), Kardinal Frings aus Köln hatte den damals jungen Dogmatiker Joseph Ratzinger an seiner Seite. Und jene Theologen, von denen manche noch vorher gemaßregelt worden waren, berieten nun ihre Bischöfe und arbeiteten mit ihnen an den vorbereiteten Texten. Die meisten Dokumente waren in der ersten Fassung von den vatikanischen Theologen aus der Zeit Pius' XII. konzipiert. Im Lauf der Beratung aber wurden nahezu alle inhaltlich grundlegend verändert. Ich erlebte zum ersten Mal, wie Bischöfe (das Lehramt) und Theologen (die Forschung) einmütig miteinander arbeiteten, wie also eine vom System aus gegebene Spannung zwischen beiden fruchtbar wurde. Die Bischöfe und damit das Lehramt waren erstaunlicherweise bereit, zu „lernen" und die „neuere" Theologie zu rezipieren.

Eine Kirche, die sich zum Dialog öffnet

Die römisch-katholische Kirche trat durch die Jahrhunderte nach außen meist als „Lehrmeisterin" auf. Sie beurteilte andere christliche Kirchen nach deren „Defiziten", stand den großen Weltreligionen reserviert oder gar feindlich gegenüber und meinte aus dem Schatz ihrer Tradition sogar die Fragen der „Welt" beantworten zu können. Letzteres hatte ja zu der so unheilvollen Spannung zwischen Glaube und Wissenschaft geführt.

Johannes XXIII. wollte die „Fenster und Türen" einer so geschlossenen Kirche aufreißen, um dadurch das Gespräch, den Dialog mit „draußen" zu signalisieren und zu eröffnen. Dieser

Dialog richtete sich zunächst an die anderen christlichen Kirchen. War früher nur das Trennende betont worden, entdeckte man nun dankbar das Gemeinsame und welche geistlichen Schätze auch in anderen christlichen Traditionen bewahrt wurden und gewachsen sind. Ich fühlte mich dadurch herausgefordert, nun wieder bewusster meine eigenen kirchlichen Wurzeln zu reflektieren, um erst so einen Beitrag für die Ökumene leisten zu können.
Das Konzil hat auch das Verhältnis der katholischen Kirche zu nichtchristlichen Religionen neu bestimmt. Am meisten hat mich beeindruckt, dass die unselige Polemik gegen das Judentum endlich aus profunden theologischen Erkenntnissen korrigiert wurde. Schließlich bewegte mich, dass das Konzil die Welt positiver zu sehen begann. Diese steht nicht (mehr) als Symbol des „Irdischen" gleichsam im Gegenüber zur Kirche, sondern die „Jünger Christi" wissen sich mit der Menschheitsfamilie schicksalhaft verbunden. Ziel der Kirche ist nach dem Konzil nicht eine „Verkirchlichung" der Gesellschaft, sondern ihr zu einer humaneren Entwicklung zu verhelfen.

Eine Kirche, die plötzlich das Interesse der ganzen Welt weckt

Das Weltinteresse am II. Vatikanischen Konzil war erstaunlich groß, ebenso die Erwartungen weit über die Kirchen hinaus. Der Grund mag gewesen sein, dass sich eine Kirche, die bislang fast als Symbol für Tradition und Dogma galt, nun zu „bewegen" begann. Innerkirchlich spürte man einen enormen Aufbruch, den der Papst selbst „aggiornamento" nannte. Plötzlich fanden auch solche Anerkennung, die vorher verurteilt und zensuriert worden waren. Das betraf Vorkämpfer in der liturgischen Bewegung, maßgeblich Engagierte in der ökumenischen Zusammenarbeit, das erlebten befreiend die Bibelwissenschaftler, die bis dahin in ihrer Forschung arg behindert waren, und Moraltheologen, deren neue Denkansätze nun ganz offiziell aufgegriffen wurden. Außerkirchlich erweckte die Kirche den Anschein, ein seriöser

Gesprächspartner für die gerade neu aufsteigenden, brennenden Probleme der Moderne zu werden.
Über allem aber stand ein Papst, der trotz seines Alters eine ungeheure Dynamik ausstrahlte, lebensbejahend und dialogbereit war und der sich in seinen Äußerungen zutiefst menschenfreundlich zeigte. Ein Papst, der etwas von einem unbesiegbaren Gottvertrauen ausstrahlte.

Ein Konzil, das bis in die Basis wirkt

Aus der Kirchengeschichte wusste ich, dass Konzilien meist Auswirkungen auf die lehramtlich formulierte Glaubenslehre und auf die Kirchenpolitik hatten, aber nur in ganz geringem Maß an der Basis Wirkung zeigten. Beschlüsse des Konzils von Trient (1545–1563), etwa die Ehegesetzgebung betreffend, kamen in manchen Pfarren erst im 20. Jahrhundert zur Anwendung. Das I.Vatikanische Konzil hat lehrmäßig und auch politisch vieles bewegt, kaum jedoch die Basis berührt. In den Jahren nach dem II. Vatikanum jedoch versuchte man die Beschlüsse in Diözesansynoden auf die Ortskirchen anzuwenden. Ich war damals zunächst Pfarrer in einer kleinen Stadt in Niederösterreich und erlebte, mit welchem Interesse die Vorbereitungstexte für die Wiener Diözesansynode (1969–1971) auch in den kleinsten Pfarren diskutiert wurden, vor allem, was die Erneuerung der Liturgie und die Neuordnung der Sakramente anlangte, aber auch, was die nun gewünschte Mitverantwortung der Laien in der Kirche betraf. Später erlebte ich in verschiedenen Aufgaben in der Diözesankurie in Wien, wie das Leben in den Pfarren durch die Diözesansynode selbständiger geworden war und wie auch das Interesse vieler Laien an theologischer Bildung wuchs. Freilich beobachtete man nun an der Basis manche Vorgänge in der Kirche kritischer als bisher. Zu Recht nahm man an, dass Mitverantwortung sich auch im gemeinsamen Diskurs und auch in verschiedenen Formen der Mitsprache zeigen müsse.

Eine römische Kurie, die mitten in der Erneuerung Angst bekommt

Es hatte zunächst alles gut angefangen. Die Erneuerungen wurden von einem Großteil des Klerus und auch der Laien erstaunlich bereitwillig aufgenommen. Seit Beginn der 80er Jahre erweckten verschiedene Äußerungen und Entscheidungen aus Rom den Eindruck, man wolle manches wieder zurücknehmen, schon Gewachsenes eher wieder ängstlich einengen. Und eine Reihe von Personalentscheidungen schienen einen solchen restriktiven Kurs noch zu bestätigen.

Ich stellte mir damals schon die Frage, was nun eigentlich zu dieser Angstreaktion geführt hatte. Ein Grund war vermutlich eine zunehmende Verunsicherung und Verwirrung in Gesellschaft und Kirche Ende der 70er und Anfang der 80er Jahre. Der Einfluss der Kirche in der Öffentlichkeit war geschwunden. Die bislang geschlossene und oft christlich geprägte Gesellschaft zerbrach und wurde plural. Manche gaben nun dem Konzil die Schuld daran. Plötzlich zeigte sich, dass der Dialog mit anderen christlichen Kirchen, mit den Weltreligionen und der Welt gar nicht so einfach ist. Es schien bedrohlich, sich aus dem sicheren Hafen innerkirchlichen Lebens zu sehr auf die raue See der weltlichen Bereiche begeben zu müssen. Manche fürchteten, Liebgewordenes im Zuge der Erneuerung verlieren zu müssen und dass aus zunächst kleinen Änderungen noch unabsehbar mehr kommen könnte.

Die Angst wächst derzeit „oben“ und „unten“. „Ganz oben“ fürchtet man, die Ortskirchen, sogar die Bischofskonferenzen, seien für mehr Selbständigkeit noch nicht reif. Die Theologie, in aller Öffentlichkeit und oft schon unter Zusammenschluss vieler Fachkollegen betrieben, droht zu einem „zweiten Lehramt“ zu werden. Die Öffnung zu anderen Konfessionen und Religionen könnte die eigene Identität aufs Spiel setzen. Zur Angst „von oben“ aber kommt auch eine „von unten“. Der Ruf von Laien und Priestern wird laut nach mehr Sicherheit, mehr Klarheit, nach deutlicheren Abgrenzungen. Es scheint unsere Kirche zurzeit wieder jene Angst gepackt zu haben, unter der schon die Urkirche nach dem Kreuzestod Jesu litt, so dass der Auferstandene sie immer wieder mahnen musste: „Fürchtet euch doch nicht!“ Ist damit nun alles, was nach dem Konzil aufbrach, wieder in Gefahr?

Eine Saat, die langsam zu wachsen beginnt

Mir sinkt manchmal der Mut, wenn ich den gesamtkirchlichen Kurs verfolge und wenn ich erlebe, wie Diözesanleitungen und sogar Bischofskonferenzen vor notwendigen Entscheidungen zurückschrecken. In den vielen Begegnungen an der Basis aber wächst wieder meine Zuversicht. Dort nämlich ist vom Geist des Konzils schon viel mehr verwirklicht, als manche wahrhaben wollen, obwohl in den Pfarren jetzt meist schon eine Generation am Werk ist, die das Konzil gar nicht mehr bewusst miterlebt hat. Das schreibe ich dem Wirken des Hl. Geistes zu.
Ich sehe das Wirken des Geistes in vielen neuen Aufbrüchen in der Kirche und im erstaunlichen Engagement von immer mehr Laien in den Pfarren. Der Geist des Konzils hat zu einer wachsenden Offenheit in der Kirche geführt, zur größeren Selbständigkeit der einzelnen Kirchenglieder, zum eigenen Gewissensentscheid, zum Mut, Neues zu beginnen und alten Ballast abzuwerfen. Ich meine, dass der Geist heute in Basisgruppen wirkt und doch auch in vielen Bischöfen weltweit, dass er in andern christlichen Kirchen wirkt, um uns an das gemeinsame Erbe zu mahnen, aber auch an die Mängel erinnert, die zur Trennung führten. Der Geist des Konzils lässt sich nicht aufhalten. Und wo man sich ihm widersetzt, wird manches so ad absurdum geführt, dass es dann, wenn auch später, wie von selbst zu großen Änderungen kommen wird. Die Saat des Konzils wächst langsam, aber sie wächst.

Ein Papst, der die Kirche ganz deutlich im Geist des Konzils ins 3. Jahrtausend führen will

Wir stehen am Beginn eines neuen Jahrtausends, ein Ereignis, das alle Menschen, ob gläubig oder nichtgläubig, innerlich bewegt.

Johannes Paul II. hat zu wiederholten Malen zum Ausdruck gebracht, wie sehr ihm daran liegt, die Kirche über die Schwelle des Jahrtausends zu führen. Man hat den Eindruck, dass ihm dieses Vorhaben sogar neue physische Kräfte in seiner sonst angeschlagenen Gesundheit verlieh. Unter vielen anderen Ratschlägen zur Vorbereitung auf die Jahrtausendwende sprach der Papst immer wieder von der nötigen Gewissenserforschung über das, was hinter uns liegt und nicht im Geiste des Evangeliums geschehen ist. Die Gewissensprüfung darf aber auch „die Annahme des Konzils, dieses großartigen Geschenks des Geistes an die Kirche gegen Ende des zweiten Jahrtausends nicht unberücksichtigt lassen", sagte er mahnend.[20] Ganz konkret hält er uns allen den Gewissensspiegel vor: „Ist das Wort Gottes in vollem Ausmaß zur Seele der Theologie und zur Inspiration des ganzen christlichen Daseins geworden, wie es *Dei Verbum* forderte? Wird die Liturgie, gemäß der Lehre von *Sacrosanctum Concilium,* als ‚Quelle und Höhepunkt' des kirchlichen Lebens gelebt? Wird in der Universalkirche und in den Teilkirchen die Communio-Ekklesiologie von *Lumen gentium* dadurch gefestigt, dass man den Charismen, den Diensten und den verschiedenen Formen der Teilnahme des Gottesvolkes Raum gibt? Eine Lebensfrage muss auch dem Stil der Beziehungen zwischen Kirche und Welt gelten. Die – in Gaudium et spes und in anderen Dokumenten gebotenen – Konzilsanweisungen bezüglich eines offenen, achtungsvollen und herzlichen Dialogs, der jedoch von einer sorgfältigen Unterscheidung und von dem mutigen Zeugnis der Wahrheit begleitet sein soll, bleiben gültig und rufen uns zu weiterem Engagement auf." Mir scheint, dass es dem Papst gerade angesichts einer so unsicheren Zukunft und einer Gesellschaft, die oft so orientierungslos ist, erneut bewusst wird, dass das Konzil der Kirche jene Richtung gewiesen hat, in der allein sie gerüstet ist, die vielen neuen Herausforderungen anzunehmen. Es darf aber erwartet werden, dass der Papst diese Gewissensfrage nicht nur allgemein stellt,

[20] Johannes Paul II., Apostol. Schreiben „Tertio millennio adveniente" v. 10. Nov. 1994, Nr. 36. Ähnliches sagt der Papst im Apostol. Schreiben „Novo millennio ineunte" v. 6. Jänner 2001, bes. Nr. 57.

sondern sich noch konkreter an jene wendet, die maßgeblich Verantwortung in der katholischen Kirche tragen und damit auch für die Umsetzung dessen, wozu uns der Geist Gottes im Konzil wohl führen wollte.

Die Schlüsselerfahrung meines Priesterlebens ist das II. Vatikanische Konzil. Ich bin dankbar, dass ich es erleben durfte. Es hat meine Liebe zur Kirche ganz wesentlich vertieft und ist mir zu einer neuen Motivation im priesterlichen Wirken geworden. Und gerade darum fühle ich mich auch verpflichtet, alles nur Erdenkliche zu tun, um möglichst vielen etwas vom Geist des Konzils zu vermitteln und sie anzuspornen, ihre ganze Kraft einzusetzen, dass sich die Kirche in dieser Richtung erneuert und weiterentfaltet. Das sind wir nicht so sehr der Kirche schuldig, als der Welt, der wir einen unverzichtbaren Dienst im Geiste Jesu Christi zu leisten haben.

Die erste Fassung dieses Artikels wurde publiziert unter: H. Krätzl, Mein Priesterleben ist durch das Konzil geprägt. In: Jahrbuch der Religionspädagogik (JRP) Band 16 (1999) 61–67. Ähnliches habe ich geschrieben: H. Krätzl, Über allem stand ein Papst. In: Die Presse (Sonderausgabe): Das Millennium – eine Bilanz. 7. Dezember 1999, S. 43. Ausführlich über das Konzil, was es mir bedeutete und was mir hernach noch fehlt, handelt mein Buch: H. Krätzl, Im Sprung gehemmt. Mödling 1998. Zum gleichen Thema: ders., „Das 2. Vatikanische Konzil", in: Religionspädagogisches Lexikon. Paderborn 2001, Bd. 2, Sp. 2264–2270.

II.

Aufbrüche in der Kirche

Die Aufbrüche in der Kirche nach dem Konzil sind vielfältig. All jene, die nur jammern, dass in der letzten Zeit der Glaube „verdunste", dass man religiöse Pflichten nicht mehr so ernst nehme, dass sich also vieles in der Kirche nur zum Schlechteren verändert habe, nehmen offenbar die neuen Aufbrüche in derselben Zeit nicht wahr. Nur wer die Kirche vor dem Konzil ganz bewusst erlebte, kann nachempfinden, was sich alles auch zum Besseren gewendet hat.

In meinen Vorträgen und Artikeln habe ich in den letzten Jahren dennoch öfter auf das hingewiesen, was nach dem Konzil noch fehlt und doch schon längst „weitergehen" sollte. Das trug mir manchmal den Vorwurf ein, ich kritisierte nur, griffe immer wieder nur die so genannten „heißen Eisen" auf und setzte meine Hoffnung allzu sehr auf Veränderung der Strukturen. Daher möchte ich in diesem Teil des Buches ganz bewusst Vorträge und Artikel veröffentlichen, in denen ich grundlegende Neuorientierungen in der nachkonziliaren Kirche angesprochen habe, die den Fortschritt der Erneuerung charakterisieren. Ich fand Zeichen dafür vor allem in der so wichtigen Wiederentdeckung des Hl. Geistes, in den vielfachen Bemühungen um mehr Spiritualität und Meditation sowie in der wachsenden Bereitschaft der Kirche zu einem echten Dialog und zu mehr Toleranz. Vieles hat wohl erst begonnen. Ich habe aber große Hoffnung für die Zukunft, weil ich einen deutlichen Lernprozess in verschiedenen Kreisen der Kirche wahrnehme. Der aber lässt erwarten, dass vieles in der nun eingeschlagenen Richtung weitergehen wird. Und dazu will ich in allem, was ich vortrage oder schreibe, ermutigen.

Die römisch-katholische Kirche fängt an eine „lernende Kirche“ zu werden

Für eine Festschrift zum 60. Geburtstag von Univ.-Prof. Dr. Johannes Dantine, Oberkirchenrat der Evangelischen Kirche A. B. in Österreich, sollte ich einen Beitrag liefern. Die Herausgeber stellten das Sammelwerk unter das Thema „Kirche – lernfähig in die Zukunft?“ Nicht ohne Stolz schrieb ich über den Lernprozess, der in der katholischen Kirche ganz offensichtlich durch das Konzil ausgelöst wurde. Ich glaube sogar, dass die röm.-kath. Kirche damit auch anderen Kirchen ein Beispiel sein könnte, sich auf ähnlich tief greifende Reflexionen und Weichenstellungen einzulassen. Gerade in so bewegten Zeiten wäre dies dringend nötig, zumal jede Kirche sich ständig erneuern, ja eine „ecclesia semper reformanda“ sein muss.

Dass die röm.-kath. Kirche eine „lernende“ werden soll, klingt zunächst fast nach einer Aufgabe ihres bisherigen Selbstverständnisses. Sie fühlte sich doch zumindest bis zum II. Vatikanischen Konzil im Besitz der vollen Wahrheit und meinte, aus ihrem „depositum fidei“, dem Glaubensschatz, alle Fragen des irdischen Lebens, aber auch des Lebens nach dem Tod beantworten zu können. Wir Katholiken haben seinerzeit gelernt, die Kirche einzuteilen in eine „lehrende“, vertreten durch das Lehramt, und eine „hörende“, das sind die Gläubigen, von denen einfach Glaubensgehorsam verlangt wird.

Im II. Vatikanischen Konzil hat die röm.-kath. Kirche ihr eigenes Wesen neu bedacht und sich in erstaunlich mutiger Weise zum Dialog nach innen und nach außen geöffnet. Dialog kann aber nicht nur Belehrung sein, sondern setzt Lernbereitschaft voraus. Im Folgenden sollen die verheißungsvollen Ansätze im Lernprozess der katholischen Kirche aufgezeigt werden, aber auch, was diesen Prozess immer wieder zu hemmen droht.

„Die Gesamtheit der Gläubigen kann im Glauben nicht irren" (LG 12)

Die katholische Kirche rückt in der Dogmatischen Konstitution „Über die göttliche Offenbarung" (DV) von einem einseitig statischen Offenbarungsbegriff ab und spricht nun von Gott, der sich in den hll. Schriften selbst offenbart und durch sie „aus überströmender Liebe die Menschen wie Freunde anredet und mit ihnen verkehrt, um sie in seine Gemeinschaft einzuladen und aufzunehmen" (DV 2). Sie hat also nicht nur abgeschlossene Glaubenswahrheiten zu tradieren, sondern stellt sich immer neu dem sich in Wort und Tat offenbarenden Gott. Konsequent beginnt das Konzilsdokument mit den Worten „Gottes Wort voll Ehrfurcht hörend und voll Zuversicht verkündigend ..." Also zuerst hören, dann verkündigen. Das gilt auch für das Lehramt. Es ist nicht über dem Wort Gottes, sondern dient ihm, indem es voll Ehrfurcht auf dieses hört, es heilig bewahrt und treu auslegt (DV 10). In diesem Hören stehen alle gemeinsam vor Gott, Amtsträger wie Laien, „lehrende" wie „hörende" Kirche. Das ganze Gottesvolk nimmt teil am prophetischen Amt Christi. „Die Gesamtheit der Gläubigen, welche die Salbung von dem Heiligen haben, kann im Glauben nicht irren. Und diese ihre besondere Eigenschaft macht sie durch den übernatürlichen Gaubenssinn (sensus fidei) kund." (LG 12)

Damit hat ein mehrfacher Lernprozess in der röm.-kath. Kirche eingesetzt. Einmal, die Hl. Schrift in Verkündigung und Forschung ganz in den Vordergrund zu stellen und immer wieder aus ihr neu zu lernen. Die Schrift ist nun die „regula fidei" (DV 21), das bleibende Fundament forschender Theologie (DV 24). Zum anderen aber lernte man den Glaubenssinn des ganzen Gottesvolkes wieder ernst zu nehmen, der ein nicht zu übersehendes Kriterium bei der Wahrheitsfindung darstellt.

Am Konzil ahnte wohl noch niemand, welche Folgen dieser Lernprozess für die katholische Kirche haben werde und wie schwer so manchen dieses Lernen fallen würde. Die systematische Theologie kann nun nicht mehr allein von vorformulierten Glaubenssätzen ausgehen und diese dann nachträglich aus der

Schrift beweisen. Lehramtliche Äußerungen müssen sich heute deutlicher auf biblische Argumente stützen als vornehmlich auf solche aus der Tradition. Es müssen ganz neue Formen gefunden werden, den „Glaubenssinn" des Gottesvolkes zu erheben und in lehramtliche Entscheidungen einzubinden. Inzwischen haben viel mehr Katholiken als früher den Umgang mit der Bibel gelernt und die Zahl der theologisch gebildeten Laien steigt ständig. Es ist eine Herausforderung für alle in der Verkündigung und Katechese, im Weiterlernen nicht zurückzubleiben. Sonst kann es sein, dass die Hörer im Lernen schon weiter fortgeschritten sind als jene, die von Kanzeln oder Kathedern nur wie früher üblich reden.

Statt „Rückkehr-Ökumene" – „versöhnte Verschiedenheit"

Johannes XXIII. wollte mit dem Konzil vor allem auch die Einheit unter den Christen fördern. Deshalb kündigte er das Konzil 1959 bewusst während eines Gottesdienstes im Rahmen der Weltgebetswoche für die Einheit der Christen an. Bei der Eröffnung des Konzils machte er es der katholischen Kirche zur Pflicht, „sich mit Nachdruck dafür einzusetzen, dass das ‚große Geheimnis' der Einheit sich voll offenbart". Nach vielen Jahren der Kontroverse, der gegenseitigen Abgrenzung und Verurteilung begann damit eine nicht leichte Phase des Umdenkens und Lernens. Wir Katholiken lernten auf einmal, die kirchenschaffenden Elemente auch in anderen christlichen Kirchen zu entdecken. Die liturgischen Handlungen in anderen christlichen Kirchen zeugen „ohne Zweifel tatsächlich das Leben der Gnade", hieß es nun, und müssen „als geeignete Mittel für den Zutritt zur Gemeinschaft des Heiles angesehen werden" (UR 3). Der ökumenische Dialog – lange Zeit verboten – wird nun sogar gefordert. Man erwartet sich davon Früchte für Lehre und Leben, entdeckt auf einmal mit Freude das gemeinsame Erbe, wird bereit, mit anderen die geistlichen Schätze zu teilen. Wir Katholiken haben den Wert der Wortverkündigung viel mehr zu schätzen gelernt und die Bibel viel deutlicher in unsere Gottesdienste gerückt. Die evangelischen Kirchen

scheinen das „Sakrament“, etwa den Wert häufigerer Abendmahlsfeiern, neu entdeckt zu haben. Freilich war schon den Konzilsvätern klar, dass Ökumenismus solcher Art nur verwirklicht werden könne, wenn zwei Grundhaltungen, und zwar auf beiden Seiten, da sind, nämlich Mut zur Reform und Demut.
Der Lernprozess in der Ökumene begann Erfolg versprechend, ist jetzt aber aus verschiedenen Gründen ins Stocken geraten. Ein Grund mag sein, dass man sich gar bald über leichtere Fragen einigte, nun aber doch noch wesentlich schwierigere anstehen, wie die Frage des kirchlichen Amtes oder der Ekklesiologie. Ein anderer Grund ist die wachsende Sorge um die eigene Identität inmitten einer immer säkularer werdenden Gesellschaft, in der alle Kirchen empfindliche Mitgliederverluste erleiden. Sich stärker mit der eigenen Identität beschäftigen, rückt aber auch das Ziel der christlichen Ökumene in ein neues Licht. Will man zwischen den christlichen Kirchen noch mehr Einheit oder eher mehr Anerkennung des je eigenen Selbstverständnisses? Bei der Erarbeitung der gemeinsamen Erklärung über die Rechtfertigungslehre hat sich „auf beiden Seiten“, in der römisch-katholischen Kirche und in den lutherischen Kirchen gezeigt, dass über die Zukunft der Ökumene noch keine einheitliche Meinung herrscht. Ein dritter Grund für die stagnierende Ökumene liegt auch darin, dass die oben erwähnten Grundhaltungen „Mut zur Reform“ und „Demut“ noch zu wenig erlernt sind. In der katholischen Kirche jedenfalls machen sich bedauerlicherweise wieder Kräfte bemerkbar, denen die bisherigen Schritte in der Ökumene schon zu weit gehen. Ganz im Stile früherer KontroversIhaltung werden sogar manche Reformen in der eigenen Liturgie als „Protestantisierung“ bezeichnet. Vielleicht fehlt es uns doch an Demut, frühere Entwicklungen zu korrigieren, eigene Fehler einzugestehen und nun auch von jenen zu lernen, die wir allzu lang als „Häretiker“ bezeichnet haben.

Der Dialog mit den nichtchristlichen Religionen

Das Konzil wollte zuerst ein eigenes Schema über das Verhältnis der katholischen Kirche zum Judentum verabschieden. In einer fast dramatischen Geschichte, nicht zuletzt durch politische Einflussnahme, kam es dann zu einer viel weiter reichenden „Erklärung über das Verhältnis zu den nichtchristlichen Religionen" mit den lat. Anfangsworten „Nostra aetate" (NA). Darin korrigierte die römisch-katholische Kirche ihre jahrhundertealte Haltung zu Judentum und Islam klar. Erst von da weg ist ein echter Dialog mit den zwei großen monotheistischen Religionen möglich und dieser hat, wenn auch zaghaft, wirklich schon begonnen.

Auch diesem interreligiösen Gespräch stellten sich alsbald große Hindernisse entgegen. Zunächst waren es Vorurteile auf beiden Seiten. Vielen Katholiken ist bis heute schwer klarzumachen, dass wir mit den Juden eine gemeinsame Wurzel des Glaubens haben, sie unsere „älteren Brüder" nennen sollen, nachdem wir sie doch durch Jahrhunderte als Feinde Jesu Christi, ja sogar als „Gottesmörder" verfemt haben. Mit dem Islam assoziieren auch heute noch viele jene Bedrohung des christlichen Abendlandes in der Geschichte, gegen die kaiserliche Armeen mit dem Segen der Kirche siegreich gekämpft haben. Und gar nicht so wenige fürchten heute, es könne verspätet und ganz „ohne Gegenwehr" durch Einwanderung zu einer Islamisierung Europas kommen.

Diesen Vorurteilen auf katholischer, vermutlich überhaupt auf christlicher Seite stehen auch solche der anderen Religionsgemeinschaften gegenüber. Auf jüdischer Seite ist in manchen Kreisen die Verletzung durch die vielen Formen der Verfolgung bis hin zum Holocaust so groß, dass man ein noch viel deutlicheres Einbekenntnis der Schuld der Christen am geschichtlich gewachsenen Antijudaismus gleichsam als Vorleistung für spätere theologische Gespräche fordert.

Das Gespräch mit dem Islam wiederum steht unter der leidvollen Erfahrung, dass Christen in Ländern, in denen fundamentalistische islamische Kreise die Macht haben, bei der Ausübung ihrer Religion schwer behindert oder gar verfolgt werden. Es ist ein schwerer Lernprozess, im Dialog nicht zuerst auf Reziprozität zu setzen, sondern auch zu weitgehenden eigenen Vorleistungen bereit zu sein.

Neben solchen, oft sehr emotional beladenen Hindernissen stehen Probleme theologischer Art. Im Gespräch mit Juden und Muslimen schafft z. B. das Bekenntnis zu Jesus Christus als Gottes Sohn noch immer erhebliche, scheinbar unüberwindbare Schwierigkeiten. Man nimmt uns Christen noch immer nicht ab, dass unser „trinitarisches" Denken keine Abweichung vom Monotheismus sei. So wird aber gerade dieses Problem zu einer neuen Lernaufgabe, nämlich zu reflektieren, wie wir über Jesus Christus theologisch reden müssten, ohne gleich missverstanden zu werden, und wie wir Jesus Christus verkünden, der die Trennwände zwischen Juden und Heiden niederreißen wollte, ohne gerade durch ihn neue Hindernisse im interreligiösen Gespräch aufzurichten.

Katholische Kirche will auch von der „Welt" lernen

Früher sagte man der katholischen Kirche eher ein gestörtes Verhältnis zur „Welt" nach. Irdisches ziehe vom Höheren, dem Spirituellen ab, „Weltentsagung" sei das Vollkommenere. Das Konzil hat in der Pastoralkonstitution „Über die Kirche in der Welt von heute" (GS) eine erstaunlich positive Stellung zur Welt, zum Irdischen bezogen. Die Kirche könne der menschlichen Gemeinschaft nicht nur Hilfen anbieten, sagt das Konzil, sondern erfährt von der Welt selbst Hilfe (GS 44). Erwähnt werden vor allem die Erfahrungen aus der Geschichte, der Reichtum der verschiedenen Kulturen, die Weisheit der Philosophen. Und den irdischen Wirklichkeiten spricht das Konzilsdokument eine eigene Autonomie und Eigengesetzlichkeit zu (GS 36). Das hieße aber, dass nun die Kirche mit den Wissenschaften, mit Wirtschaft und Kultur einen echten Dialog zu führen bereit ist, in dem das jeweilige Gegenüber als eigenständiger Partner respektiert wird.
Die Öffnung zur Welt ist schwerer, als man in der Euphorie der ersten Nachkonzilsjahre dachte. Vielfach fehlt Vertretern der katholischen Kirche für diesen Dialog das nötige spezielle Sachwissen und auch die Bereitschaft, von anderen Wissenschaften zu lernen. So werden heute neu auftauchende Fragen der Moral nicht ohne ernste Auseinandersetzung mit humanwissenschaft-

lichen Erkenntnissen beantwortet werden können. Für die Beurteilung der so komplexen Wirtschaftsfragen braucht es ein gehöriges Fachwissen, weit über die Theologie hinaus. Gerade ein so anspruchsvoller Dialog mit der Welt wäre aber heute notwendig, weil auf immer mehr Gebieten offene Gesprächspartner gesucht werden, um mit ihnen die größer werdende Verantwortung in Wissenschaft und Technik für die Zukunft teilen zu können.

Wie lernbereit ist die röm.-kath. Kirche nun wirklich?

Nur wer die Kirche vor dem Konzil erlebt hat, weiß, wie viel sie trotz mancher Rückschläge doch schon gelernt hat. Das Konzil hat aber auch viele Aufgaben erst gestellt, die es noch nachzulernen gilt. Erstaunlich ist, dass viele jüngere Katholiken, die das Konzil gar nicht mehr erlebten, sehr sensibel sind für die Art des Dienstes, den die Kirche der Welt heute zu leisten hätte. Viel mehr Katholiken als früher lernen im wahrsten Sinn des Wortes „Theologie". Und wer noch immer meint, mit kirchlicher Lehrautorität allein überzeugen zu können, merkt sehr bald, dass heute bei vielen innerhalb und außerhalb der Kirche, besonders bei der Jugend, nur mehr das Argument zählt, das vorgelebte Beispiel, die persönliche Autorität, nicht die eines Amtes. Schließlich aber werden wir alle durch die Herausforderungen der Zeit, durch die Sehnsüchte und Nöte der Mitmenschen, oft auch durch eine gnadenlose Kritik von außen zum Weiterlernen gedrängt. Wer nicht zum Lernen bereit ist, bleibt seiner Kirche und seinem Christsein vieles schuldig.

Kirche muss sich immer erneuern, auch die katholische. Nur eine lernende Kirche ist reformbereit. Wir Katholiken haben angefangen zu lernen, ein großes Pensum liegt aber noch vor uns. Nun gilt es, gemeinsam, auch im Verein mit den Christen anderer Kirchen, den Lernprozess, der vielfach in Gefahr ist, weiterzutreiben, damit nicht im Keim erstickt, was am Konzil so hoffnungsvoll begonnen hat.

Der Beitrag für die Festschrift von Johannes Dantine, der hier ein wenig überarbeitet wurde, ist publiziert unter dem Titel: „Die römisch-katholische Kirche fängt an, eine ‚lernende Kirche' zu werden." In: M. Bünker/Th. Krobath (Hg.), Kirche – lernfähig in die Zukunft? Festschrift für Johannes Dantine zum 60. Geburtstag. Innsbruck 1998, 297–304. Bedauerlicherweise ist Oberkirchenrat Dantine kurz nach seinem 60. Geburtstag für uns alle unerwartet gestorben. Ich habe ihm in der Wochenzeitung „Die Furche" am 2. Aug. 1999 ein „Bewegtes Gedenken" verfasst. Dantine war für mich eine Schlüsselfigur der Ökumene. Er litt darunter – wie übrigens auch viele Katholiken –, dass vieles zu langsam geht. Die Angst – die auf „beiden Seiten" da ist –, man könne durch zu viel Ökumene die eigene Identität gefährden, hat er nie gekannt. Es ging ihm um die gemeinsame Herausforderung aller Christen angesichts der bedrohenden Probleme in Gesellschaft und Welt. Der röm.-kath. Kirche gegenüber habe ich ihn in den letzten Jahren auch als einen sehr besorgten Beobachter mancher Vorgänge erlebt. Vielleicht ist es eine besonders schöne Frucht der Ökumene hier im Lande – und auch das haben wir gelernt –, dass wir Schwierigkeiten, gar Fehler bei den „anderen" nicht mehr selbstgefällig registrieren, sondern leidvoll mittragen, weil wir Christen insgesamt dadurch unglaubwürdig werden.

Die Kirche hat im Konzil den Heiligen Geist neu entdeckt

Als der Rücktritt von Kardinal König im August 1985 vom Papst angenommen worden war, wurde ich vom Wiener Domkapitel zum Diözesanadministrator gewählt. Ein Jahr später wurde P. Hermann Groer OSB zum Erzbischof ernannt und ich blieb zunächst als Weihbischof ohne Ressort. Nach mehrmaliger Bitte um ein Aufgabengebiet, das ich ja als Weihbischof im Sinne des Konzils haben sollte, fragte mich Groer, was ich am liebsten täte. Ich antwortete: „Ich möchte Bischofsvikar für die Orden werden." Groer, ein spätberufener Ordensmann, quittierte dies mit einem Lächeln, weil er mir gerade diese Aufgabe nicht zutraute, und wies mir dann Erwachsenenbildung und Weiterbildung der Priester zu. Umso mehr freute ich mich, dass ich später dennoch oft von Ordensgemeinschaften zu Vorträgen und Exerzitien eingeladen wurde.
Im Apostolischen Schreiben „Tertio millennio adveniente" hatte der Papst 1994 die Wiederentdeckung des Geistes als einen Schwerpunkt der Vorbereitung auf das Jubeljahr 2000 bezeichnet. Deshalb stand der gesamtösterreichische Ordenstag 1998 unter dem Thema „Leben aus der Kraft des Heiligen Geistes". Ich sollte dabei das Hauptreferat halten. Es war nun für mich eine willkommene Gelegenheit, gerade die „Wiederentdeckung" des Hl. Geistes durch das Konzil für Ordenschristen deutlich zu machen. Die folgenden Ausführungen haben einen deutlichen „Redestil". Ich sprach ja am erwähnten Ordenstag zu einigen hundert Ordenschristen und will hier die Atmosphäre der persönlichen Anrede spüren lassen.

So sehr wir in unseren Gebetsformeln die Trinität immer wieder nennen, wurde dennoch in der Theologie, im praktischen Glaubensleben und damit auch in den Strukturen der lateinischen Kirche der Hl. Geist nahezu vergessen. Erst das Konzil hat die Kirche wieder trinitarisch gesehen und damit auch das Wirken des Hl. Geistes neu entdeckt. Ich möchte einige Gründe für das „Vergessen" des Hl. Geistes anführen, dann den Spuren der Wiederentdeckung folgen und ganz konkrete Konsequenzen daraus für das Leben der Einzelnen sowie für die Ordensgemeinschaften aufzeigen.

Der vergessene Heilige Geist

Die nichtkatholischen Beobachter auf dem Konzil, orthodoxe, protestantische und anglikanische, warfen den Konzilsvätern vor, die lateinische Kirche habe den Hl. Geist vergessen und dies zeige sich auch noch in den ersten Entwürfen der Konzilstexte.[21] Dafür gibt es historisch verschiedene Gründe.[22] Schon in der Urkirche wurden Bewegungen, die sich schwärmerisch, enthusiastisch auf den Hl. Geist beriefen, als gefährlich empfunden. Um Ordnung zu wahren, stellte man dem Charisma verstärkt das Amt gegenüber. Die geringe Beachtung des Hl. Geistes im Glaubensleben fand ihre Entsprechung auch in der systematischen Theologie. Im Gegensatz zur Ostkirche sah man die Kirche im Westen fast nur noch als Werk und Wirkraum Jesu Christi, was auch Folgen für die Strukturen hatte. Gisbert Greshake fasst diese Sichtweise so zusammen: „Als Jesus Christus sein irdisches Leben beendet hatte, setzte er als seinen sichtbaren Nachfolger den Papst ein. Infolgedessen sind Papst und Papsttum das Einheits- und Konstruktionsprinzip der Kirche." Ein solches Verständnis von Kirche aber, so folgert Greshake, „ist im Grund ein a-trinitarisches".[23] Das führte zu einer Überbewertung des Amtes in der Kirche und zu einer Geringschätzung der Charismen, brachte vermehrten Zentralismus und behinderte das sich bewusste Öffnen für das Wirken des Hl. Geistes. Vom Konzil wird erzählt, dass ein deutscher Dogmatiker auf die Frage eines evangelischen Kollegen, warum die katholische Kirche ein pneumatologisches Defizit aufweise, geantwortet habe: „Für uns ist der Hl. Geist nicht

[21] Vgl. Y. Congar, Der heilige Geist, Freiburg i. Br. 1982, 147
[22] Vgl. B. Hilberath, Pneumatologie. Düsseldorf 1994, 16ff.
[23] G. Greshake, An den drei-einen Gott glauben. Freiburg-Basel-Wien 1998, 97

so wichtig, wir haben das Lehramt." Und was die Gnadenlehre anlangte, ging die Sicht mehr auf die Einwohnung des Hl. Geistes im einzelnen Christen, auf einzelne Sakramente, weniger aber auf die Sakramentalität der Kirche insgesamt. All das hatte auch Auswirkungen auf die Frömmigkeit und das Gesamtleben der Kirche.

Der Heilige Geist wird wieder entdeckt

Ohne Zweifel gehört es zu den wichtigsten Errungenschaften der konziliaren Theologie, dass der Hl. Geist „wieder entdeckt" wurde. Das zeigen die Konzilsdokumente und ganz konsequent die nachkonziliaren päpstlichen Schreiben.

In der Dogmatischen Konstitution über die Kirche (LG) wird die Kirche vor allem trinitarisch gesehen.[24] Die Kirche wird nicht, wie noch von Pius XII., vornehmlich von der Idee des mystischen Leibes her definiert, auch nicht als Fortsetzung der Inkarnation bezeichnet, sondern als das „von der Einheit des Vaters und des Sohnes und des Heiligen Geistes her geeinte Volk" (LG 4). Die vom Konzil besonders betonte „Communio-Ekklesiologie", also Kirche zuerst als Gemeinschaft gesehen, hat in der trinitarischen Konzeption ihren Grund. Die Folgen waren eine erneute Sakramententheologie, die Aufwertung der Charismen in der Kirche, aber auch ein Überdenken struktureller Fragen.

Diese theologische Sicht musste aber erst für das Leben der Kirche wirksam gemacht werden. Daher hat Paul VI. in der Generalaudienz vom 6. Juni 1973 darauf hingewiesen, dass nun im Sinne des Konzils „ein neues Studium und eine neue Verehrung des Heiligen Geistes folgen" müsse, „eben als notwendige Ergänzung der Lehre des Konzils"[25]. Die nachkonziliare Lehrverkündigung entsprach dem sehr deutlich. Johannes Paul II. schrieb drei große Enzykliken zum Thema Trinität, nämlich „Redemptor hominis" über Christus den Erlöser, „Dives in misericordia" über

[24] Vgl. dazu das Kapitel „Die Pneumatologie des Zweiten Vatikanischen Konzils" in: Y. Congar, Der heilige Geist, 147–153

[25] Zit. in der Enzyklika „Dominum et vivificantem" (DeV), 2

Gott, den barmherzigen Vater, und schloss diese Trilogie mit „Dominum et vivificantem", der großen Enzyklika über den Heiligen Geist im Leben der Kirche und der Welt. 1996 wendete der Papst im nachsynodalen Apostolischen Schreiben „Vita consecrata" die Lehre von der Dreifaltigkeit ausführlich auf Leben und Spiritualität der Menschen des „gottgeweihten Lebens" an.[26] Schließlich stellte der Papst die drei letzten Jahre des auslaufenden Jahrtausends unter das Geheimnis der Trinität. Er erachtete die „Wiederentdeckung der Anwesenheit und Wirksamkeit des Geistes" als eine der wichtigsten Aufgaben in der Vorbereitung auf das Jubeljahr 2000.[27] Wichtig ist diese Aufgabe, weil in der Tat der Geist es ist, „der die von Christus den Menschen gebrachte einzige Offenbarung in der Kirche aller Zeiten und aller Orte aktualisiert, indem es sie im Herzen eines jeden lebendig und wirksam werden lässt".[28] Es ist der Geist, dessen Wirksamkeit uns in den Sakramenten und den Charismen deutlich wird. Es ist der uns geschenkte Geist, der uns voll Sehnsucht auf die Vollendung der ganzen Schöpfung hoffen lässt.[29]
In diesem Sinn möchte ich zunächst vom Wirken des Geistes im persönlichen Leben, in den Sakramenten und im Gebetsleben sprechen.

Der Heilige Geist im persönlichen geistlichen Leben

Es geht nicht darum, nur zum Hl. Geist zu beten, sondern sich seines Wirkens in uns bewusst zu werden. Am Beispiel einiger Sakramente, der Lebensweihe der Ordensleute und dem Gebet will ich das nun zeigen.

Taufe und Firmung

Im Gegensatz zur Ostkirche empfangen wir Taufe und Firmung in der Regel (ausgenommen bei einer Erwachsenentaufe) getrennt.

[26] Johannes Paul II., Nachsynodales Apostol. Schreiben „Vita consecrata" (VC), 25. März 1996
[27] Johannes Paul II., Apostol. Schreiben „Tertio millennio adveniente" (TMA), 10. Nov. 1994, n. 45
[28] TMA 44,2
[29] TMA 46

Was geschieht beim einen, was dann noch beim anderen?[30] Der Geist wird schon in der Taufe verliehen. Was steuert dann die Firmung noch bei? Vermehrung der Gnade? Das geschieht doch auf vielerlei Weise, etwa im Gebet und in allen Sakramenten. Ist es die *Besiegelung* der Taufe? Das sagen zahlreiche alte Texte der Liturgie, und der nach dem Konzil erneuerte Firmritus hat die ostkirchliche Formel aus dem 4. und 5. Jh. übernommen. So spenden wir heute die Firmung mit den Worten: „Sei besiegelt durch die Gabe Gottes, den Heiligen Geist". Yves Congar stellt hier einen fast kühn anmutenden Zusammenhang mit dem zweimaligen Herabkommen des Geistes im Dasein Jesu her und will damit erklären, was Taufe und Firmung je eigens bewirkt. Das erste Herabkommen des Hl. Geistes hat Jesus, das Wort Gottes, den Sohn Marias, ins Dasein gebracht. In der zweiten Herabkunft des Hl. Geistes bei der Taufe im Jordan wurde Jesus zu seiner Messiasfunktion gesalbt und damit zum „Christus" (Gesalbten) gemacht. Und auf uns wendet Congar das so an: „Ganz ähnlich lässt uns die Taufe im Schoß der Kirche empfangen und geboren werden, während die Firmung uns an der messianischen Salbung Christi teilhaben lässt".[31]

Der Gedanke ist wunderschön und schafft uns einen wahrhaft spirituellen Zugang zu dem, was in Taufe und Firmung in uns geschehen ist und wozu wir berufen wurden. Das Konzil sagt: „Durch das Sakrament der Firmung werden sie (die Gläubigen) vollkommener der Kirche verbunden und mit einer besonderen Kraft des Hl. Geistes ausgestattet."[32] Und an einer anderen Stelle heißt es: „Durch die Wiedergeburt und die Salbung mit dem Heiligen Geist werden die Getauften zu einem geistigen Bau und einem heiligen Priestertum geweiht."[33] Für die Zukunft scheint mir ein Hauptanliegen der Seelsorge zu sein, den Erwachsenen, die meist als Kinder getauft wurden, zu helfen, sich ihrer Taufgnade bewusst zu werden. Und viel mehr als bisher sollte unsere

[30] Vgl. dazu Congar, 455ff.
[31] Congar, 457
[32] LG 11
[33] LG 10

pastorale Anstrengung der Firmvorbereitung gelten, um jungen Menschen einigermaßen verständlich zu machen, was es heißt, dass sie gesalbt werden, „um Christus dem Sohne Gottes ähnlich zu werden", wie wir im Firmritus ja beten.
Ihnen, liebe Ordensleute, rate ich aber, in Ihren Betrachtungen oft bei dem Gedanken zu verweilen, wie Sie durch die Taufe im Schoß der Kirche Kind geworden und wie sie schon in der Firmung zu einer ganz persönlichen Sendung in der Kirche gesalbt worden sind.

Das gottgeweihte Leben oder das Leben aus der Profess

Das nachsynodale Schreiben „Vita consecrata" widmet das ganze erste Kapitel den christologisch-trinitarischen Quellen des geweihten Lebens. Es soll eine „Confessio Trinitatis"[34], ein Bekenntnis der Dreifaltigkeit werden. Ihr Leben also, liebe Ordensleute, soll ein Lob der Dreifaltigkeit werden.
Der Ursprung Ihrer Berufung zum geweihten Leben liegt nicht bei Ihnen, sondern ganz und gar in der Initiative des „Vaters". „Von Gott gerufen, zu Gott hin", heißt es in VC[35], „durch den Sohn", aber vom Heiligen Geist geweiht.[36] VC bringt das schöne Bild aus dem Jeremiasleben, wie der Prophet trotz aller Anfechtung sagt: „Du hast mich betört, o Herr, und ich ließ mich betören".[37] Haben Sie nicht dann und wann etwas davon erfahren, dass Gottes Geist Sie betört hat, Sie nicht losgelassen hat, trotz so vieler Wenn und Aber? „Der Geist ist es, der das Verlangen nach einer vollkommenen Antwort weckt; er formt und bildet die Seele der Berufenen, indem er sie nach dem keuschen, armen und gehorsamen Christus gestaltet und sie anspornt, sich seine Sendung zu Eigen zu machen. Während sie sich auf einem Weg unablässiger Läuterung vom Geist leiten lassen, werden sie immer mehr zu Personen, die mit Christus gleichförmig sind, zur Verlängerung einer besonderen Gegenwart des auferstandenen Herrn in die

[34] Überschrift von VC zu 17ff.
[35] VC 17,2
[36] VC 19
[37] Jer 20,7

Geschichte hinein."[38] Oder mit anderen Worten: Die „vorrangige Aufgabe des geweihten Lebens ist das Sichtbarmachen der Wunder, die Gott in der schwachen Menschlichkeit derer wirkt, die er berufen hat."[39] Am jeweiligen Charisma Ihres Ordens können Sie erkennen, wie Sie die Liebe Gottes im Heute sichtbar machen sollen.

Was der Geist in der Eucharistie an uns wirkt

Zunächst denkt man beim Wirken des Hl. Geistes in der Eucharistie an seine Herabrufung auf die eucharistischen Gaben, also an die Epiklese. Es ist auch gut, dass sie in der liturgischen Erneuerung wieder stärker betont wird, weil dadurch gleichsam das „verwandelnde Wirken" des Priesters im rechten Sinn relativiert wird. Denn der Geist ist es, der wirkt, und zwar durch den Priester, aber auch durch das ganze, vom Geist geweihte anwesende Volk. Hier aber möchte ich besonders über das Wirken des Geistes im Kommunionempfang reden.

„Zahlreiche Epiklesen beten darum, dass der Geist nicht nur die Opfergaben in den Leib und das Blut Christi konsekriere und nicht nur diese heilige, sondern auch in den Gläubigen den Empfang der Kommunion Frucht bringen lasse."[40] Also um die Frucht geht es beim Empfang der Kommunion. Wie oft haben wir schon bedauert, dass selbst die tägliche Kommunion eigentlich so wenig Früchte für unser geistliches Leben und den Alltag bringt. Vielleicht sollten wir öfter für uns und für die mit uns Feiernden beten, dass wir vom Hl. Geist erleuchtet besser erkennen, zu welchem Weg und welchem Tun uns gerade an diesem oder jenem Tag das Brot des Lebens stärken will. Die geistlichen Schriftsteller nennen allgemein einige Früchte, die offenbar besonders aus der Kommunion erwachsen sollen. Der hl. Thomas schreibt dem Hl. Geist bei der Kommunion die Spendung des Glaubens und der Liebe zu, wodurch der Gläubige mit Christus und der Kirche ver-

---

[38] VC 19,2
[39] VC 20,2
[40] Congar, 481, mit vielen Beispielen aus den Kirchenvätern

eint wird.[41] An die Nähe Christi denken wir ja oft, viel seltener aber, wie uns dieses gemeinsame Mahl auch untereinander und mit den vielen in und außerhalb der Kirche eins werden lassen soll. „Jesus ist in uns, aber der Hl. Geist muss seinen Hauch, sein Feuer, seine Dynamik hinzufügen, damit die sakramentale Gegenwart Christi ihre Wirkung hervorbringt."[42] Der Geist muss eingreifen, der in uns die Liebe wirkt, und diese Liebe ist auf die Verwirklichung des Werkes Gottes in der Welt und auf sein Reich hingeordnet.

Auf noch eine ganz persönliche Frucht macht uns der Papst in seiner Enzyklika über den Hl. Geist aufmerksam, wenn er sagt: „Durch die Eucharistie lernen die Personen und Gemeinschaften unter dem Wirken des Beistandes, des Trösters, den göttlichen Sinn des menschlichen Lebens zu entdecken".[43] Die Frage nach dem Sinn des Lebens ist für viele oft sehr quälend, besonders in ganz schweren Zeiten des Lebens. Je inniger und geistbewegter die Begegnung mit Christus nun in der Eucharistie ist, umso eher finden wir darauf eine Antwort. Denn „tatsächlich klärt sich nur im Geheimnis des fleischgewordenen Wortes das Geheimnis des Menschen wahrhaft auf".[44]

Der Geist, der uns beten lehrt

Der Geist lehrt uns beten, denn wir wissen selbst oft nicht, „worum wir in rechter Weise beten sollen; der Geist selber tritt jedoch für uns ein mit Seufzen, das wir nicht in Worte fassen können."[45] „Der Hl. Geist bewegt uns also nicht nur dazu, dass wir beten, sondern führt uns ‚von innen her' auch im Gebet selber, indem er unser Unvermögen ergänzt und uns von unserer Unfähigkeit zu beten heilt: Er ist gegenwärtig in unserem Beten und verleiht ihm eine göttliche Dimension ... Das Gebet wird durch das Wirken des Hl. Geistes ein immer reiferer Ausdruck des neuen Menschen, der

---

[41] Congar, 485
[42] Congar, 487
[43] DeV 62, mit Bezug auf GS 22 und 24
[44] GS 22
[45] Röm 8,26

dadurch am göttlichen Leben teilnimmt."[46] Der Papst weist in seiner Enzyklika über den Hl. Geist ausdrücklich darauf hin, wie notwendig es ist, dem Menschen von heute zum Beten zu verhelfen. So wird all unser Gebet auch Schule des Betens für andere.

Gemeinschaftliches gottgeweihtes Leben als Abbild der Dreifaltigkeit

Wenn heute so gerne von der „geschwisterlichen Kirche" geredet wird, dann hat das seinen berechtigten Grund, wenn wir die Kirche als eine durch die Trinität versammelte Gemeinschaft sehen. Es ist erfreulich, dass der Papst sich für das Wachsen dieser Geschwisterlichkeit in der Kirche so viel von den Gemeinschaften gottgeweihten Lebens erwartet. „Das geweihte Leben hat zweifellos das Verdienst, wirksam dazu beigetragen zu haben, in der Kirche das Verlangen nach Geschwisterlichkeit als Bekenntnis zur Dreifaltigkeit lebendig zu erhalten. Es hat durch die ständige Förderung der geschwisterlichen Liebe auch in der Form des Gemeinschaftslebens gezeigt, dass die Teilnahme an der trinitarischen Gemeinschaft die menschlichen Beziehungen dahingehend zu verändern vermag, dass sie eine neue Art von Solidarität hervorbringt. Auf diese Weise zeigt das geweihte Leben den Menschen sowohl die Schönheit der geschwisterlichen Gemeinschaft als auch die Wege, die konkret zu ihr führen."[47]
Aber was sind diese Wege? Unter anderem[48]: eine bedingungslose gegenseitige Liebe, eine Bereitschaft, den anderen so, wie er ist, ohne Vorurteil anzunehmen, die Fähigkeit, auch ‚siebenundsiebzigmal' (Mt 18,22) zu vergeben, der Wille, keinen zu verurteilen. Für die Personen des gottgeweihten Lebens, die durch die vom Hl. Geist eingegossene Liebe „ein Herz und eine Seele" geworden sind (Apg 4,32), wird es zum inneren Bedürfnis, alles gemeinsam zu haben: materielle Güter und geistliche Erfahrungen,

[46] DeV 65,2
[47] VC 41,2
[48] VC 42,2

Begabungen und Eingebungen sowie apostolische Ideale und den Dienst der Nächstenliebe. „Im Gemeinschaftsleben geht die in einem vorhandene Kraft des Geistes gleichzeitig auf alle über. Da erfreut man sich nicht nur der eigenen Gabe, sondern vervielfältigt sie, indem man andere daran teilhaben lässt, und genießt die Frucht der Gabe der anderen wie die eigene.“[49]

Und doch darf das „Ein-Herz-und-eine-Seele-Sein“ nicht missverstanden werden. Greshake folgert aus einer trinitarischen Glaubenseinsicht ganz praktische Perspektiven. „Wenn sich das eine göttliche Leben gerade im Austausch von drei verschiedenen Personen, von Vater, Sohn und Geist verwirklicht, dann bedeutet dies: Einheit und Vielheit, Einheit und Vielfalt, Einheit und Anderssein sind gleich ursprünglich, gleichrangig, gleich wichtig, zunächst einmal in Gott, doch dann – gemäß der genannten Entsprechung von Gottes- und Menschenbild – auch bei uns.“[50]

Er klagt aber, dass in vielen, auch geistlichen Gemeinschaften eher das Gegenteil vorherrscht und Uniformität höher geschätzt wird als Pluralität. Das Anderssein des anderen wird oft nicht ertragen. „So suchen sich die Alten gegen die Jungen durchzusetzen und umgekehrt, die Progressiven gegen die Konservativen und umgekehrt, die Rechten gegen die Linken und umgekehrt. Einer sucht jeweils den andern auf seine Seite zu ziehen und so dessen Anderssein zu beseitigen oder ihn zu verdrängen, damit endlich Einheit und Harmonie, Ruhe und Frieden herrschen.“[51] Das Menschenbild, das sich am drei-einen Gott orientiert, hat eine andere Praxis zur Folge. Greshake bringt zur Erläuterung ein schönes Gedicht von Jan Twardowski:

„Wenn alle je vier Äpfel hätten,
wenn alle gesund und stark wären wie ein Ross,
wenn alle gleich wehrlos wären in der Liebe, wenn jeder dasselbe hätte, dann brauchte keiner den anderen.
Ich danke DIR, dass DEINE Gerechtigkeit Ungleichheit ist …“

---

[49] VC 42,2 zit. Basilius, Die größeren Ordensregeln, Fragm. 7; PG 31, 931
[50] Greshake, 43
[51] Greshake, 44

Menschen, die gleich sind, Gleiches können, denken, wollen, brauchen sich gegenseitig nicht, machen sich füreinander überflüssig. Der Blick auf den drei-einen Gott zeigt etwas anderes, „dass nämlich ‚Einheit' nur rechtens ist, wenn sie sich in Vielfalt vollzieht: im Mitsein, in der Anerkennung des anderen, im Austausch mit ihm und in der Ergänzung durch ihn. Und Vielfalt ist nur dann rechtens, wenn sich das jeweilige Anderssein – und damit der Variationsreichtum – im gegenseitigen Schenken und Empfangen (wozu – unter Menschen – auch kritisches Infragestellen und konflikthaftes Ringen um das Wahre und Rechte gehört) zur Einheit der Liebe zusammenfügen."[52] Vielleicht denken Sie nun, dass hier allzu viel auf einmal gesagt und auch verlangt wird. Aber ich würde mir wünschen, dass über vieles in Ihren Gemeinschaften nachgedacht wird. Das sind Sie Ihrem gemeinsamen Ruf vor Gott schuldig. Von der Verwirklichung dieser Grundsätze wird es vielleicht auch abhängen, ob und welche jungen Menschen zu Ihrer Gemeinschaft sich künftig berufen fühlen. Schließlich aber erwartet die Kirche insgesamt, dass Sie ein Beispiel der so oft angesprochenen, aber noch so selten verwirklichten „Geschwisterlichkeit" geben.

Spuren des Wirkens des Hl. Geistes heute - Zeichen der Hoffnung

Ich möchte noch einmal zurückkehren zum Gedanken des Papstes, der 1998 als das Jahr des Hl. Geistes ausgerufen hat. Gerade unter diesem Gesichtspunkt mahnt er uns, den Schritt in das 3. Jahrtausend im Hl. Geist durch „Erneuerung der Hoffnung auf die endgültige Ankunft des Reiches Gottes" vorzubereiten.[53] Es ist erstaunlich, dass der Papst entgegen seiner sonst eher düsteren Zeitanalyse, wie er sie in seinen Sozialenzykliken gibt, auf einmal „trotz der Schatten" doch von Anzeichen der Hoffnung spricht, die in diesem letzten Abschnitt des Jahrhunderts vorhanden sind.

---

[52] Greshake, 45
[53] TMA 46,2

Für den weltlichen Bereich nennt er den Fortschritt, der von der Wissenschaft, der Technik und vor allem von der Medizin im Dienst am menschlichen Leben erzielt worden ist. Er weist auf das lebhaftere Verantwortungsgefühl gegenüber der Umwelt hin und die Anstrengungen zur Wiederherstellung des Friedens und der Gerechtigkeit; auf den Willen zur Versöhnung und Solidarität zwischen den verschiedenen Völkern. Auf kirchlichem Gebiet sieht der Papst Zeichen der Hoffnung im aufmerksameren Hören auf die Stimme des Geistes durch die Annahme der Charismen und die Förderung der Laien, in der intensiven Hingabe an das Anliegen der Einheit aller Christen und im Dialog mit den Religionen und der modernen Kultur.[54]

Die Kirche hat am Konzil den Hl. Geist wieder neu entdeckt. Lasst uns immer wieder zu Gott dem Vater beten: „Sende aus deinen Geist und alles wird neu geschaffen und du wirst das Angesicht der Erde erneuern.“ Es ist damit das Angesicht der Kirche gemeint, der gottgeweihten Gemeinschaften, aber auch das Antlitz von jedem von uns selbst.

Der Vortrag wurde publiziert in: Ordensnachrichten 38 (1999) 1, 3–13. Inzwischen hatte ich – auch ohne direkte Beauftragung als Ordensvikar – viele geistliche Vorträge für Ordensgemeinschaften gehalten. So predigte ich Exerzitien für die Benediktiner im Schottenkloster in Wien, in Seitenstetten und in Admont, für die Prämonstratenser in Schlägl (OÖ), was mir darauf eine Einladung zu Exerzitien in der Prämonstratenserabtei Windberg in Deutschland einbrachte, in den Chorherrenstiften St. Florian (OÖ) und Vorau (Steiermark), den Steyler Missionaren in Wien-Mödling, den Redemptoristen in Puchheim (OÖ), für die Barmherzigen Brüder Österreichs in Walding (OÖ), bei den Schwestern in Wernberg in Kärnten, den Barmherzigen Schwestern in Innsbruck, den Schulschwestern in Vöcklabruck, und bei mehreren Säkularinstituten. Es war für mich jeweils eine tiefe, geistliche Bereicherung, gleichzeitig aber auch eine Bestätigung, dass ich

[54] TMA 46,3

den Schwestern und Brüdern im Ordensstand aus meiner Erfahrung als Weltpriester und Bischof doch auch etwas sagen kann.

Die Sehnsucht nach Meditation wächst

Zu meinem Erstaunen wurde ich 1999 vom Geistlichen Zentrum Sasbach in der Erzdiözese Freiburg i. Br. eingeladen, an einer Tagung zum Thema „Was ist christliche Meditation?" mitzuwirken. Gemeinsam mit mir gestalteten die Tagung P. Nikolaus Brantschen SJ, Direktor des Lassalle-Hauses in Bad Schönbrunn in der Schweiz und autorisierter Zen-Lehrer, sowie Sr. Waltraud Herbstrith aus dem Karmel in Tübingen. Die Vorbereitung war für mich schwer, weil ich auf diesem Gebiet noch kaum gearbeitet hatte. Wie das Thema der Tagung und die Auswahl der Referenten zeigten, kam mir als Bischof die Rolle zu, die Eigenart der christlichen Meditation, aber auch ihre Bedeutung im heutigen Leben der Kirche aufzuzeigen. Mir ging es bei meinen Darlegungen darum, auf die vielen Ansätze zum Meditativen gerade in der nachkonziliaren Erneuerung hinzuweisen, der man ja sonst eher zu viel Aktionismus vorwirft.
Die Tagung selbst und vor allem die vielen Initiativen des Zentrums bestärkten mich in meiner Annahme, dass die Sehnsucht nach Meditation auch in der Kirche stark wächst. In Sasbach sammeln sich seit Jahren Menschen, die am Erlernen und Erweitern ihres geistlichen Lebens durch Meditation brennend interessiert sind und die von hier aus Impulse bis in das Leben vieler Pfarren weitergeben.

Meditation wird heute auf dem religiösen (pseudoreligiösen) Supermarkt reichlich angeboten. Es wurde offenbar eine „Marktlücke" entdeckt. „Meditieren" klingt modern, hat etwas vom Chic aufgeklärter, säkularer Spiritualität, von fernöstlicher Exotik, braucht keine Bindung an Großkirchen, wird von gestressten Managern genauso gerne geübt wie von Leistungssportlern. Was ist nun unter „Meditation" zu verstehen, vor allem unter christlicher, die eine uralte Tradition hat, die zu entdecken wir offenbar von der Moderne neu herausgefordert werden?
Ich möchte zuerst kurz etwas über das „Modewort" Meditation sa-

gen, aber auch zeigen, was hinter dieser Mode für ein Bedürfnis steht. Dann beschreibe ich, was Meditation im christlichen Sinn schon immer war und heute, weil zum Teil vernachlässigt, wieder werden soll. Schließlich aber geht es um die Bedeutung christlicher Meditation für das Leben des Einzelnen und um ihre unverzichtbare Kraft für die Erneuerung der Kirche.

Das Modewort „Meditation"

Der Benediktiner Emmanuel von Severus hat schon 1956 gewarnt, das Wort Meditation nicht gedankenlos zu gebrauchen. Es drohe nämlich zu einem Modewort zu werden, „das im Gebrauch der Presse inflationistisch in den Wortschatz der Journalisten eindringt und damit auch dem raschen und zermalmenden Verschleiß solchen Tuns unterliegt."[55] Zwanzig Jahre später sieht er sich in seiner Warnung bestätigt, findet er doch Zeitungsartikel übertitelt mit „Meditationen im Zoologischen Garten", „Meditationen am kalten Buffet", „Meditationen über das Känguru" u. Ä. Er mahnt zu einem sehr sorgfältigen Umgang mit diesem Wort, das weder unsere subjektiven Einfälle, unsere Vorbereitungsarbeit exegetischer Art in der Verkündigung noch unsere geistlichen Worte aller Art bezeichnet. „Betrachtung, betrachtendes Gebet, Reflexion, Besinnung, Sammlung, Nachdenken sind nicht dasselbe wie Meditation."[56] Von den groben Missbräuchen dieses altehrwürdigen Wortes abgesehen: warum redet heute alle Welt von Meditation?

Meditation entspricht einem Grundbedürfnis des Menschen von heute

Die Menschen stehen heute vielfach unter dem Druck einer rastlosen Hektik, der vielen Eindrücke durch Medien und Reklame

[55] E. v. Severus, Das Wesen der Meditation und der Mensch der Gegenwart, in: GuL 29 (1956), 108

[56] E. v. Severus, Meditation – Besinnung nach zwei Jahrzehnten, in: GuL 46 (1973), 55

und unter dem Diktat des „Man". Der moderne Mensch ist sich seiner selbst nicht sicher. Es ist ein Grundbedürfnis des Menschen, sich über das Ganze seines Lebens Rechenschaft zu geben. In dieser Richtung kann Meditation eine Hilfe sein, zu sich zu kommen und sich auf seine Wesensmitte zu besinnen. So ist die Meditation auch ein wirksames Mittel gegen die Bedrohung des Humanum in einer technokratischen Welt, gegen eine Betriebsamkeit, die keine Zeit mehr für Stille, das Staunen, die Pflege von tiefen menschlichen Beziehungen gewährt. Das spüren heute schon immer mehr Manager und Politiker, die von Zeit zu Zeit in Orte der Ruhe, nicht selten in alte Klöster „flüchten". Corona Bamberg, die Benediktinerin der Abtei vom Hl. Kreuz in Herstelle, hat einmal gesagt: „Meditation gilt nicht mehr nur oder vor allem als Element des religiösen Lebens; man sucht in ihr bzw. mit ihrer Hilfe so etwas wie eine Grundbefindlichkeit des menschlichen Menschen."[57]

Damit sind sowohl das Grundbedürfnis nach Meditation, aber auch die Schwierigkeiten beim Meditieren benannt, da die Menschen in ihrer Gesamtsituation von einer Flut äußerer Reize getrieben sich wohl mit Interesse auf das erregend Neue konzentrieren, „aber nicht mehr die schwebend gesammelte Aufmerksamkeit finden, in der sich das vom Glanz der Oberflächen geblendete Auge in Geduld auf das Hell-Dunkel des Geistes einstellt."[58]

Aber selbst am religiösen Leben Interessierte leiden unter einer Hektik, die sie vom Berufsleben bis in die Freizeit verfolgt, und suchen nach neuen Wegen der Verinnerlichung, um wieder beten zu lernen. Dieses Bedürfnis nach „geistlicher Sammlung und tief reichendem Kontakt mit dem göttlichen Geheimnis" hat die Kongregation für die Glaubenslehre veranlasst, 1989 ein eigenes Schreiben an die Bischöfe der katholischen Kirche zu richten

[57] C. Bamberg, Meditation für Christen. In: Vom Geist christlichen Lebens (Österr. Pastoraltagung 28.–30. Dezember 1982), Wien-Freiburg-Basel 1983, 71

[58] A. Görres, Kennt die Psychologie den Menschen? Fragen zwischen Psychotherapie, Anthropologie und Christentum. München 1978, 236

„Über einige Aspekte der christlichen Meditation".[59] Dabei geht es nicht um *eine* Form der Frömmigkeit, sondern sich neu die Frage zu stellen, wo der Mensch Erfüllung seines Lebens, aber auch seiner Sehnsucht nach Heil findet.

Die östliche Meditation und was von ihr besonders bekannt wurde[60]

Was bei uns in letzter Zeit von fernöstlicher Meditation besonders bekannt wurde, sind die Konzentrationstechniken im hinduistischen Yoga und buddhistischen Zen. Sie zielen auf dem Wege einer leiblich-psychischen-geistigen Harmonisierung durch körperliche Übungen auf die Sammlung der geistig-emotionalen Kräfte entweder auf ein Objekt (gegenständliche Meditation) oder auf das reine, „leere" Subjekt (ungegenständliche Meditation). Das Objekt kann ein Gottesbild sein, ein Bild- oder Klangsymbol, ein Mantra. Die ungegenständliche Meditation versucht den wahren Wesensgrund des Menschen als reines Sein oder reine Leere zu „verwirklichen". Östliche Meditation ist weniger Dialog zwischen Ich und einem göttlichen Du, sondern Versenkung in und Identifikation mit dem göttlichen Sein und darum häufig auch eine Emanzipation von der Welt und der menschlichen Gesellschaft.
Es wäre aber völlig verfehlt, deswegen Formen der fernöstlichen Meditation gering zu achten. Sie lehren uns durch die Jahrhunderte erprobte Wege, wie der Mensch in seine Seinsmitte vordringen kann, wie er sich in seiner leiblich-seelischen Einheit erfährt, wie er zu innerer Ruhe, aber auch zur Erhellung seines Daseins gelangt. Für die Kirche aber ist es die Herausforderung, sich wieder der großen Lehrer und Lehrerinnen des geistlichen Lebens in der eigenen Geschichte zu erinnern und die Schätze christlicher Mystik dem modernen Menschen anzubieten.

---

[59] Kongregation für die Glaubenslehre. Schreiben an die Bischöfe der katholischen Kirche über einige Aspekte der christlichen Meditation, v. 15. Oktober 1989, am Fest der hl. Theresia von Jesu

[60] Vgl. dazu M. Kämpchen, Östliche Meditation. In: Praktisches Lexikon der Spiritualität. Hg. Ch. Schütz, Freiburg-Basel-Wien 1988, 866f.

Was christliche Meditation meint

Begegnung mit dem persönlichen Gott

Im Gegensatz zur östlichen Meditation ist die christliche eine Begegnung mit dem persönlichen Gott, der sich uns in letzter, nicht mehr zu überbietender Weise in Jesus Christus geoffenbart hat. Dabei geht der Mensch nicht „in Gott“ auf, sondern erkennt sich in ihm erst ganz. Die Begegnung mit Gott erfolgt durch Jesus Christus, der das Bild Gottes ist, und geschieht im Heiligen Geist, der uns in die Wahrheit Christi einführt. Meditation ist Antwort des ganzen Menschen, der auch mit seiner Leibhaftigkeit vor Gott steht. Daher haben auch die Methoden, die die somatische Komponente stark betonen, ihre Berechtigung. Meditation bringt so die Gemeinschaft des erlösten Geschöpfes mit dem inneren Leben der Personen der heiligsten Dreifaltigkeit zum Ausdruck.[61] Christliche Meditation meidet unpersönliche oder auf das Ich konzentrierte Techniken, die automatische Abläufe hervorbringen, bei denen der Betende in einem rein innerlichen Spiritualismus gefangen bleibt und so zum freien Sich-Öffnen für den transzendenten Gott unfähig wird.[62]

Finden des eigenen Ich im göttlichen Du

Selbsterfahrung und Selbstwerdung wird gerade vom modernen Menschen in der Meditation gesucht. Viele sind sich ihrer selbst nicht sicher, kennen ihre Personmitte nicht und so fehlt ihnen jene Ruhe und Ausgeglichenheit, die aus dem Selbstbesitz der Person entsteht. Je mehr aber nur das Selbst zum Thema wird, desto weniger kommt einer zu sich selbst. Auf jeden Fall überschreitet Einkehr, die nur das eigene Ich sucht, nicht die Grenzen des bloß Natürlichen. Nicht dass auf Selbstbesinnung, auf Einkehr in das innerste Ich zu verzichten wäre. Aber „für den christlich Meditierenden ist *Einkehr* gleichzeitig immer auch *Auskehr* des Ich zum göttlichen Du. Innerlichkeit meint für ihn Einkehr in jene

[61] Glaubenskongregation, 5
[62] Glaubenskongregation, 5

geheimnisvolle Tiefe, in jenes Innerste, in dem der Raum zu groß ist für den Menschen allein. Ein anderer kann sich hier melden. Der Ruf wird hörbar, mit dem Gott den Menschen von jenseits seiner selbst lockt und fordert. Wenn der Mensch den Ruf vernimmt, beginnt die Begegnung."[63] Christliche Meditation besteht im Gegensatz zu asiatischer oder griechischer Kontemplation wesentlich im Sich-Öffnen für den begegnenden Gott der Offenbarung. „Du hast mit deinem Wort mein Herz durchstoßen, und ich begann dich zu lieben", schildert Augustinus diesen geheimnisvollen Vorgang.[64]

Christus ähnlich werden

A. Görres weist darauf hin, dass in der Bibel – übrigens wie auch schon bei Sokrates und Plato – eine Grundformel des Meditierens sei, „anschauend ähnlich werden".[65] Der christlichen Meditation geht es letztlich darum, im „Hinschauen" auf Jesus, sein Leben und Wirken, die Quintessenz des Evangeliums zu verwirklichen, die Paulus in den Worten zusammenfasst: „Seid so gesinnt wie Christus Jesus" (Phil 2,5). Das trägt aber nicht nur zu einer vertieften Christusfrömmigkeit bei, sondern fordert im Geist der Inkarnation, in der Gottes totaler Einsatz in Christus für diese Welt deutlich wird, auch zum Engagement in der Welt heraus.[66] Es ist daher Tendenzen in der christlichen Meditation zu widerstehen, in falsch verstandener Spiritualisierung über den Menschen Jesus hinaus zu einer reinen Geistigkeit kommen zu wollen. Das realistische Ja zur Weltwirklichkeit wird die vielen Unvollkommenheiten nicht übersehen, sich aber in der Hoffnung bergen, dass Gott einmal alles gutmachen wird. Hier liegt auch das Eigentliche der christlichen Leidens- und Kreuzesmeditation.

63 Bamberg, 77
64 Augustinus, Conf. X, 6,8
65 A. Görres, Wege und Hindernisse der Meditation. In: Communio 4 (1975), 195
66 Vgl. dazu J. Sudbrack, Meditation III. Sprituell, in: LThK 7 (1998), 49f.

Schritte auf dem Weg der christlichen Meditation und Hindernisse

Theologisch und didaktisch sind drei aufeinander folgende Ebenen zu benennen.[67]

1. Meditation wurzelt in der Erfahrung des *Staunens*. Staunen bedeutet, berührt werden vom Anderen, das meiner Erfahrung entgegensteht oder ihr bisher fremd war. Wer staunt über Natur, Kunst, sich selbst und andere Menschen, beginnt zu meditieren. Voraussetzungen dafür aber sind entwickelte Sinnlichkeit, ein bewusstes Ja zur Leiblichkeit und Ganzheitlichkeit.
2. Meditation will dann dem *Ergriffenwerden*, dem Sich-ergreifen-Lassen im Staunen, innerlich nachspüren, so dass eine existentielle Korrelation zwischen dem Anderen und mir entsteht. Wer christlich meditiert, kann offen, durchlässig werden für das namenlose Geheimnis hinter den alltäglichen Wirklichkeiten. Er stellt fest, dass Bei-sich-Sein und Außer-sich-Sein, Selbsterfahrung und Weltbezug, Selbstbegegnung und Gottesbegegnung im gleichen Maße wachsen.[68]
3. Meditation ist schließlich *Reflexion* über diese Erfahrung. Selbst-, Welt- und Gotteserfahrung werden in der Meditation im Herzen bewegt (vgl. Lk 2,19), im Munde des Herzens wiedergekaut (ruminatio) und engagiert bedacht. Jenseits aller Selbstreflexion erfährt der Meditierende so, dass Aktion und Kontemplation, Mystik und Politik in einem unaufgebbaren Zusammenhang stehen.[69]

A. Görres weist allerdings darauf hin, dass gerade die Lebensweise des modernen Menschen für Meditation viele Hindernisse bringt.[70] Einmal die vielen Spannungen und Zwänge, seine Unruhe, die ihn nicht mehr „verweilen“ lässt. Und ohne Verweilen gibt es keine Meditation. Ein anderes Hindernis ist psychophy-

[67] Vgl. D. Blum, Meditation IV. Praktisch-theologisch, in: LThK 7 (1998), 51
[68] Blum, 52
[69] Blum, 52
[70] Görres, 199ff.

sisch. Die sinnliche Phantasie des modernen Menschen ist in der Regel viel ärmer als die seiner Vorfahren. Ein weiteres Hindernis liegt in der Erwartung, man könnte Meditation erlernen wie Musizieren, fremde Sprachen oder Skilaufen. Das kann für östliche Methoden gelten, für die christlich-spirituelle aber ist das nur begrenzt möglich, weil es um ein Sich-beschenken-Lassen geht. Das tiefste Hindernis der Meditation ist aber nicht technischer Art, sondern liegt in der instinktiven Vorahnung der „Folgelasten". Die so persönliche Begegnung mit Gott könnte am Ende ja auch eine radikale Veränderung des Lebens fordern. Ziele von Konzentrationsübungen sind voraussehbar, etwa Entspannung, Bewusstseinserweiterung, Erlangen innerer Harmonie, die Abschirmung gegen Stress. „Hier kann die christliche Meditation nicht konkurrieren. Die leise Stimme des Geistes, der in ihr spricht, drängt oft genug zu einem Tun und Lassen, das unbequem oder schmerzhaft ist ... Meditation gelingt auf die Dauer nur, wenn ihr Ziel mitgewollt wird, eben das anschauende Ähnlichwerden der Gesinnung des Christus Jesus."[71]

Erneuerung des religiösen und kirchlichen Lebens durch Meditation

Das allgemein wachsende Interesse an Meditation hat auch im kirchlichen Leben schon viele Früchte getragen. Es gehört zu den erfreulichsten Erfahrungen der letzten Jahre, dass das persönliche religiöse Leben, aber auch Formen der Verkündigung durch Meditation, besonders durch Bibelmeditation, vertieft und innerlich erneuert wurden.

Meditation als Schule des Gebetes[72]

Die Glaubenskongregation hat als Anlass für ihr Schreiben über die christliche Meditation das Verlangen vieler Christen unserer

---

[71] Görres, 202f.

[72] Vgl. dazu auch J. Weismayer, Leben in Fülle. Zur Geschichte und Theologie christlicher Spiritualität. Innsbruck-Wien 1983, 92

Zeit genommen, „echt und tief beten zu lernen“[73], und „das Bedürfnis nach geistlicher Sammlung und tief reichendem Kontakt mit dem göttlichen Geheimnis“. Das Beten ist in die Krise gekommen, formelhaft und gewohnheitsmäßig geworden und führt nur selten zu einer Gotteserfahrung. Die Glaubenskongregation sieht das christliche Gebet „im Licht der Offenbarung“. Nicht nur weil in der Bibel selbst eine vielgestaltige Schule des Gebetes zu finden ist, sondern weil zwischen der Offenbarung selbst und dem Gebet eine enge Beziehung vorliegt. Es wird die schöne Stelle aus DV 2 zitiert[74], die uns lehrt, dass der unsichtbare Gott „in seiner Offenbarung aus überströmender Liebe die Menschen wie Freunde anredet und mit ihnen verkehrt, um sie in seine Gemeinschaft einzuladen und aufzunehmen“. Gott offenbart sich in Worten und Taten. Beides gibt die Hl. Schrift wieder, geschieht aber auch heute. Den Weg, wie man das Tun Gottes im Alltag staunend und dankbar erleben kann, hat uns Ignatius von Loyola mit dem bekannten Wort gewiesen: ‚Gott finden in allen Dingen‘. Und dazu braucht es kaum Methoden, viel eher eine wache, innere Einstellung. Görres hat das einmal so gesagt: „Die meisten ‚Dinge‘ begegnen uns im gewöhnlichen Gewande des Alltags. Wenn das alles zutrifft, wäre zu erwarten, dass christliche Meditation zwar gelegentlich mühsam, also keine Sache für bequeme Leute, aber doch auch heute ohne Überforderung zu haben sein müsste, ohne methodisches Raffinement, ohne Yoga und andere Kopfstände, sogar ohne aufwändige Vorübungen in ‚naturaler‘ Meditation.“[75] Es ist gut, dass heute die Exerzitienbewegung einen solchen Aufschwung nimmt, von Einzelexerzitien bis zu so genannten Exerzitien im Alltag in sehr vielen Pfarren.
Diese Form des meditativen Gebetes würde auch die heute oft so bedauerliche Kluft zwischen religiösem Tun und Leben schließen helfen. Wir würden wieder staunen lernen, verweilen, uns ergreifen lassen. Eine solche Gottverbundenheit würde uns wieder auf das Wesentliche in der Kirche hinführen, vor allem auch im

[73] Glaubenskongregation, 1
[74] Glaubenskongregation, 6
[75] Görres, ebd.

Geiste Gottes. Ein so „direktes“ Beten würde auch eine neue Form der Gemeinschaft schaffen zwischen den vielen inzwischen entstandenen spirituellen Gruppen.

Bibelmeditation

Von allem „christlichen“ Anfang an ließ sich Meditation von der Bibel inspirieren, die normalerweise auch ihr Gegenstand und Stoff war.[76] Erst später kam es zur Entwicklung vieler anderer Meditationsformen. Schon die geistlichen Väter haben uns von alters her gelehrt, wie wir die Hl. Schrift für unser Leben fruchtbar machen können: sie sehr aufmerksam zu lesen (lectio divina), sie dann zu meditieren (meditatio), was zum Gebet (oratio) führen soll und schließlich hin zur Vereinigung mit Gott (contemplatio). Die christliche Meditation lebt vom Wort Gottes, es ist für sie die wahre Nahrung. Das Wort Gottes ist ein Tisch, von dem man essen soll (mensa verbi). Das meditierende Wiederholen des gelesenen Gotteswortes wird in der geistlichen Literatur gern als „Wiederkauen“ (ruminatio) bezeichnet. „So soll eine große Vertrautheit mit dem Wort Gottes erreicht werden, wobei dem Tun des Mundes ein Geschehen des Herzens entsprechen sollte.“[77]
Uns Katholiken war die Bibel lange Zeit ein verschlossenes Buch, erst das II. Vatikanische Konzil hat sie uns „wieder geschenkt“. Sie ist nicht nur die „höchste Richtschnur“ unseres Glaubens[78], sondern das „Gebetbuch des Volkes Gottes und der Kirche“. Es gibt Hoffnung, dass immer mehr Christen die Schriftlesung nun zum Fundament ihres Betens machen.
Die Hinwendung zur Bibel hat aber auch die Verkündigung der Kirche neu belebt. Am schnellsten hat nach dem Konzil die Religionspädagogik diesen Wert erkannt. Seit Beginn der sechziger Jahre entwickelte sie als letzte Konsequenz der kerygmatischen Bewegung und auch unter dem Einfluss der evangelischen Bibeldidaktik einen eigenständigen Bibelunterricht. „Dabei ging es um eine aktualisierende Interpretation biblischer Texte, durch die Zu-

[76] Vgl. Bamberg, 74
[77] Weismayer, a.a.O. 85
[78] DV 21

spruch und Anspruch der Offenbarung Gottes selbst auf den Glauben der Schüler hin zur Wirkung gebracht werden sollte."[79] Auch für die Erneuerung der Liturgie kam einer der wichtigsten Impulse aus der Hl. Schrift. Das Konzil erinnert, dass die Kirche die hll. Schriften immer schon wie den Herrenleib selbst verehrt hat und so in der Liturgie sowohl die „mensa verbi Dei" wie die „mensa Corporis Christi" zu bereiten hat.[80] Die Schriftlesung in der Liturgie würde für das Leben der Kirche noch viel mehr Früchte tragen, wenn die Gläubigen dadurch auch Anregung zu einer selbständigen Bibelmeditation bekämen.

Aus der Bibelmeditation kommen seit dem Konzil auch verstärkt Impulse für die allgemeine Pastoral. Verschiedene Initiativen haben dazu verholfen. Enzo Bianchi z. B. hat schon 1968 in Bose/ Piemont eine ökumenische Mönchsgemeinschaft gegründet, deren Hauptaufgabe die Wiederentdeckung der Bibelmeditation war.[81] Kardinal Carlo M. Martini begann in Mailand mit Bibelmeditationen für Jugendliche, an denen im Mailänder Dom Tausende teilnehmen. Bischof Wilhelm Egger von Bozen-Brixen – er ist selber Exeget – setzt bei der Erneuerung seiner Diözese ganz auf die Bibel. Bald nach seinem Amtsantritt hat er einen Brief an alle Gläubigen geschrieben über „Freude am Wort Gottes" und wollte so die Familien anleiten, die Hl. Schrift meditativ zu lesen.[82] Im italienischen Sender RAI hielt er 1987–1988 einen Bibelkurs.[83] Später gab er eine Familienbibel heraus, damit in den Familien die Sonntagslesungen gemeinsam „meditiert" werden können.

[79] W. Langer, Religionsunterricht. In: Neues Handbuch theologischer Begriffe. Hg. P. Eicher, Bd. 4, München 1991, 406. Maßgebend für diese „Bibelmeditation" im RU waren im deutschen Sprachraum vor allem G. Miller, E. Beck, B. Dreher, H. Halbfas, G. Stachel, A. Höfer, W. Langer.

[80] DV 21

[81] Vgl. dazu z. B. E. Bianchi, Dich finden in deinem Wort. Die geistliche Schriftlesung. Freiburg i. Br. 1988

[82] W. Egger, Freude am Wort Gottes. Bozen ^{2}1987

[83] Ders., Die Heilige Schrift und ihre Welt. Begleitheft zur Hörfunksendereihe. Bozen 1987–1988

Ein Weg zur Nachfolge Christi - Jesus in der Bibel betrachten

Medard Kehl spricht in seinem wertvollen Büchlein „Wohin geht die Kirche?“[84] von verschiedenen Weisen der Nachfolge Jesu und beschreibt eine im „meditativen Verweilen bei der Gestalt Jesu“. Es geht darum, „sie gleichsam von allen Seiten anzuschauen, um ihr Wort und Wesen im Herzen – wie Maria – ‚umzuwälzen‘ (Lk 2,19), sich gleichsam in diese Gestalt zu ‚verlieben‘ und ihr so Gelegenheit zu geben, sich in die innersten Falten meiner Seele einzunisten.“ Und er zitiert P. Longhaye, einen vor etwa 100 Jahren verstorbenen Jesuiten, der einem jüngeren Mitbruder vor seinem Tod folgendes Vermächtnis mitgab: „Studieren, durchstöbern, erforschen, entfalten Sie alle Möglichkeiten auf der Suche nach Jesus Christus. Schauen Sie ihn unverwandt an, bis Sie ihn auswendig können. Besser noch: bis Sie ihn assimiliert haben, bis Sie in ihn absorbiert worden sind.“[85] Das ist eine klassische Zusammenfassung aller Phasen der Meditation, bis hin zu dem „ihn anschauend ihm ähnlich werden“.

Ich möchte mit Worten Corona Bambergs schließen, die sie einmal auf einer Tagung in Wien über Folgen und Früchte der Meditation sagte: „Wenn etwas dem Christen heute, zumal in dieser Situation der Pastoral, Not tut, dann ist es die Ausprägung eines meditativen Lebensstils, der den ganzen Menschen prägt. – Wie sehen solche Menschen aus? Sie haben Zeit, auch wo sie viel zu tun haben; sie sind gelassen, wenn sie Entscheidungen zu treffen haben; sie sind nicht so leicht erschöpft; sie sind irgendwie unverbrauchbar, weil sie eine Quelle haben, aus der sie immerfort schöpfen können. Sie hören von sich weg – sie hören das Geheimnis aus allem heraus. Sie lassen es den Ton angeben, sie entdecken es in vielen Zeichen, im anderen Menschen, im eigenen Selbst, in der Schöpfung, in den Fügungen und Zufällen des

[84] M. Kehl, Wohin geht die Kirche? Eine Zeitdiagnose. Freiburg-Basel-Wien 1996
[85] Kehl, 57

Lebens. Und doch ist da keine Geheimnistuerei, keine Esoterik und keine sublime Exzentrik, sondern eine ganz nüchterne Wachheit und Zugewandtheit hier und jetzt. Zuletzt kommt alles darauf an, dass der Mensch ein Liebender wird, dem es sozusagen aus allen Poren kommt, dass er Gott nicht ‚erkennt' oder ‚erfährt', sondern dass er Gott ‚weiß'. Dass er Gott ‚weiß' in jener docta ignorantia, in jenem selig wissenden Nichtwissen, für das man keine Worte mehr hat, das sicherer ist als alle Beweise der Welt und auch überzeugender als alles. Begegnung jenseits allen Begreifens, Gegenwärtigung Gottes in der Verwandlung und im Zeugnis des sich gegenwärtigen Menschen – vielleicht kann ich es so zusammenfassen, was christliche Meditation meint und was sie will."[86]

Der Text wird hier erstmals publiziert. Mut dazu hat mir das ausdrückliche Lob von P. Brantschen gemacht, der meinen Ausführungen in Sasbach nur mit kleinen Ergänzungen voll zustimmte.

[86] Bamberg, 83

Spiritualität nach dem Konzil – ist sie nur in den geistlichen Bewegungen zu finden?

Nach mehr Spiritualität wird heute in der Kirche allenthalben gerufen. Man beklagt einerseits die „fast gähnende Geistlosigkeit" der nachkonziliaren Entwicklung und meint, dass nun eine spirituelle Erneuerung vor allem von den vielen neuen geistlichen Bewegungen komme. Dagegen führen andere ins Treffen, dass das Bemühen um mehr Spiritualität durchaus auch außerhalb der geistlichen Bewegungen zu finden ist, sozusagen im „Alltagsleben" der Kirche, in Pfarren und unter den vielen engagierten Priestern und Laien, die heute die territoriale Seelsorge oft unter schwierigsten Bedingungen aufrechterhalten und auf neue Wege führen wollen. Darüber ist eine rege, nicht immer emotionsfreie Diskussion im Gange.
Zum 65. Geburtstag von Prof. Dr. Josef Weismayer, dem Wiener Dogmatiker, der sich vor allem auf Fragen der Spirituellen Theologie spezialisiert hat, gaben ehemalige Schüler eine Festschrift mit dem Titel „Leben in Fülle" heraus. Auch ich wurde um einen Beitrag gebeten. Es war mir ein Anlass, umfassend über Spiritualität nachzudenken und was sie für die Erneuerung der Kirche heute bedeutet.

„Mehr Spiritualität" - ein Hilferuf in der Kirche unserer Tage

Seit mindestens 30 Jahren ist „Spiritualität" zu einem „Zauberwort" geworden, von dem man sich sehr viel erwartet. Man sucht zunächst wieder mehr Spiritualität, um die persönliche Frömmigkeit zu stärken, die in der pluralen Gesellschaft nicht mehr vom Milieu mitgetragen wird. Die Suche nach mehr Spiritualität ist auch eine Reaktion auf ein Lebensumfeld, das vom Materiellen geprägt ist und vorrangig auf Leistung und Konsum aufgebaut ist, in dem nur mehr das Sichtbare und Rechenbare für wirklich erachtet wird. Von Spiritualität erhofft man sich schließlich auch eine Antwort

auf die so schwer gewordene Sinnfrage. Dabei wird unter dem Wort „Spiritualität" Unterschiedliches verstanden. Spiritualität wird keinesfalls nur auf eine christliche eingeschränkt. Die Erwartung ist so groß, dass sich auch das kirchliche Bildungswesen in seinen Angeboten – oft ohne genaue Differenzierung – auf die vielfachen Formen der Spiritualität eingestellt hat und der Büchermarkt hat eine neue, sehr einträgliche Marktlücke entdeckt.
Die Suche nach mehr Spiritualität kommt aber auch aus einem schmerzlich empfundenen Defizit in der Entwicklung in der Kirche selbst. In ihr ist in den letzten Jahren Liturgie „nach außen" hin vielfach erneuert worden, bietet aber zu wenig Möglichkeit an „spiritueller" Erfahrung. Die Aktivität der Kirche hat sich vielfach auf den sozialen Sektor verlagert. Auf die Herausforderung der säkularen Gesellschaft hätte die Kirche z. T. mit „Selbstsäkularisierung" geantwortet, wie der Basler Bischof Kurt Koch unlängst kritisch meinte.[87] Die moralischen Forderungen dominieren, die Begegnung mit dem Heiligen, die Erfahrung des Transzendenten tritt in den Hintergrund. Eine verständliche Gegenreaktion sieht Bischof Koch daher in der „hoffnungsvollen Hinwendung" vieler europäischer Christen nach Asien, wo sie Ruhe und Sammlung, Innerlichkeit und Meditation suchen, „weil das Christliche offensichtlich nur noch Aktivismus zu sein scheint".[88] Und vom evangelischen Bischof Wolfgang Huber von Berlin-Brandenburg übernimmt Koch das Postulat, dass die Kirche zuvor wieder ihre religiöse Kompetenz entschieden zur Geltung bringen müsse, um dann erst strukturelle Reformen anzugehen, die sich nämlich erst aus einer „erneuerten Auftragsgewissheit ergeben".[89] So gesehen ist aber Spiritualität die Grundvoraussetzung für eine wirkliche Erneuerung der Kirche. Wo ist sie aber nun zu finden? Wie soll sie beschaffen sein?

---

[87] K. Koch, Mit Ihm sein und in die Welt gesandt werden. In: Anzeiger für die Seelsorge 9/1999, 414, wo sich Koch als Gewährsmann auf den evangelischen Bischof von Berlin-Brandenburg, Wolfgang Huber, beruft

[88] Koch, 414

[89] Koch, 414. Er zitiert dort W. Huber, Kirche in der Zeitenwende. Gütersloh 1998, 31.

Die neuen geistlichen Gemeinschaften und Bewegungen

Es fällt auf, dass sich nach dem II. Vatikanischen Konzil eine große Zahl geistlicher Gemeinschaften und Bewegungen gebildet hat. Sie entstanden oft „unerwartet, spontan“, traten geradezu „explosiv“ auf.[90] Sie wurden und werden z. T. auch heute noch unterschiedlich beurteilt. Die einen bewerten sie mit höchstem Lob. „Da hatte der Hl. Geist sich sozusagen selbst wieder zu Wort gemeldet“, meinte etwa Kardinal Joseph Ratzinger beim Eröffnungsreferat eines Weltkongresses für die neuen geistlichen Gemeinschaften in Rom im Mai 1998.[91] Kardinal Christoph Schönborn vergleicht sie mit den großen Reform- und Aufbruchsbewegungen in der Kirchengeschichte, etwa mit den großen monastischen Bewegungen im 12. und 13. Jahrhundert oder mit der „katholischen Reform“ durch die Jesuiten. Schließlich zieht er eine Parallele zum großen Aufbruch zur Weltmission als Antwort auf die Krise der Aufklärung im 19. Jahrhundert.[92] Allgemein wurden die geistlichen Gemeinschaften bei der Bischofssynode über Berufung und Sendung der Laien in Kirche und Welt 1987 (trotz kritischer Meinung mancher Synodenväter) hervorgestrichen, wie das nachsynodale Schreiben „Christifideles laici“[93] zeigt. Sie finden vielfach Erwähnung in päpstlichen Ansprachen und Dokumenten und erfahren wohl eine besondere „Bevorzugung“, wie eben auch im schon erwähnten Weltkongress in Rom 1998. Auf der anderen Seite wird scharfe Kritik an ihnen geübt, wie es zuletzt Peter Hertel in seinem Buch „Glaubenswächter“ tat.[94]

Trotz der relativ kleinen Zahl – der Augsburger Pastoraltheologe Hanspeter Heinz, der aus der Erfahrung der Fokolarebewegung

---

[90] So Kardinal Schönborn in einem Vortrag bei der Tagung „Christentum, Europa und Ungarn“ in der Benediktinerabtei Pannonhalma am 28. Okt. 2000. Dokumentiert in Kurzfassung in Kathpress-Info-Dienst Nr. 255 v. 5. Nov. 2000, 4–10. Wird künftig abg. zit. „Pannonhalma“.

[91] Dokumentiert in Deutsche Tagespost Nr. 65 v. 28. Mai 1998, 5f.

[92] Schönborn, Pannonhalma, 8

[93] Johannes Paul II., Nachsynodales Schreiben „Christifideles laici“ vom 30. Dez. 1988, n. 2

[94] P. Hertel, Glaubenswächter. Katholische Traditionalisten im deutschsprachigen Raum. Würzburg 2000

kommt, spricht von ca. 60.000 engagierten Mitgliedern in Deutschland[95] – ist ihre Wirkung auf die Kirche noch gar nicht abzuschätzen. Zum einen finden in ihnen doch viele Christen heute geistliche Heimat und Stütze im Glauben, zum anderen werden manche von ihnen durch ihr Engagement und vor allem durch ihre Einflussmöglichkeiten die künftige Entwicklung der Kirche wesentlich mitbestimmen.

Was haben sie nun bei aller Unterschiedlichkeit gemeinsam? Kardinal Schönborn zählt vier Kennzeichen auf.[96]

1. Die neuen geistlichen Bewegungen sind meist international, weltweit. Schönborn sieht darin einen „mächtigen Stimulus über die Grenzen der Ortskirche hinaus" und gleichzeitig ein Gegengewicht gegen eine stets gegenwärtige Gefahr des Nationalkirchentums. Sie zeigen gerade im Hinblick auf die Universalität der Kirche eine „besondere Verbundenheit mit dem Petrusamt".
2. In den neuen geistlichen Bewegungen zeigt sich eine erneuerte Gestalt der Zusammenarbeit von Laien und Priestern. Schönborn sieht darin eine Verwirklichung dessen, was das II. Vatikanische Konzil wollte. Die geistlichen Bewegungen sind Laienbewegungen, entfalten sich jedoch nicht im Gegensatz zur Hierarchie. Ein untrügliches Zeichen der Communio mit der Hierarchie seien die vielen geistlichen Berufungen. Und viele Priester, „die in der nachkonziliaren Krise den Boden unter den Füßen verloren haben und nicht mehr um ihre Identität wussten, haben durch die geistliche Erfahrung der neuen Bewegungen einen neuen Zugang zu ihrer priesterlichen Berufung gefunden." Gleichzeitig hätten diese Bewegungen auch vielen Priestern geholfen, einen gewissen Klerikalismus zu überwinden.
3. Die „Movimenti" zeigen ein neues Bild der Frau in der Kirche. Eine Reihe dieser Bewegungen haben Frauen als Gründe-

[95] H. P. Heinz, Reflexion und Reform tun not. Was die kirchlichen Bewegungen in Deutschland bewegen. In: HK 53 (1999) 12, 630
[96] Vgl. dazu Pannonhalma, 8–10

rinnen und de facto als Leiterinnen. In ihnen zeichnet sich ein neues Miteinander von Frauen und Männern im Leben der Kirche ab.

4. Die neuen geistlichen Bewegungen prägen beeindruckend viele Bereiche des gesellschaftlichen und kulturellen Lebens. Schönborn verweist als Beispiel auf das Engagement vieler Bewegungen im Schulwesen, an Universitäten, in der theologischen und literarischen Arbeit, in der künstlerischen Tätigkeit. Und der Kardinal fragt: „Ist es vermessen zu hoffen, dass die neuen geistlichen Bewegungen dazu beitragen, dass eine erneuerte christliche Kultur sich ausprägt?“[97]

Dieser so positiven Darstellung dürfen wohl auch manche Gegenfragen gestellt werden. Von beiden Kardinälen werden die geistlichen Bewegungen vor allem auch als eine „Antwort auf die Krise der Nachkonzilszeit“[98] gesehen. Kardinal Ratzinger etwa sagt: „In der Tat schien nach dem großen Aufbruch des Konzils statt des Frühlings Frost, statt der neuen Dynamik Ermüdung einzukehren. Die Dynamik schien nun ganz woanders zu liegen – dort wo man aus eigenen Kräften und ohne Gott zu gebrauchen sich anschickte, die bessere künftige Welt zu gestalten. Dass eine Welt ohne Gott nicht gut, geschweige denn die bessere Welt sein könne, war für jeden Sehenden offenkundig. Aber wo blieb Gott? War die Kirche nach vielen Debatten und angestrengt durch das Suchen nach neuen Strukturen nicht in der Tat müde und geistleer geworden?“[99] Und so erschien es ihm wie ein „wunderbares Ereignis“, als er zu Beginn der siebziger Jahre erstmals mit Bewegungen wie den Neokatechumenalen, Communione e Liberazione und den Fokolarini in Berührung kam. Kardinal Schönborn wiederum sieht in der charismatischen Erneuerung etwas vom emotionalen Elan der 68er-Bewegung, aber gleichzeitig eine Gegenbewegung „gegen die innerkirchliche Säkularisierung, gegen

---

[97] Pannonhalma, 9

[98] Pannonhalma, 5; Ratzinger zit. in: Deutsche Tagespost, 5

[99] Ratzinger, a.a.O. 5

den rationalistischen Ausverkauf von Gebet, Liturgie, Innerlichkeit. Gleichzeitig brachten sie das ein, was das Konzil versprochen, vielfach aber die Nachkonzilszeit nicht eingelöst hatte, nämlich eine neue Gemeinschaftserfahrung, eben das, was auch in Basisgemeinden gesucht wurde."[100]

Zunächst ist eine solche Schilderung der Nachkonzilszeit überaus einseitig und ungerecht gegen alle, die sich auch außerhalb der Movimenti, z. T. sogar vor deren Entstehen mit Papst und Bischöfen nach dem Konzil aufgemacht haben, die Kirche zu erneuern. Und viele, die neue Strukturen suchten – die nach dem Konzil durchaus erforderlich geworden waren –, haben dabei keineswegs Gott außer Acht gelassen. Viele in der Kirche sind damals und bis heute nicht wegen der vielen Debatten „müde" geworden, sondern weil sie sich in ihren oft sehr großen Bemühungen um Erneuerung nicht ernst genommen fühlten. Der Vorwurf vom „rationalistischen Ausverkauf" von Gebet, Liturgie und Innerlichkeit trifft viele hart, die sich sehr wohl um neue Gebetsformen – auch außerhalb der Movimenti – bemühten und Liturgie oft aus dem bislang gewohnten „Ritualismus" herausführen wollten. Mit dieser so einseitigen Kritik hat man aber auch den geistlichen Bewegungen keinen guten Dienst geleistet, weil sie so fast „offiziell" in Gegensatz gegen jene gesetzt wurden, die in der vom Konzil angegebenen Richtung konsequent weitergehen wollten.[101] Damit wurden aber auch – sicher ohne Absicht, aber in der Tat – Motive für die heute oft so bedauerliche Polarisierung in der Kirche geliefert.

Beim Lesen der vier Kennzeichen, die den meisten spirituellen Gruppen nach Kardinal Schönborn gemeinsam sein sollen, fühlte ich mich veranlasst, diese mit einigen Schwerpunkten des Konzils zu vergleichen. Ich glaube nämlich, dass dies ein wichtiges Kriterium dafür ist, wie sie den „Geist des Konzils" getreulich weitertragen, sich von ihm inspirieren lassen, wird ihnen doch nachgerühmt, dass gerade sie eine „Antwort auf die Krise der Nachkonzilszeit" seien.

---

[100] Schönborn, Pannonhalma, 5f.

[101] Vgl. dazu auch H. Krätzl, Im Sprung gehemmt. Mödling 1998, bes. 171

Kriterien für eine Spiritualität aus dem „Geist des Konzils"

Die wesentlichste Weichenstellung war wohl *die neue Sicht der Kirche,* nämlich im Wiederentdecken einer Communio-Ekklesiologie. Diese Sicht rief zur gelebten Kollegialität auf verschiedenen Ebenen auf. Zunächst wurde in Ergänzung zu den dogmatischen Aussagen des I. Vatikanums das Verhältnis des Papstamtes zum Bischofskollegium neu gesehen. Das hatte aber auch zur Folge, über die Ausformung des Primates neu nachzudenken, wie es schon Paul VI. im Hinblick auf die Ökumene anregte[102] und Johannes Paul II. in der bedeutenden Ökumeneenzyklika „Ut unum sint" mit Nachdruck unterstrich.[103] Die besondere Verbindung der spirituellen Gruppen zum Petrusdienst im Geist des Konzils sollte sich also auch gerade in diesem Weiterdenken zeigen. Äußere Sympathiekundgebungen allein – bei Papstreisen und großen Papsttreffen oft mit viel Liebe demonstriert – sind zu wenig. Und schon gar nicht darf man jenen, die im Sinne des Konzils und getreu dem Aufruf des Papstes neue theologische Überlegungen über den Petrusdienst anstellen, die „Papsttreue" absprechen.

Am Konzil wurde betont, dass die eine und einzige katholische Kirche *„in und aus"* den Teilkirchen besteht.[104] Damit wurde die Eigenständigkeit der Ortsbischöfe unterstrichen und ihnen deutlich die Mitsorge für die Gesamtkirche aufgetragen.[105] So wird sich die Spiritualität der geistlichen Bewegungen auch daran messen lassen müssen, wie sehr sie die eigenständige Verantwortung der Ortskirchen für die Gesamtkirche erkennen, und es scheint wenig Grund zu bestehen, sie allzu bald als Gegengewicht zur „stets gegenwärtigen Gefahr des Nationalkirchentums" zu sehen. Das Konzil hat den alten Begriff vom „allgemeinen Priestertum"

---

[102] Das erwähnte Johannes Paul II. in einer Ansprache vor dem Ökumenischen Rat der Kirchen des Ökumenischen Rates der Kirchen in Genf am 12. Juni 1984

[103] Johannes Paul II., Enz. „Ut unum sint" v. 25. Mai 1995

[104] LG 23,1

[105] LG 23,2

wieder aufgegriffen und damit sowohl die Mitverantwortung aller aus Taufe und Firmung hervorgehoben, als auch das Verhältnis zwischen Priestern und Laien tiefer gesehen. Sicher haben sich auch gerade deshalb nach dem Konzil viele Laienbewegungen gebildet. Es ist aber fragwürdig, ob es ganz der Weite des Geistes des Konzils entspricht, wenn in diesen ursprünglichen Laienbewegungen nun vermehrt Priestergemeinschaften entstehen und dann ausschließlich diese Priester die Seelenführung der Laien ihrer Bewegungen übernehmen. Und Priester aus manchen neuen Bewegungen unterstreichen schon durch ihr äußeres Gehaben eher einen „Klerikalismus“, als diesen abzubauen, wie weiter oben doch behauptet wurde. Spiritualität, recht verstanden, umfasst den ganzen Menschen, hängt also auch vom jeweiligen *Menschenbild* ab. Das Konzil hat eine erstaunlich *positive Anthropologie* in der Pastoralkonstitution „Die Kirche in der Welt von heute“ entworfen.[106] Der Mensch wird dort nicht zuerst, wie oft früher in der Verkündigung, von seiner Sündhaftigkeit, von der gefallenen Natur her beschrieben, sondern als „nach dem Bild Gottes“ geschaffen.[107] Das ist die Grundlage für seine Würde. In den Artikeln 15–17 beschreibt nun GS, worin diese Würde liegt. Spiritualität als „geistliche Lebensform“ muss auch an dieser Charakteristik des Menschen als „imago Dei“ gemessen werden und geistliche Bewegungen – im Sinne des Konzils – müssten in ihren Grundregeln und Erziehungsprogrammen jeweils Menschen zu dieser Würde als „imago Dei“ hinführen. Das bedeutet im Einzelnen:

Das Konzil betont die Würde der *Vernunft*. „Die zu erstrebende Vollendung der Vernunftnatur der menschlichen Person ist die Weisheit, die den Geist des Menschen sanft zur Suche und Liebe des Wahren und Guten hinzieht.“[108] Das müsste vor allem in jenen Bewegungen bedacht werden, die Spiritualität zu sehr im Affektiven suchen und damit Gefahr laufen, in einseitige, gefühlsmäßige „Schwärmerei“ abzugleiten. Hier wird auch der

106 Pastoralkonstitution „Die Kirche in der Welt von heute", GS, bes. n. 12–22
107 GS 12
108 GS 15,2

Umgang mit Wahrheit, auch mit Glaubenswahrheit berührt. Bei aller erwünschten „Sicherheit" im Glauben sind wir alle auch auf der Suche nach dem noch tieferen Erfassen der Wahrheit, zu der uns der Geist Gottes antreibt und Wegweisung sein will. Spirituelle Bewegungen müssen zu solcher Suche motivieren und dürfen nicht den Eindruck erwecken, schon im „Besitz der ganzen Wahrheit" zu sein.

Besonders stark hat das Konzil wieder die Lehre vom *Gewissen* hervorgehoben. Es ist die „verborgenste Mitte und das Heiligtum im Menschen, wo er allein ist mit Gott, dessen Stimme in diesem seinem Innersten zu hören ist."[109] Ein Gewissen, das, selbst wenn es aus unüberwindlicher Unkenntnis irrt, dennoch nicht seine Würde verliert. Diese Stelle gehört vielleicht zu den spirituellsten unter allen Konzilstexten. Wenn Spiritualität besonders zum Hören auf Gottes Anruf verweist und „geistliche" Existenz im Handeln nach seiner Weisung besteht, müssten alle Formen der Spiritualität zu jener „innersten" Begegnung mit Gott hinführen und befähigen. Religiöse Gemeinschaften hätten daher vorab die Aufgabe, ihren Mitgliedern zu einem gebildeten Gewissen zu verhelfen und sie zu ermutigen, in Eigenverantwortung danach zu handeln, und dürften ihnen nicht den „Gewissensentscheid" abnehmen. Die Gefahr ist deshalb nicht zu unterschätzen, weil oft gerade sehr ängstliche Menschen sich in Gemeinschaften flüchten, damit diese für sie die Lebensentscheidungen treffen und sie so „entlasten".

Das Konzil betont auch die hohe Bedeutung *der Freiheit*. „Die wahre Freiheit ist ein erhabenes Kennzeichen des Bildes Gottes im Menschen: Gott wollte nämlich den Menschen ‚in der Hand seines Entschlusses lassen'".[110] Deutlicher noch heißt es im Galaterbrief[111], dass uns Christus zur Freiheit befreit hat, und dass wir uns dabei vom Geiste leiten lassen sollen. Christliche Spiritualität also muss zur Freiheit führen. Dem handeln Bewegungen zuwider, in denen die persönliche Freiheit eingeschränkt, gar abge-

109 GS 16
110 GS 17, wo Sir 15,14 zitiert wird
111 Gal 5,1.13

nommen wird, vielleicht unter der Vorgabe des Gehorsams. Damit wird aber die Selbstverantwortung eingeschränkt und die gerade durch richtige Spiritualität geforderte Mitverantwortung für die Kirche ausgeschlossen.

Eine Frucht der lebensbejahenden Anthropologie des Konzils ist auch *die positive Sicht von Sexualität und Ehe.*[112] In manchen geistlichen Bewegungen verpflichtet sich der innere Kern zu den evangelischen Räten, damit auch zur Ehelosigkeit. Dieses Zeichen ist gerade in einer Gesellschaft wichtig, in der das Verständnis für frei gewählte Ehelosigkeit im Schwinden ist. Das darf aber nun nicht den Anschein erwecken, als wäre Ehelosigkeit der vollkommenere Weg. Das würde dem Geist des Konzils und verschiedener päpstlicher Rundschreiben[113] widersprechen, die die Ehe gerade in ihrer besonderen Würde hervorgehoben haben. Es ist daher sehr wichtig, dass es heute auch mehrere geistliche Gruppen gibt, die sich besonders um die Spiritualität der Eheleute bemühen. Von ihnen darf man zu Recht erwarten, dass sie die so positive Sicht von Sexualität und ehelicher Partnerschaft, wie sie das Konzil darlegte, weiterverbreiten und für möglichst viele Eheleute lebbar und fruchtbar machen. Damit würde auch der Kirche insgesamt geholfen, der Gesellschaft eine noch bessere Hilfe zum Gelingen ehelicher Partnerschaften zu bieten, was heute immer notwendiger zu werden scheint.

In Gaudium et Spes hat sich die katholische Kirche erstaunlich mutig zur *Welt* geöffnet.[114] Angewandt auf die Frage „nachkonziliarer Spiritualität“ hat dies verschiedene Folgen. Einmal, die Welt und das Irdische nun nicht mehr, wie lange üblich, im Gegensatz zum „Spirituellen“ zu sehen, sondern gerade eine Spiritualität für den Einsatz in der Welt zu entwickeln. Das ruft zunächst zum Einsatz für das Leben und für die Wahrung der Schöpfung heraus. Das bedeutet aber auch, die „irdischen Wirklichkeiten“ in ihrer

---

[112] Vgl. dazu GS 47–52

[113] Paul VI., Enz. „Humanae vitae“ 1968 und Johannes Paul II., Enz. „Familiaris consortio“ 1981

[114] Vgl. GS 43,5, wo direkt zum Dialog mit der Welt aufgerufen wird

Eigenständigkeit und Eigengesetzlichkeit zu sehen.[115] Das heißt aber auch, einen ganz offenen Dialog mit der Wissenschaft führen. Den neuen geistlichen Bewegungen wird nachgerühmt, dass sie viele Bereiche des gesellschaftlichen und kulturellen Lebens prägen und sich im Schulwesen, an Universitäten, in der literarischen Arbeit und in den künstlerischen Tätigkeiten engagieren. Gerade dafür scheint aber die Entwicklung einer neuen Spiritualität notwendig, die befähigt, in den Dialog mit Bildung und Kunst sowohl die eigenen Erfahrungen aus dem Glauben einzubringen, aber auch dort das Wirken des Geistes – oft in ganz ungewohnter und unkonventioneller Weise – zu entdecken.
Viele geistliche Bewegungen haben sich nach dem Konzil gebildet, und das ist für Kirche und Welt überaus wertvoll. Man darf sie aber weder als *die* Früchte des Konzils ansehen, noch in ihnen gleichsam die willkommene Korrektur einer sonst „geistlosen" Entwicklung nach dem Konzil vermuten. Sie müssen sich einerseits am „Geist des Konzils", also an einer Spiritualität, zu der sich die Gesamtkirche in einer beeindruckenden Weise bekannt hat, messen, gegebenenfalls auch korrigieren lassen. Andererseits aber haben gerade sie die Möglichkeit und Aufgabe, die vom Konzil gewiesenen Ansätze einer neuen Spiritualität weiterzuentfalten.

Auf der Suche nach einem klaren Spiritualitätsbegriff

Nach all dem Gesagten drängt sich die Frage auf, was nun Spiritualität eigentlich wirklich ist. Vom Wortsinn her bietet sich als kleinster gemeinsamer Nenner an: „geistliche Lebensform". Aber was heißt „christliche Spiritualität"? Überschaut man die vielen Definitionsversuche[116], dann sehen sie Spiritualität gemeinsam als den „Rekurs auf den Geist und Jesus Christus und die daraus erwachsende Offenheit für die Existenz des Menschen und die Aufgaben von Menschheit und Welt".[117]

---

115 Vgl. GS 36

116 Einige Beispiele in: Praktisches Lexikon der Spiritualität. Hg. Ch. Schütz, Freiburg 1988, bes. Sp. 1171f.

117 ebd., 1172

Ludger Schulte, ein junger Kapuziner, seit 1998 Spiritual am Priesterseminar in Limburg und Mitarbeiter in der City-Pastoral in Frankfurt/Main, möchte mehr Klarheit in den Spiritualitätsbegriff bringen und zählt dafür fünf Dimensionen auf, die in irgendeiner Weise in jeder konkreten christlichen Spiritualität enthalten sein müssen.[118] Dazu gehören:

1. *Die innere und ganzheitliche Hingabe an Gott:* Gott ist es, der in der Geschichte handelt, der mich sucht, bevor ich ihn suche. Er ist es, der diese Hingabe selbst ermöglicht. Spiritualität ist „durch die Zusage Gottes selbst das vom Heiligen Geist gehaltene Geheimnis, in dem der Mensch erst bei dem Gott Jesu Christi ankommt und nicht mehr eigenen Konstrukten nachjagt."[119] Christliche Spiritualität gibt es nicht ohne die Gemeinschaft der Glaubenden. Die Hingabe an Gott in diesem Sinn geschieht erst dort wahrhaft, wo sie sich im Glaubensraum der Kirche ereignet.
2. *Die ganz persönliche Beziehung zu Jesus Christus:* Innerhalb der pluralistischen Wirklichkeit steht und fällt das Christsein mit der persönlichen Beziehung jedes Einzelnen zu Jesus Christus. Diese Beziehung ist in dem Maß real, wie Jesus Christus in ihr nicht primär Objekt, sondern handelndes Subjekt wird. Dazu gehört die Sinndeutung meines Lebens im Mitgehen des Weges Jesu. Sein Leben wiederholt sich in meinem Leben in allen Dimensionen. Das Leben aus dem Umgang mit der Hl. Schrift und aus der Christusbegegnung in den Sakramenten gehört unverzichtbar zur christlichen Existenz mit dem Ziel „Nicht mehr ich lebe, sondern Christus lebt in mir" (Gal 2,20).
3. *Solidarität mit dem Nächsten, vor allem den Armen:* Wer sich von ihnen finden lässt, ist bereits von Christus gefunden. Die Folge aber ist, Verantwortung zu übernehmen für eine gerechtere Gesellschaft. Die Armen rufen zur Entscheidung. „Wenn einer mit ihnen lebt, dann wird er entweder den Glauben ver-

[118] L. Schulte, Suchen, Tasten, Drängen. Spiritualität und spirituelle Bewegungen. In: D. Seeber (Hg.), Im Aufbruch gelähmt? Die deutschen Katholiken an der Jahrhundertwende. Frankfurt/Main 2000, S. 71ff.
[119] Schulte, 72

lieren und ein Revolutionär, vielleicht noch eher ein Zyniker werden, oder aber er wird still werden vor Christus und ‚mit Ihm mit ihnen' gehen."[120]

4. *Friedfertigkeit und Versöhnung:* Es geht um die „Wiedergewinnung der ursprünglichen Umwelt und Mitwelt durch ein versöhnendes Leben mit allem und jedem". Das umschließt das Miteinander der Menschen, zielt aber auch ab auf die ganze Schöpfung, sind wir doch Kinder eines Vaters, der seine Sonne aufgehen lässt über der ganzen Welt (vgl. Mt 5,45).
5. *Der dynamische Zug:* Eine an der Bibel orientierte Spiritualität rechnet mit dem freien Handeln Gottes. Gott ist in allem zu finden. Alles hat Wortcharakter und ist Mitteilung Gottes. Für das geistliche Leben bedeutet das, sich in beständiger Hör- und Aufbruchsbereitschaft der Führung des Hl. Geistes zu überlassen. Zu erfahren, was Gott gerade durch mich für diese Welt und Kirche wirken will, bedeutet aber auch den Mut, zu Neuem aufzubrechen und Altes, wenn nötig, aufzugeben.

Diese fünf von Ludger Schulte genannten Dimensionen schaffen tatsächlich mehr Klarheit in einen sonst eher verschwommenen Begriff. Gleichzeitig zeigen sie aber auch jene Kriterien auf, an denen sich Spiritualität überhaupt und damit auch „spirituelle" Bewegungen messen lassen müssen.

Es geht einmal um die ganzheitliche *Hingabe an Gott,* die nicht durch Selbstleistung entsteht, sondern durch die dankbare Annahme seines, all meinen Bemühungen vorausgehenden, Rufes. Und sie muss in Gemeinschaft der Glaubenden, also im Lebensraum der Kirche geschehen. Diese Dimension bewahrt vor der Gefahr, zu sehr auf eigene Leistung zu pochen, damit aber auch dankbar anzuerkennen, wie der Ruf Gottes, der immer neu in der Geschichte ergeht, auch andere in ebendieser Kirche trifft. Kirche wird hier in ihrer Gesamtheit gesehen, so dass jede „Gemeinschaft der Glaubenden" sich als Teil des Ganzen fühlt, aber auch für das Ganze verantwortlich ist.

---

[120] Schulte, 72

Spiritualität zeigt sich im Wesentlichen im *„Mitgehen des Weges Jesu"*. So wird sich echte Spiritualität daran erweisen müssen, wie jemand im Geiste Jesu den vielen „anderen" gegenübersteht, sie in ihrer Eigenart annimmt, ja in ihnen Christus ohne Vorurteile sucht und erkennt. Spiritualität in diesem Sinn darf also nicht zu einseitiger Verinnerlichung führen, sondern muss sich auch im Handeln in der Welt, gleichsam im „politischen" Tun zeigen. Es gibt letztlich keine „Arbeitsteilung" zwischen denen, die beten, und denen, die handeln. Die Echtheit des Gebetes wird sich in der Bereitschaft zum Handeln zeigen, aber alles Handeln in der Welt wird stets die innere Kraft des Gebetes brauchen, um nicht selbstherrlich auf seine Verdienste zu pochen, aber auch, um nicht in den wiederkehrenden Enttäuschungen den Mut zu verlieren. Die Früchte des Erlöserleidens Jesu sind *Friede und Versöhnung*. Spiritualität im Geiste Jesu ist daran zu ermessen, was sie zum Frieden beiträgt, und ob sie, wo immer nötig, Versöhnung stiftet. Wo Gruppen spalten, wo sie zu unversöhnlicher Polarisierung beitragen, fehlt der Geist Jesu Christi.
Schließlich ist das Wirken des Geistes Gottes immer eines *„nach vorne"*. Das ist kein Widerspruch zu Liebe und Wertschätzung all dessen, was uns an Wertvollem überkommen ist. Dem Wirken des Geistes zuwider ist aber sicher, wo man grundsätzlich dem Neuen widersteht und nicht bereit ist, gegebenenfalls auch lieb gewordenes „Altes" aufzugeben. Freilich wird gerade hier die so wichtige Kunst der „Unterscheidung der Geister" gefragt sein. Diese erwirbt man aber am ehesten im offenen Hinhören auf das Wort Gottes, das in so vielfältiger Sprache ergeht, aber auch erst – um der Gefahr des Eigensinns zu entgehen – im ständigen, offenen Dialog mit anderen, vor allem auch mit den Andersdenkenden.

Die Vielzahl der spirituellen Bewegungen ist ein Zeichen, dass der Geist weht, wo er will. Die Vielzahl soll unseren Blick daraufhin weiten, wo der Geist Gottes sonst noch weht, vielleicht auch in Gruppen und Personen, wo wir es gar nicht wahrhaben wollen. Und sicher treibt er uns zu Neuem, sogar Unerwartetem.

Das zeigte sein Wirken am ersten Pfingstfest, das erlebten wir am II. Vatikanischen Konzil, das zu einem „neuen Pfingsten" der Kirche werden sollte, darum beten wir inständig, wenn wir rufen: „Sende aus deinen Geist, und das Antlitz der Erde wird neu."[121]

Die ausführliche Fassung dieser Darlegungen wurde publiziert in: Th. Dienberg/M. Plattig (Hg.), Leben in Fülle. Skizzen zur christlichen Spiritualität. Festschrift für Prof. Dr. Weismayer zu seinem 65. Geburtstag. Münster 2001, S. 115–138.

---

[121] Ps 104,30

Die Kirche macht sich selbst zum Dialog

„Dialog" ist in den letzten Jahren in der Kirche in Österreich zum Reizwort geworden. Seit Jahren hatten Katholiken den Dialog mit Rom in wichtigen Fragen gesucht, die in verschiedenen Diözesansynoden aufgeworfen worden waren. 1995 ging von der Diözese Innsbruck ein „Kirchenvolksbegehren" aus, das zu einer neuen Diskussion über fast die gleichen Fragen aufrief. Im Oktober 1998 kam es über Einladung der österreichischen Bischöfe zu einem Delegiertentag in Salzburg unter dem Motto „Dialog für Österreich". Der Tag verlief sehr gut, hernach ging der Dialog aber nicht weiter. Ein Bischof sagte zum Ärger vieler in einem Interview, das Wort Dialog „stinke" ihm bereits.
Alljährlich treffen sich im Burgenland am 11. November zum Martinsfest – Martin ist der Landespatron – die höchsten Vertreter der Kirche und aller politischen Parteien. Im Jahr 2000 wurde ich zur Festrede eingeladen. Weil sich gerade der Bischof von Eisenstadt Dr. Paul Iby nach dem Salzburger Delegiertentag in seiner Diözese so beispielhaft um eine Fortsetzung des Dialogprozesses einsetzte, wählte ich für den Vortrag das Thema: „Dialog, eine Hoffnung für die Zukunft der Kirche".

1995 war ich nach Nürnberg zu einer Podiumsdiskussion eingeladen. Es ging um den innerkirchlichen Dialog nach dem Konzil. Anlass war ein „Dialogpapier", das eine Arbeitsgruppe des Zentralkomitees der deutschen Katholiken erarbeitet hatte[122], um den Dialog in der Kirche Deutschlands wieder anzukurbeln. Am Podium saßen mit mir Annette Schavan, P. Medard Kehl SJ und Gräfin Gabriele Plettenberg. Letztere war früher auch im Zentralkomitee tätig, fühlt sich aber jetzt eher als Sprecherin des konservativen Lagers in der Kirche. Gleich zu Beginn wollte sie den Dialog als Modewort abtun und meinte, Dialog habe mit dem

[122] Dieses Dialogpapier ist mit Kommentaren veröffentlicht in: A. Schavan (Hg.), Dialog statt Dialogverweigerung. Impulse für eine zukunftsfähige Kirche. Kevelaer 1994. Künftig abg.: Dialog

Glauben nichts zu tun, denn die Kirche habe zu lehren. Es war ein guter Anlass über den Glaubensakt zu reden, der ja seinem Wesen nach eine Antwort auf einen Anruf Gottes ist. Mit der theologischen Begründung des Dialogs möchte ich also beginnen.

Will Gott überhaupt den Dialog in der Kirche?

Dagegen werden heute vor allem zwei Gründe genannt[123]:

1. Gott ruft sein Volk zusammen, sein Wille regiert die Kirche, nicht Menschenwille. Kirche ist deshalb keine Demokratie (Herrschaft des Volkes), vielmehr hat Gott die Hierarchie eingesetzt, dass sie die Kirche in seinem Name regiere.
2. Die Wahrheit des Evangeliums ist der Kirche von Gott durch Jesus Christus geoffenbart. Sie wird von den Stellvertretern Christi, das sind Papst, Bischöfe und Priester, verkündigt. Über diese Wahrheit kann es keinen Dialog geben, vielmehr erwartet Gott (und das Lehramt) den Gehorsam des Glaubens.

Wie sind diese Einwände zu entkräften?
Zu 1) Die Kirche ist Gottes Werk, nicht unser Verdienst. Aber Gott hat uns zu seinem Volk gemacht, indem er Gemeinschaft mit uns aufgenommen hat, Mensch geworden ist, um als Mensch mit uns Menschen zu verkehren. Er wurde durch das zustimmende Ja Marias Mensch und gründete sein Volk auf freie Zustimmung. „Ohne Gottes Initiative und bleibende Gegenwart wäre die Kirche nicht *Volk Gottes,* ohne unser ‚Ja' wäre sie nicht Volk Gottes. Die dialogische Gemeinschaft Gottes mit uns soll ‚Fleisch werden' in der dialogischen Gemeinschaft, die wir untereinander verwirklichen."[124]
Zu 2) Es ist wahr, dass Gott uns das Evangelium durch Jesus Christus geoffenbart hat. Zur Antwort gehört aber auch, seine „Wahrheit zu tun". Wie das Evangelium heute zu leben ist, hat Jesus nicht im Einzelnen mitgeteilt, uns aber den Hl. Geist ge-

---

[123] Vgl. dazu H. J. Pottmeyer, Dialog und Wahrheit. In: Dialog, bes. 90f.
[124] Pottmeyer, 93

sandt, dass er uns dafür erleuchte. Der Geist spricht aber nicht nur durch die Nachfolger der Apostel, sondern auch durch die übrigen Glieder des Volkes Gottes. Durch den wechselseitigen Austausch von gläubiger Erkenntnis trägt jeder das Seine dazu bei, „dass Kirche die Treue zum Evangelium Jesu Christi bewahrt und lebt".[125]

Kirche als Zeichen und Werkzeug des Dialogs Gottes mit den Menschen

Ein Leitwort des II. Vatikanischen Konzils war „Dialog".[126] 24-mal findet sich das Wort „Dialog" in den Konzilstexten, der Sache nach noch viel öfter. Die Durchführung des Konzils selbst war „Dialog"[127], zwischen Konzilsvätern und ihren Theologen, mit den „Beobachtern" aus anderen christlichen Kirchen, schließlich mit der „Welt" in Form einer bislang noch nie da gewesenen medialen Kommunikation. Kirche sieht sich aus dem Konzil aus folgenden theologischen Gründen zum Dialog verpflichtet:

- Aus der neuen Sicht der *Kirche als „Communio"*. Das fordert einen dialogischen Leitungsstil, keinen obrigkeitlichen.[128] Kirche weiß sich als das „von der Einheit des Vaters und des Sohnes und des Heiligen Geistes her geeinte Volk".[129] Sie soll zur Ikone der Dreifaltigkeit werden, was auch ihre Lebensform betrifft. Das verlangt Kollegialität unter den Bischöfen und mit dem Papst. Communio weist auf die notwendige Einheit der christlichen Kirchen hin und eröffnet schließlich einen „vorurteilslosen" Dialog mit der Welt.
- Zum Dialog verpflichtet auch die *neue Sicht der Offenbarung*. Das Konzil betont die progressive und dialogische Kraft der Gottesoffenbarung.[130] *Progressiv,* weil eben die Offenbarung

---

[125] Pottmeyer, 94
[126] Vgl. dazu das Dialogpapier des Zentralkomitees der deutschen Katholiken in: Dialog, bes. 34f.
[127] H. Heinz, Kirche im Dialog – Dialog in der Kirche. In: Dialog, 80
[128] Dialogpapier, in: Dialog, 36
[129] LG 4
[130] Vgl. E. Biser, Glaubensprognose, Graz 1991, 167

nicht abgeschlossen ist, sondern die Kirche im Gang der Jahrhunderte ständig der Fülle der göttlichen Wahrheiten entgegenstrebt.[131] *Dialogisch,* weil „der unsichtbare Gott aus überströmender Liebe die Menschen anredet wie Freunde und mit ihnen verkehrt, um sie in seine Gemeinschaft einzuladen und aufzunehmen".[132]

– Noch einmal spricht das Konzil in beeindruckender Weise von einem Dialog bei der *Lehre über das Gewissen.* „Das Gewissen ist die verborgenste Mitte und das Heiligtum im Menschen, wo er allein ist mit Gott, dessen Stimme in diesem seinem Innersten zu hören ist"[133]. Wieder wird hier eine Weise angesprochen, in der Gott dem Menschen das Gespräch anbietet. Und wir Christen wissen uns gerade im Gewissen mit den übrigen, also auch nichtglaubenden Menschen, verbunden im Suchen nach der Wahrheit.[134] Gemeinsame Suche aber kann nur im Austausch der je eigenen Erfahrung erfolgen, nur im vorurteilslosen Dialog.

– Kirche soll schließlich in Christus insgesamt gleichsam Sakrament sein, d. h. *Zeichen und Werkzeug für die innigste Vereinigung mit Gott* wie für die Einheit der ganzen Menschheit.[135] Aber das ist Dialog im tiefsten Sinn.

Papst Paul VI. baute sein Pontifikat auf Dialog

Nach Beendigung der 1. Sitzungsperiode war Johannes XXIII. am 3. Juni 1963 gestorben und damit war das Konzil zunächst suspendiert. Am 21. Juni wurde Kardinal Montini zum Papst gewählt und nannte sich Paul VI. Er verfügte sofort die Weiterführung des Konzils. Ein Jahr später veröffentlichte er am 6. August 1964 seine erste Enzyklika, also seine „Regierungserklärung" mit den Anfangsworten „Ecclesiam suam" (ES). Das Hauptanliegen darin ist

[131] Vgl. DV 8
[132] DV 2
[133] GS 16
[134] Vgl. GS 16
[135] Vgl. LG 1

der „Dialog". Dafür muss die Kirche ihr eigenes Bewusstsein vertiefen, ihr tatsächliches Antlitz mit ihrem Idealbild vergleichen und schließlich als Folge daraus den Dialog mit der Welt aufnehmen.[136] Ja, „die Kirche macht sich selbst zum Wort, zur Botschaft, zum Dialog".[137]

Einen Monat später, im September 1964 begann dann die dritte Sitzungsperiode, in der es zu den heftigsten Auseinandersetzungen auf dem Konzil überhaupt kam. Dass dann in der vierten Session dennoch so heikle Texte wie über die Religionsfreiheit, über das Verhältnis zu den nichtchristlichen Religionen, das Offenbarungsschema und die Pastoralkonstitution über die Kirche in der Welt von heute verabschiedet werden konnten, sieht Hanspeter Heinz, Pastoraltheologe in Augsburg, als Auswirkung des programmatischen Schreibens Pauls VI. Die genannten Dokumente zeigen, dass nun die katholische Kirche einen aufrichtigen Dialog anbieten will, „der keinen Menschen und kein Thema von vornherein ausschließt, und sie ist offen für die unabsehbaren Folgen dieses gewagten Anfangs, gewärtig der schöpferischen Einfälle des Heiligen Geistes".[138]

In ES nennt der Papst selbst die Adressaten für den Dialog: die Welt, die Monotheisten, die anderen christlichen Kirchen und schließlich den Dialog im eigenen Haus, dass er „mit Eifer und Familiengeist gepflegt werde". Dann gibt er noch „Spielregeln" und Eigenschaften eines aufrichtigen Dialogs an.

Paul VI. sieht die Verpflichtung zum innerkirchlichen Dialog im Heilsdialog Gottes

Der Papst gab in seiner „Regierungserklärung" für die Kirche die theologische Begründung für den Dialog, setzte aber auch jene Regeln hinzu, nach denen er geführt werden soll.

---

136 ES n. 10. Die Enz. „Ecclesiam suam" (abg. ES) wird zitiert nach einer Dokumentation im Rex-Verlag Luzern/München 1964 mit der dort vorgenommenen Nummerierung.

137 ES n. 60

138 H. Heinz, Kirche im Dialog – Dialog in der Kirche, in: Dialog, 79f.

– Der Dialog hat seinen Ursprung in Gott.[139] „Ehrwürdige Brüder", sagte er damals, „der Dialog liegt im Plane Gottes selbst". Religion, Gebet, Offenbarung, Menschwerdung seines Sohnes, die Heilsgeschichte insgesamt sind Ausdruck des von Gott aus freien Stücken, in Liebe eröffneten Dialogs. Diesen Dialog vor Augen müssen wir erkennen, „welche Beziehung wir, d. h. die Kirche, mit der Menschheit anzubahnen und zu fördern" haben.[140]
– Dialog muss von selbstloser Liebe geleitet sein.[141] Der Dialog Gottes war nicht abhängig von den Verdiensten derer, an die er gerichtet war, sondern kam aus Liebe. „Auch unser Dialog soll keine Grenzen und keine Berechnung kennen."
– Dialog muss die Freiheit des anderen achten.[142] Der Dialog Gottes ist Angebot, zwingt niemanden, geht auch das Risiko der Ablehnung ein. So werden auch wir bei unserer Sendung in die Welt, selbst bei der Verkündigung unbestreitbarer Wahrheiten, nicht mit äußerem Zwang vorgehen, sondern in aller Menschlichkeit, mit innerer Überzeugungskraft und immer unter Achtung der persönlichen Freiheit.
– Dialog kennt keine Ausgrenzung.[143] Da der Dialog des Heiles sich an alle wendet, so muss auch unser Dialog seiner Natur nach allgemein sein, katholisch, d. h. „dass er sich mit jedem einlässt, vorausgesetzt, dass man ihn nicht zurückweist".
– Dialog ist ein Prozess und soll jeden Tag neu beginnen.[144] Der Dialog des Heiles hat seine Geschichte, Anfänge und Höhen, Annahme und enttäuschende Ablehnung. Es braucht Geduld, Entwicklungen abzuwarten. Und doch darf er nicht auf morgen verschoben werden. „Er soll das brennende Verlangen nach der entscheidenden Stunde und den Sinn für die Kostbarkeit der Zeit haben." Er soll heute beginnen, und zwar eher von unserer Seite als von denen, an die er gerichtet ist.

---

139 ES 64
140 ES 65
141 ES 67 u. 68
142 ES 69
143 ES 70
144 ES 72

Vermutliche Gründe für die Schwierigkeiten im innerkirchlichen Dialog

Die Worte des Papstes und seine theologische Begründung des Dialogs sind unmissverständlich. Die Kirche selbst muss sich nach dem Willen Gottes zum Dialog machen, zu einer Botschaft, die auf Antwort wartet. Das Konzil hat diesen Auftrag und den Dialog mit großem Mut begonnen. Woher kommen dann in den letzten Jahren wieder so viele Schwierigkeiten und Einwände, so dass manche den Dialog sogar wieder in Frage stellen?

Zunächst muss man wohl allen eine gute Absicht zutrauen, sowohl jenen, die den Dialog verteidigen und vorantreiben, als auch jenen, die heftige Bedenken anmelden. Offenbar haben wir in der Kirche den richtigen Dialog noch zu wenig erlernt. Was ihn aber besonders bedroht, ist die Angst.

Manche fürchten, im Dialog die eigene *Identität* zu verlieren. Genauer betrachtet kann dies aber auch ein Zeichen sein, sich seiner eigenen Identität noch gar nicht so sicher zu sein. Dann fehlt aber gerade eine wichtige Voraussetzung für den Dialog, der nur unter Partnern gedeihlich sein kann, die einen eigenen Standpunkt haben. Der Dialog scheint manchen dort bald an seine Grenzen zu kommen, wo es um die *eine Wahrheit* geht. Nur fragt es sich, ob diese eine Wahrheit ein gar so sicherer Besitz ist und nicht gerade der Dialog ein Weg wäre, sie tiefer zu erfassen. Ohne sich es einzugestehen fürchten manche den Dialog, weil sie dabei *Macht* verlieren könnten. Wer Recht zu haben scheint, fühlt sich mächtig und geschützt. Wer den Dialog beginnt, nimmt auch in Kauf, *lernen zu müssen,* sich vielleicht sogar zu verändern. Schließlich aber fürchten manche, partnerschaftlicher Dialog könnte sie daran hindern, ihren „Hirtendienst" in *Letztverantwortung* auszuüben. Aber wer ist sich so sicher, immer nur allein die Führung des Geistes Gottes zu haben, selbst wenn er ein höheres Amt bekleidet? Kann sich der Geist Gottes nicht – und die Geschichte erweist es – auch durch andere bemerkbar machen? – Und selbst wenn solche Hindernisse zu entkräften wären, bleibt eine nicht unberechtigte Angst, wie offener Dialog heute in den

Medien interpretiert wird. Wird er nicht oft sehr verkürzt wiedergegeben? Geht es manchen Medien nicht viel mehr um die Form der Auseinandersetzung als um ihren Inhalt? Wird die öffentliche Meinung nicht oft stärker durch den Kommentar der Massenmedien gebildet als durch das sachliche Argument der vorangegangenen Diskussion? Doch auch das darf den Dialog nicht hindern. Es ist vielmehr eine ständige Herausforderung für Vertreter der Kirche, noch viel besser zu lernen, sachgerecht mit den Massenmedien umzugehen. Neben allen möglichen Gefährdungen sind sie ein unverzichtbares Sprachrohr für viele Arten der Verkündigung.
Die notwendigen Voraussetzungen für den rechten Dialog liegen aber über all das Genannte hinaus auch auf der spirituellen Ebene. Eine Hilfe dafür hat der hl. Ignatius von Loyola seinen Mitbrüdern schon vor mehr als 450 Jahren gegeben, und was er damals sagte, ist heute aktueller denn je.

Dialogregeln, die Ignatius von Loyola seinen Mitbrüdern für das Konzil von Trient mitgegeben hat

Willi Lambert, langjähriger Spiritual am Germanicum in Rom, hat ein wunderbares Büchlein geschrieben.[145] Aus einem Text des Ignatius mit dem Titel „Instruktion für die Tagung von Trient" (gemeint ist das Konzil von Trient) leitet er sieben Regeln ab, die Ignatius 1546 den drei Jesuiten Jay, Lainez und Salmerón, die als Berater am Konzil teilnahmen, mitgab.

Die Kostbarkeit des Gesprächs sehen lernen[146]

Ignatius will die Seinen lehren, wie wertvoll ein wichtiges Gespräch ist, dass darin viel gewonnen werden, aber auch viel verloren gehen kann. Ein geglücktes Gespräch ist allemal ein Geschenk. Und nicht die beste Gesprächstechnik garantiert einen guten Verlauf, sondern die Wachsamkeit und Achtsamkeit. Für je-

[145] W. Lambert, Die Kunst der Kommunikation. Entdeckungen mit Ignatius von Loyola. Freiburg-Basel-Wien 1999
[146] Lambert, 42

des Gespräch tragen alle Beteiligten eine hohe Verantwortung. Dialog ist nicht lästig, sondern wertvoll!

Langsam, bedächtig und liebevoll

Ein Gespräch scheine für die Öffentlichkeit interessant zu sein, sagt Lambert, wenn es die Form eines Tischtennismatches annimmt, wo man sich die Bälle zuspielt, manchmal auch zuschmettert, raffiniert angeschnitten. Was wir aber brauchen ist, „dass wir einander die Worte immer wieder reichen wie ein Stück Brot, an dem man riechen kann, das man in Ruhe kauen, schmecken und verdauen darf."[147] Eine Schwester der Langsamkeit heißt Bedächtigkeit, also nicht schneller reden, als man denken kann. Gerade bei umstrittenen Themen ist es entscheidend, auch liebevoll zu reden. Auf heute angewandt meint Lambert: „Wie viele vorschnelle Reaktionen, Fixierungen, liebloses Verurteilen und wirkungslose Sprechverbote von oben wie von unten hemmen da Gespräche und fruchtbare Seelsorge."[148]

Hören und ruhige Aufmerksamkeit auf den ganzen Menschen

Ignatius rät seinen Mitbrüdern: „Ich wäre langsam im Sprechen, indem ich das Hören für mich nutze; ruhig, um die Auffassungen, Gefühle und Willen derjenigen, die sprechen, zu verspüren und kennen zu lernen, um besser zu antworten oder zu schweigen."[149] Das heißt also, zunächst achten, was einer sagt. Eine Probe wäre, sich zu fragen: Könnte ich in der Hitze des Wortgefechtes den Wortlaut des Gesagten getreu wiederholen? Dann aber erspüren, aus welchen Gefühlen einer etwas sagt, warum er etwa so heftig ist, wovor er Angst hat. Schließlich aber kennen lernen, was der andere will. Das muss zunächst gar nicht klar sein. Oft sind manche Aussagen zunächst nur Versuchsballons. Erst dann kann ich entscheiden, ob ich antworte und wie, oder gar schweige.

---

[147] Lambert, 44
[148] Lambert, 45
[149] zit. bei Lambert, 45

Vorurteilsfrei

Um das zu zeigen, ist es gut, im Gespräch für die eigene Haltung auch Gegenargumente anzuführen. Selten gibt es ja für eine konkrete Entscheidung nur eine Alternative. Damit zeigt man, dass man selbst auch über Gegenargumente nachgedacht hat, und signalisiert dem „Gegner", dass man ihm auch Denkfähigkeit und gute Argumente zutraut. Ignatius rät den Seinen: „Ich würde mich bemühen, niemanden unzufrieden zurückzulassen."[150] (Ob das nicht nur einem Heiligen gelingt?)

Vorsicht vor Autoritätsargumenten

Es gibt in Gesprächen „Killerphrasen", die wie ein „Mordanschlag" wirken. Z. B.: „Es wird doch niemand so dumm sein, zu behaupten …" oder: „Was Sie sagen, ist doch von vorgestern …" oder: „Die Wissenschaft ist einhellig vom Gegenteil überzeugt …" Lambert führt unter solchen Killerphrasen auch an: „Roma locuta, causa finita." Ignatius rät den Mitbrüdern: „Ich würde nicht irgendwelche Personen als Autoritäten heranziehen, vor allem nicht, wenn sie groß sind, außer in sehr überlegten Dingen; denn ich muss mit allen gut stehen und darf für niemanden eine Leidenschaft haben."[151] Trotz aller selbstverständlichen Achtung vor Autorität weiß Ignatius, dass es Situationen gibt, in denen eine Berufung auf Autoritäten und Namen der Wahrheitsfindung eher schadet als dient. Die entscheidende, selbstkritische Frage lautet: „Bin ich frei oder bin ich ‚leidenschaftlich' im Sinne einer inneren Unfreiheit, eines Vorurteils, eines falsch verstandenen Korpsgeistes, einer persönlichen fixen Idee?"

Bescheidene Deutlichkeit

Das heißt einerseits, sich nicht ständig zurückzuhalten aus Angst anzuecken. Man soll seine eigene Meinung zeigen. Umgekehrt aber soll man nicht durch Profilsucht oder Scheinsicherheit be-

[150] zit. bei Lambert, 49
[151] zit. bei Lambert, 51

eindrucken wollen. Für einen fruchtbaren Dialog ist es hilfreich, erkennbar zu lassen, dass man sich selber nicht für unfehlbar hält. Lambert meint, dass nicht wenige dem Papst Unfehlbarkeit absprechen, aber höchst empört seien, wenn man ihre eigenen Ansichten kritisch hinterfragt. Und er rät, öfter „mit dem Papst in uns, in mir ins Gespräch zu kommen. Es dürften sich dabei gelegentlich hochinteressante Dialoge ergeben.“[152]

Sich Zeit nehmen

Ein wichtiges Gespräch kann nicht fruchtbar werden, wenn der andere wahrnimmt, man habe eigentlich keine Zeit. Es geht hier um die so wichtige und scheinbar unlösbare Frage der Zeiteinteilung, der Termine. Aber die Zeit ist eines der kostbarsten Geschenke, die wir einander geben können. „Der Umgang mit der Zeit ist eine Weise, Gott und den Menschen Ehre zu geben und ‚im Stande der Gnade zu sein‘ – jedenfalls schlägt Peter Handke einmal vor, das alte Katechismuswort mit der Wendung zu übersetzen, ‚im Stande des Zeit-habens‘ zu sein.“[153]
Ignatius beendet seine Instruktion mit der klaren Aufforderung, sich in diese Gesprächsregeln täglich einzuüben, durch Tagesrückblick und durch gegenseitige Hilfe. Und so behutsam er sonst in seinen Hinweisen ist, so entschieden endet er: „Diese Ordnung beginnt innerhalb von fünf Tagen nach unserer Ankunft in Trient. Amen.“

Dialog als Hoffnung der Zeit

Dialog ist also kein Modewort, steht auch nicht in der Beliebigkeit einiger, die alles zerreden wollen, sondern Dialog ist eine Notwendigkeit unserer Zeit, eine Lebensfunktion der Kirche. Dialog ist notwendig in einer Welt, in der Unterschiedliches wie Kultur, Religion und eigene Interessen immer mehr aufeinander prallen. Dialog ist notwendend in unserer Kirche, damit die derzeit oft

[152] Lambert, 53
[153] Lambert, 54

lähmende Spaltung zwischen unterschiedlich denkenden Menschen und Gruppen wieder fruchtbar wird. Dialog ist das Lebensprinzip, wie Menschen miteinander umgehen, aber auch, wie Glaube gelebt und weitergegeben wird. Die katholische Kirche hat heute den Auftrag, den Dialog mit anderen christlichen Kirchen, mit anderen Religionen, mit der Welt selbst unverzüglich, angstfrei, mit großem Gottvertrauen aufzunehmen. Vom Gelingen dieses Dialogs hängt die Zukunft unserer Kirche ab, damit leistet die Kirche aber auch der Gesellschaft einen unersetzlichen Dienst. Ob der Dialog wirklich eine Hoffnung für unsere Zeit wird, dafür tragen wir Christen die Verantwortung.

Nach diesem Vortrag sprach ich öfter in diesem Sinn über Dialog und seine Regeln, um einen Beitrag zu der so notwendigen Auseinandersetzung innerhalb der Kirche, aber auch zwischen Kirche und Welt zu leisten. Ich erwähne dabei aber auch immer, wie beispielhaft gerade in der Diözese Eisenstadt der Dialog auf breiter Basis geübt wird.

Toleranz aus dem Glauben – ein Auftrag des Konzils oder: Ist Toleranz nur eine säkulare „Tugend"?

In der Theologischen Hochschule Heiligenkreuz bei Wien wird das Studienjahr immer mit einem Festvortrag eröffnet. Zum Beginn des Studienjahres 1997/98 wurde ich dazu eingeladen. Das Thema konnte ich mir selbst wählen. Ich wusste, dass im Lehrkörper der Hochschule sehr unterschiedliche Denkrichtungen vertreten waren. Vor allem der damalige Professor für Ethik war vielfach in öffentlichen Diskussionen (auch im Fernsehen) durch unduldsame Töne aufgefallen. Deshalb hielt ich es für angebracht, gerade hier über Toleranz zu sprechen. Toleranz ist ja auch eine der kostbarsten Früchte des II. Vatikanischen Konzils. Der Vortrag selbst richtete sich, wie es auch am Stil erkennbar ist, an Vertreter des Lehrkörpers, an viele Studenten und Freunde des Stiftes Heiligenkreuz und seiner Hochschule.

Das Wort „Toleranz" ist zur Etikette der Moderne geworden. Toleranz scheint eine Frucht, ja eine „Tugend" der Aufklärung zu sein, also ein Produkt der Vernunft, um das Zusammenleben erträglicher (tolerierbarer) zu machen. Demgegenüber stehen gerade Religionen im Verdacht, ihrem Wesen nach intolerant zu sein. Wo feste Glaubenssätze aufgestellt werden, Autoritäten über absolute Wahrheiten entscheiden, wenn sogar über den „Heilsweg" anderer geurteilt wird, empfindet man dies als zutiefst intolerant. In der Tat macht es Religionen, vorab den christlichen Kirchen, Probleme, eine andere Religionsauffassung auch als theologisch gerechtfertigt anzuerkennen. Ist es denn überhaupt erlaubt, tolerant zu sein, wenn es um Glaubenswahrheiten geht?
Ich möchte zunächst auf die Schwierigkeiten hinweisen, die die Kirche in der Geschichte mit der Toleranz hatte, dann die entscheidende Wende auf dem Konzil zeigen und schließlich an einigen Bewährungsfeldern die Toleranz der Kirche heute prüfen.

Toleranz war für die katholische Kirche keinesfalls selbstverständlich

Der Weg zur Toleranz war deswegen so schwer, weil er immer eingezäumt war von der Sorge, den einzig wahren Glauben nicht zu relativieren und die Menschen den Weg zum Heil sicher zu führen. Was immer aber durch den Glauben begründet, von ihm gefordert erscheint, duldet keine Toleranz. Zeigt das nicht schon die Bibel?

Welche Art von Toleranz gibt es im Alten Testament?[154]

Das AT hat keine Vokabel für Toleranz, kennt aber doch einen Begriff von dieser Haltung. „Toleranz wurde zu allen Zeiten Israels geübt, befand sich aber gegenüber der offiziellen Religion Israels immer in einer Randlage", resümiert Heinz-Josef Fabry, Prof. für AT in Bonn.[155] Es war eine eher pragmatische Toleranz nach außen hin. In der Vorkönigszeit z. B. kam es immer wieder auch zu Verschmelzungen mit anderen Religionen. In der Königszeit erscheint aus Gründen der Staatsräson „diplomatische Toleranz" gefordert, sie ruft aber prophetische Opposition hervor, so dass die dringende Frage ersteht, ob der Jahwe-Glaube mit Toleranz überhaupt vereinbar sei. Mit dem Heranwachsen des Monotheismus im 8. Jh., besonders durch den kämpferischen Einsatz des Elija gefördert, und im deuteronomischen Verständnis des Bundes zwischen Israel und Jahwe, wird Israels Religion „zu einer intoleranten Größe par excellence".[156] War in der Frühphase des Deuteronomiums das „Höre Israel, Jahwe, unser Gott, ist einzig" noch so auszulegen, dass es neben „unserem Gott" auch andere geben könne, wird in der weiteren Phase Jahwe charakteri-

[154] Vgl. dazu H. J. Fabry, Toleranz im AT? In: I. Broer/R. Schlüter (Hg.), Christentum und Toleranz, Darmstadt 1996

[155] Fabry, 33

[156] Fabry, 21

siert als der „eifersüchtige" Gott[157], was zu deutlicher Exklusivität führte.[158]
Die Exilszeit kennt wieder eine tolerantere Haltung. Ezechiel, Deuterojesaja und die Priesterschrift haben die Präsenz Jahwes auch im Ausland gepredigt. „Deshalb konnte die jüdische Gemeinde ihre Grenzen öffnen, zumal der Kontakt zu Fremdvölkern, die man nicht als Feinde erfuhr, an der Tagesordnung war."[159] Obwohl Deuterojesaja trotz der Übermacht Babylons sich nicht zu einer Toleranz gegenüber der babylonischen Religion bewegen lässt, sieht er das souveräne Walten Jahwes gerade auch darin, dass dieser den Perserkönig Kyros zu seinem „Werkzeug", seinem „Gesalbten", gleichsam zum Messias (Jes 42,1–9) macht, aber ohne dass dieser sich zur Religion Israels bekehren müsse.[160]
Der Prophet sieht das Heil universal, bezieht es auf alle Völker, für die Israel Heilsvermittler ist. „Bei aller monotheistischer Intoleranz erweist sich Jahwe doch den Nichtisraeliten gegenüber als tolerant, da er auch ihnen Heil wirkt, ohne sie in seinen Dienst zu zwingen."[161]
Gipfelpunkt toleranter Haltung ist Tritojesaja, der das Heil nicht nur allen Völkern zuspricht, sondern Heiden sogar die Möglichkeit einräumt, Priester Jahwes zu werden.[162]
Die nachexilischen Dokumente hingegen sprechen wieder eine oft harte, intolerante Sprache. Das hängt mit der Schwierigkeit zusammen, die Identität nach der Rückwanderung wieder zu finden.
Fabry zieht den Schluss, dass die Toleranz Israels immer nur Antwort auf eine ihm entgegengebrachte Toleranz war. Für heute sieht er darin den Aufruf, „durch unsere Toleranz dem jüdischen

[157] Ex 34,14; Dtn 5,9; 6,15; 32,16.21; Ps 78,58
[158] Vgl. dazu G. Braulik, Das Deuteronomium und die Geburt des Monotheismus, in: E. Haag, Gott, der einzige. Zur Entstehung des Monotheismus in Israel (QD 104), Freiburg i. Br. 1985, 115–159, bes. 119f.
[159] Fabry, 33
[160] Fabry, 23
[161] Fabry, 25
[162] Nach Jes 66,19–21 wird Jahwe auch aus den fernen Völkern Tarschisch, Tubal und Jawan Männer als Priester und Leviten auswählen.

Volk die Entfaltung seiner eigenen toleranten Potenz zu ermöglichen".[163] Und diese Potenz würde durchaus schon im AT wurzeln.

Toleranz im Neuen Testament?

Wenn wir uns auf die Paulusbriefe konzentrieren, dann spricht am meisten gegen die Toleranz die scharfe Unduldsamkeit in Gal 1,6–9: „Wer euch aber ein anderes Evangelium verkündigt, als wir euch verkündigt haben, der sei verflucht (anathema esto)."[164] „Anathema" ist das gleiche Wort, das später das Vorgehen auf den kirchlichen Konzilien (ausdrücklich erstmals im 4. Jahrhundert) und sogar die mittelalterliche Inquisition kennzeichnet[165] und in vielen lehramtlichen Verurteilungen verwendet wurde. Vermutlich haben Leute aus der Jerusalemer Gemeinde in einer Art „Nachmission"[166] gegen die Predigt des Paulus die Heidenchristen doch wieder zur Beschneidung verpflichten wollen. Es ging also um das Lebenswerk des Paulus schlechthin, um jenes Evangelium, das er „durch eine Offenbarung Jesu Christi empfangen" hatte[167], um das Christusereignis, das nicht durch Aufleben der Gesetzesfrömmigkeit wieder entkräftet werden dürfte. Aber richtet sich die Verurteilung des Paulus nicht gerade gegen eine ‚Intoleranz' den Heiden gegenüber, denen man wieder alte Lasten aufbürden wollte? Auf dem Jerusalemer Konvent (Gal 2,1–10) und auch bei der darauf folgenden Auseinandersetzung mit Petrus (Gal 2,11) zeigt Paulus selbst, wie Konflikte zu lösen sind.
Andere Aussagen bei Paulus sprechen durchaus für Toleranz wie etwa in 1 Kor 13,7: „die Liebe erträgt alles", ‚panta hypomenei'. Ingo Broer fällt auf, dass Paulus in der Ich-Form spricht, also ganz persönlich von der Seite dessen, von dem Toleranz gefordert

---

163 Fabry, 34

164 Vgl. Ähnliches: 1 Kor 5,4f.;16,22

165 J. Kremer, Konflikte und Konfliktlösungen in der Urkirche und frühen Christenheit. In: J. Gründel, R. Heinzmann (Hg.), Zwischen Loyalität und Widerspruch. Regensburg 1993, 11

166 Vgl. dazu M. Stowasser, Konflikte und Konfliktlösungen nach Gal 1–2, in: TThZ 103 (1994), 56 mit vielen Belegen

167 Gal 1,12

wird. Der Andere, das Gegenüber kommt nicht in den Blick, nicht seine positiv oder negativ zu bewertenden Meinungen und Handlungen. Er unterscheidet hier also nicht zwischen Irrtum und Irrenden, sondern das Neutrum „panta“ umfasst alle und alles: „Nicht *alle* erträgt die Liebe und soll sie auch ertragen, sondern alles, nicht allen glaubt sie, sondern *alles,* nicht auf alle hofft sie, sondern alles.“[168] Und Broer findet es eine selige Inkonsequenz zum Galaterbrief, wenn Paulus hier im Hohen Lied der Liebe formuliert, auf die richtige Erkenntnis komme es letztlich gar nicht an. Jedenfalls sind nach 1 Kor 13,2f. Prophetie, Kenntnis der Geheimnisse Gottes, selbst enormer Glaube nicht in der Lage, dem Menschen zum eschatologischen Heil zu verhelfen, sondern die Liebe muss zumindest hinzukommen, wenn sie nicht gar alleine reicht.[169]

Vielleicht passt hier auch die Stelle aus 2 Kor 4,7 dazu, „dass wir unseren Glauben nur in irdenen Gefäßen tragen“, dass dieser also gefährdet ist und bleibt. „Als solcher kann er natürlich auch gefestigt werden, er kann eng bleiben, aber auch weit werden.“[170]

Und was die Stellung zu den nichtchristlichen Religionen angeht, findet sich bei Paulus neben den die Juden und Heiden ablehnenden Äußerungen, etwa in Röm 1–3, auch die positiv an die heidnische Religion anknüpfende Bemerkung in der Areopagrede: „Was ihr verehrt, ohne es zu kennen, das verkünde ich euch“ (Apg 17,23).

Der lange Weg der katholischen Kirche zur gewährten Religionsfreiheit

In der Geschichte hat die Kirche lange nicht nach dem Vorbild der Bibel gehandelt.

Das zeigt sich vor allem in der Unterdrückung der Religionsfreiheit. Diese hatte mehrere Triebfedern: einmal die theologische Position, außerhalb der einen, allgemeinen Kirche könne nie-

---

[168] Broer, 71
[169] ebd.
[170] Broer, 81

mand gerettet werden[171], dann die pädagogische Angst, die wahre Religion könnte gefährdet und ihre Anhänger in die Irre geführt werden, und schließlich die politische Befürchtung, die dominierende Stellung der katholischen Kirche könnte in vielen Staaten beeinträchtigt werden. Die sog. Konstantinische Wende hatte dies in fragwürdiger Weise eingeleitet. Uniformität in Glaubens- und Sittenfragen sollte Einheit und Stärke des Staates verbürgen, dafür bediente sich der Staat der Kirche und diese nutzte den ‚weltlichen Arm' für sich. Kirche und Staat taten dies mit „gutem Gewissen", wussten sie sich ja im Besitz der objektiven Wahrheit. Alle möglichen Formen der Intoleranz bis hin zur Inquisition und Verbrennung von Häretikern waren grausame Folgen.

Auch im Zeitalter der Glaubensspaltung hielt man am Prinzip der Verbindung von Staat und Religion fest. Der Landesherr bestimmte die Religion, wer ihr nicht angehören wollte, musste auswandern. Erst Aufklärung und Liberalismus forderten im Gegensatz dazu vehement Religionsfreiheit als grundlegende Menschenrechte. Da aber der Kampf um mehr Menschenrechte zugleich ein Kampf gegen die Kirche und ihren absoluten Wahrheitsanspruch war, wehrte sich die Kirche mit allen Mitteln dagegen. Mehr Toleranz erschien als ‚Bazillus' des Liberalismus.

Nur so sind die heute schockierenden Äußerungen früherer Päpste zu verstehen, allen voran die von Gregor XVI. Für die revolutionären Unruhen im Kirchenstaat machte er das Gedankengut der Frz. Revolution verantwortlich. In seiner Antrittsenzyklika „Mirari vos" vom 15. August 1832 wies er auf drei Hauptgefahren seiner Zeit hin: auf Rationalismus, Gallikanismus und Liberalismus. Die wichtigste Ursache für die vielen Übel sah der Papst im Indifferentismus. In Kampfesstimmung gegen die „Feinde der Kirche" schrieb er: „Und aus dieser höchst abscheulichen Quelle des Indifferentismus fließt jene widersinnige und irrige Auffassung bzw. vielmehr Wahnsinn (lat. deliramentum), einem jeden müsse die Freiheit des Gewissens zugesprochen und sicherge-

[171] Vgl. IV. Lat.-Konz. (1215), Kap. 1, DH 802; Bonifaz VIII., Bulle „Unam sanctam" (1300), DH 870

stellt werden. Diesem geradezu pesthaften Irrtum bahnt freilich jene vollständige und ungezügelte Meinungsfreiheit den Weg, die zum Sturz des heiligen und bürgerlichen Gemeinwesens (d. i. Kirche und Staat) weit und breit grassiert, wobei manche noch mit größter Unverschämtheit behaupten, es fließe aus ihr ein Vorteil für die Religion."[172] Pius IX. führte diese Gedanken in der Enz. „Quanta cura" und im Syllabus weiter.[173] Leo XIII. hielt an der These vom „katholischen Staat" und seinen Pflichten gegenüber der wahren Religion fest. Die verschiedenen Arten der Gottesverehrung dürften „nicht dasselbe Recht haben wie die wahre Religion".[174] Es blieb in der Folge die normale These, dass die Kirche überall dort, wo sie die Mehrheit hatte, vom Staat verlangte, die Religionsfreiheit der Nichtkatholiken einzuschränken. Wo sie aber in der Minderheit ist, könnte die „Hypothese" praktiziert werden, allen den gleichen Anspruch auf Religionsfreiheit zu geben.[175]

Auf diesem geistigen Hintergrund wird erst begreiflich, welche Wende die Konzilserklärung über die Religionsfreiheit tatsächlich brachte. Diese epochale Wende im theologischen Denken war nur möglich, weil das Konzil vorher drei Fragen gelöst hatte: 1) die katholische Kirche erhebt nicht mehr exklusiv den Anspruch „allein seligmachend" zu sein; 2) die Freiheit des Gewissens wurde deklariert; 3) nicht Wahrheit und Irrtum haben (das gleiche) Recht, sondern nur Personen, nämlich auf freie Entscheidung. Die Annahme dieses Dekrets hat der römisch-katholischen Kirche „endgültig den Weg sowohl in den modernen demokratischen Rechtsstaat als auch in die ökumenische Gemeinschaft geebnet".[176]

---

[172] Gregor XVI., Enz. „Mirari vos", 15. Aug. 1832, DH 2730 u. 2731

[173] Vgl. dazu J. Weismayer, Religionsfreiheit – Bedingung für friedliches Zusammenleben. In: Wiener Blätter zur Friedensforschung. März 1/1988, 6f. mit weiterführender Literaturangabe

[174] Leo XIII., Enz. „Immortale Dei", 1. Nov. 1885, DH 3176

[175] Vgl. dazu B. Häring, Frei in Christus. Bd. I. Freiburg-Basel-Wien 1979, 272

[176] H. G. Stobbe, Ehrfurcht und Achtsamkeit, in: Christentum und Toleranz, Darmstadt 1996, 132

Toleranz ist mehr als Duldung

Die Erklärung über die Religionsfreiheit hat erst den interreligiösen Dialog ermöglicht und die neue Sicht der Ökumene. Aber dabei geht es nun nicht mehr nur um die Religionsfreiheit, also die Entscheidung des anderen zu respektieren, sondern um die Anerkennung des anderen in seiner Suche nach Wahrheit. Toleranz ist hier mehr als Duldung.

Der Begriff Toleranz ist schwer zu definieren. Ihm eignet eine gewisse „Schwammigkeit", sagte Alexander Mitscherlich, die leicht dazu führen kann, dass jeder etwas anderes darunter versteht.[177] Jürgen Werbick meint, Toleranz dürfte sich nicht in einem Arrangement erschöpfen: „Ich will nichts von dir, wenn du nichts von mir willst."[178] Sie müsste vielmehr einer Ethik der Anerkennung verpflichtet sein und damit rechnen, dass die ehrliche Suche nach Anerkennung ihre eigene, durchaus konfliktträchtige Dramatik hat. Die „anderen" können mir ja nur etwas bedeuten, wenn ich mit ihnen über das entscheidend Wichtige kommuniziere, wenn ich sie vorkommen lasse im Feld des mir Wichtigen; ich muss ihrer Meinung Recht verschaffen gegen meine Vor-Urteile, gegen meine mitgebrachten Vorannahmen und Selbstverständlichkeiten; ich muss sie hereinholen in meinen Horizont, damit sie für mich bedeutsam werden.[179] Dabei muss ich aber mit dem Widerstand des von Vereinnahmung Bedrohten rechnen, aber auch damit, dass er mir auf einmal als ganz anderer erscheint, als ich vermutet habe. Dieser Prozess des Annehmens und Anerkennens hat nichts mehr mit „passiver" Toleranz zu tun, sondern ist in Wahrheit eine sehr „aktive Toleranz". In dieser Erkenntnis des anderen liegt „die Gebärmutter aller wahren Toleranz", meint Kurt Koch. „Solche Toleranz erweist sich freilich nicht als harmlos. Sie geht jedenfalls nicht ohne Schmerz ab. Sie kann vielmehr ungemein

---

[177] A. Mitscherlich, Toleranz – Überprüfung eines Begriffes, Frankfurt a. M. 1974, 7
[178] J. Werbick, Toleranz und Pluralismus, in: Christentum und Toleranz, Darmstadt 1996, 119
[179] Vgl. Werbick, 119f.

wehtun."[180] Diese so subtile Beschreibung von Toleranz gibt eigentlich schon das Rüstzeug für Toleranz in Glaubensfragen bis hin zum Dialog unter den Religionen. Dazu müssen aber noch einige Regeln für den echten Dialog beachtet werden[181]:

- Der (interreligiöse) Dialog ist nur wirklich einer, wenn jeder die Gesprächsbeiträge des anderen für prinzipiell wahrheitsfähig hält.
- Das Gespräch müsste unter vom Thema „Ergriffenen" geführt werden, von in der Sache „Erfahrenen". Voraussetzung also ist, dass jeder einen festen Standpunkt hat und den auch vertreten kann und will.
- Es geht nicht um billige Harmonisierung, auch nicht um „Missionierung", sondern darum, das, was einem wichtig ist, zu sagen und den anderen anzuhören, was ihn bewegt.
- Das Gespräch kann Gemeinsames herausfinden, zu dem beide Ja sagen; es kann manches stehen bleiben, das einem nicht passt, zu dem man aber auch nicht entschieden Nein sagen muss; es gibt Wahrheiten, zu denen auf Grund der eigenen Überzeugung ein Nein notwendig ist, was aber das Gespräch noch nicht wertlos macht.
- Der interreligiöse Dialog zwingt die eigene Glaubenssicht zu überprüfen, ob sie auch richtig verstanden werden kann (z.B. der Glaube an Christus von Juden und Muslimen), und führt somit zur Vertiefung der eigenen Haltung.

Bewährungsfelder der Toleranz

Die katholische Kirche wird heute auf verschiedene Weise auf den Prüfstand gestellt, wie ernst ihr Toleranz sei, aber auch, wie sie dabei ihre Identität wahrt. Damit soll sie auch zum Beispiel dafür werden, wie man heute mit Andersdenkenden kommunizieren soll.

---

180 K. Koch, Konfrontation oder Dialog? Graz 1996, 139

181 Vgl. dazu J. Werbick, Heil durch Jesus Christus allein? In: Der einzige Weg zum Heil? QD 143, 1993, 47f.

Toleranz und interreligiöses Gespräch[182]

Bisher gibt es drei Grundmodelle einer Theologie der Religionen. Das *exklusivistische* Modell unterscheidet scharf zwischen wahrer und falscher Religion. Es kann letztlich nur eine wahre Religion geben, alle übrigen sind Abfall von der wahren Religion oder deren Perversion. Historisch gesehen bestimmte diese Auffassung lange Zeit nicht nur das Verhältnis des Christentums zu nichtchristlichen Religionen, sondern unterschied innerchristlich auch zwischen Rechtgläubigkeit und Ketzerei. Diese Haltung war der katholischen Kirche offiziell bis zum Konzil eigen. Das *inklusivistische* Modell spricht den nichtchristlichen Religionen nicht jede Rechtmäßigkeit ab. Auch dort finden sich Wahrheiten über Gott und den Menschen.[183] Aber Höhepunkt und Synthese bildet der eigene christliche Glaube. Die anderen Religionen werden aber so nur als „auf dem Weg zum Christentum" gesehen. Eine *pluralistische* Theologie der Religionen hingegen relativiert diese und führt damit eigentlich zum Abbruch des Gesprächs. „Das Anderssein wird einerseits prinzipalisiert, andererseits aber vergleichgültigt."[184]

U. Körtner sucht die Lösung in einer *„christologisch begründeten Hermeneutik der Anerkennung"*, die das exklusivistische und inklusivistische Modell transzendiert. Er geht vom unveräußerlichen Christusbekenntnis aus, und zwar von der Heilsbedeutung des Todes Jesu her. Der Tod Jesu ist nach Röm 5 „Inbegriff und Verwirklichung der Feindesliebe Gottes".[185] „Feindesliebe ist die christologisch zugespitzte, radikalisierte Form der Anerkennung des Anderen." Die dem Christusbekenntnis entsprechende Toleranz ist insofern exklusivistisch, weil sie das Widersprechende nicht vereinnahmt, den Widerspruch nicht auflöst, aber auch

---

[182] Vgl. dazu U. Körtner, Christus allein? Vortrag auf der ökumenischen Fachtagung im Jänner 1997 im Bildungshaus Wien-Neuwaldegg. Dokumentiert in der Reihe: Impulse für die pastorale Arbeit. Pastoralamt der Erzdiözese Wien, 1997

[183] Vgl. NA 2

[184] Körtner, 41

[185] Körtner, 45

nicht, wie oft in der Geschichte, unterdrückt, sondern anerkennt, aber derart, dass ihm nicht zugestimmt wird, sondern dass er „ertragen“, toleriert wird. „Solches Erleiden ist eine Gestalt der Nachfolge Christi, dessen Wahrheit sich im Leiden und gerade nicht gewaltsam durchsetzt.“[186] Die christologisch begründete Toleranz ist aber auch inklusivistisch, da sie „die dem christlichen Glauben Widersprechenden unter die bedingungslose Gnade Gottes und in seine Geschichte des Heils gestellt sieht.“ Wieweit aber muss ich als Christ Jesus Christus vor den „Anderen“ bekennen? Jürgen Werbick meint: „... ich bin nur gefordert, ihnen Rechenschaft zu geben darüber, was es mir bedeutet, Jesus Christus als den menschgewordenen Logos, als meinen Erlöser, zu glauben, und ich bin gefordert, mir sagen zu lassen, was es für die anderen bedeutet, wenn sie das Gott Entsprechende und Widersprechende in anderen Traditionszusammenhängen zu identifizieren versuchen.“[187]

Christliche Ökumene braucht mehr als ein „Toleranzpatent“

Am 13. Okt. 1781 erließ Kaiser Joseph II. ein Toleranzpatent, in dem er den „Augsburgischen und Helvetischen Religionsverwandten“ sowie den nichtunierten Griechen ein ihrer Religion gemäßes Privatexercitium gewährte. Das kam aus aufklärerischem Geist, er selbst aber schränkte ein: „Ich will Toleranz nur bezüglich des Verkehrs in zeitlichen Dingen ohne Rücksicht auf das Bekenntnis ...“[188] Dennoch protestierte vier Tage später Kardinal Migazzi, er könne „Eurer Majestät in Unterthänigkeit nicht verhalten, dass diese allein selig machende Kirche in eine große und augenscheinliche Gefahr laufe und in dero Hauptstadt wie in der ganzen Monarchie die empfindlichste Wunde zu befürchten habe“.[189] Migazzi gab die damalige Haltung der katholischen Kirche exakt wieder. Die offizielle Wende der katholischen Kirche kam erst auf dem Konzil im Dekret über den Ökumenismus. Ohne die

---

[186] Körtner, 46
[187] Werbick, 48
[188] F. Loidl, Geschichte des Bistums Wien, Wien-München 1983, 168
[189] Zit. bei Loidl, 169

Vorrangstellung der katholischen Kirche aufzugeben, zeigten die Konzilsväter doch eine neue Form anerkennender Toleranz. Kirchenschaffende Elemente gäbe es auch außerhalb der katholischen Kirche, liturgische Handlungen zeugen auch in anderen christlichen Kirchen „ohne Zweifel tatsächlich das Leben der Gnade“ und müssen „als geeignete Mittel für den Zutritt zur Gemeinschaft des Heiles angesehen werden“.[190] Statt wie bisher nur das Trennende zu nennen, besann man sich auf das gemeinsame Erbe, das zur gegenseitigen Bereicherung dienen könnte. Hier also ging man weit über die kaiserliche „Duldung“ hinaus und bekannte sich zu einer Form der Toleranz, die die anderen christlichen Kirchen in ihrer Geschichte ganz ernst nimmt, ja gerade in der Begegnung mit ihnen auch die Herausforderung zur eigenen Reform sieht. Freilich ist bis heute die eigene Reform und damit auch die Ökumene erst in den Anfängen stecken geblieben.

Toleranz und innerkirchliche Polarisierung

Galt früher die exklusivistische Haltung und damit bewusste Intoleranz gegen jene, die außerhalb der „allein selig machenden Kirche“ waren, werden Formen der Intoleranz in fast beschämender Weise nun auch innerhalb der katholischen Kirche erlebbar. Man spricht sich gegenseitig die Rechtgläubigkeit ab, die man an bestimmten Formen der Frömmigkeit, der Bibelauslegung, an einigen theologischen Positionen in der Moraltheologie oder auch des Dogmas festmachen will. Diese Polarisierung hat ihre Wurzel in einer unterschiedlichen Auslegung der Konzilstexte, vor allem jener über Kirche, Gewissen und Ökumenismus. Die extremste Gruppe ist jene um Lefebvre (und die Petrusbruderschaft).[191] Dort werden die früheren Vorwürfe gegen die Aufklärung auf das Konzil projiziert. Lefebvre findet die Grundelemente der Frz. Revolution dort wieder, die geforderte „égalité“ in der Lehre von der Kollegialität, „liberté“ in den Aussagen über die Religions-

---

[190] UR 3 u. 4

[191] Die Petrusbruderschaft ist wohl nicht mit ins Schisma gegangen, hat sich aber weiterhin voll zur theologischen Ausrichtung Lefebvres bekannt.

freiheit und „fraternité“ im Ökumenismusdekret.[192] Toleranz erscheint als Schwäche, ja sogar Verrat. Eine gemäßigte Gruppe wiederum will die Konzilstexte so aus der „Tradition“ deuten, als gäbe es keinen „Fortschritt“, wobei unter Tradition nicht jene der gesamten Kirche gemeint ist, sondern jene der letzten 100 Jahre mit ihren theologischen Engführungen, die das Konzil ja gerade überwinden wollte.

Unter Gliedern derselben Kirche ist Intoleranz dieser Art ein Skandalon. Ja auch eine Toleranz, die nur Duldung meint, wäre zu wenig. Toleranz beginnt wohl erst dort, wo man dem anderen den guten Glauben zumutet, sich in ihn hineinzuversetzen versucht und sich mit ihm in angstfreiem, unpolemischen Dialog auseinander setzt. Die intoleranten Spannungen innerhalb der katholischen Kirche müssten von zwei Seiten her gelöst werden: einmal durch redliche Aufarbeitung der oft so emotional umstrittenen theologischen Fragen, zum anderen aber, wenn es nicht um letztlich verbindliche Glaubenswahrheiten geht, dadurch, Unterschiedliches auch bestehen zu lassen. Durch einen solchen „Pluralismus“ in Formen der Spiritualität, seelsorgerischer Ansätze, auch „theologischer Schulen und Denkrichtungen“ würde die Kirche insgesamt bereichert werden. Wo aber wirklich im Notfall Abgrenzungen vorzunehmen sind, sind sie nur von den dazu autorisierten Stellen vorzunehmen und in einer Form, die dem Evangelium entspricht und vor der Gesellschaft transparent und glaubwürdig ist.

Wie weit geht Toleranz gegenüber Sekten?

Gerade in der Auseinandersetzung mit den zahlreicher werdenden Sekten wird die katholische Kirche vorwurfsvoll auf die Erklärung von der Religionsfreiheit verwiesen. Die Schwierigkeiten sind vielfach. Es fällt schon schwer, „Sekten“ – man nennt sie heute lieber „religiöse Sondergemeinschaften“ – zu definieren. Staatliche Stellen nehmen als Kriterien für Ausschluss oder Verbot

192 Vgl. dazu D. Menozzi, Das Antikonzil, in: Die Rezeption des Zweiten Vatikanischen Konzils. Hg. H. Pottmeyer, G. Alberigo, J. P. Jossua, Düsseldorf 1986, 418

die Tatsache, ob Menschen in Abhängigkeiten gebracht werden, vor allem Jugendliche, ob unter dem Vorwand der Religion Geschäftsinteressen gemacht werden, ob Programme dieser Gemeinschaften der geltenden Verfassung oder den von der Gesellschaft allgemein angenommenen Grundsätzen widersprechen. Toleranz wird sich daran erweisen, ob jeweils gewissenhaft Lehre und Umgangsweise der Sekten recherchiert werden, ob auch der Dialog versucht und offen geführt wird. Grenzen der Toleranz werden dort erreicht, wo Grundlegendes nicht offen gelegt wird, wo Menschenwürde gefährdet ist, wo religiöse Bedürfnisse und Ängste missbraucht und zum eigenen Vorteil ausgenützt werden. Die Auseinandersetzung mit den Sekten regt aber gleichzeitig zur Selbstkontrolle an, wieweit Vorkommnisse, die dort berechtigt kritisiert und angeprangert werden, nicht ansatzweise oder unter anderen Vorzeichen in den eigenen Reihen passieren.

Toleranz der Kirche in Fragen der Politik[193]

In der pluralistischen Gesellschaft steht die Kirche in einem Dilemma: Toleriert sie rechtliche Entscheidungen und gesellschaftliche Strömungen, die ihrer moralischen Auffassung widersprechen, zeiht man sie der Schwäche oder gar des Versäumnisses der so notwendigen prophetischen Aufgabe. Versucht sie Einfluss zu nehmen auf Gesetzgebung und Verhaltensmuster, wirft man ihr unberechtigte Einmischung vor. Wie tolerant also kann Kirche in der Politik einer pluralen Gesellschaft sein?

- Sie kann ihr Sittengesetz nicht als staatliches Gesetz einklagen. Hauptaufgabe der Kirche ist, das Gewissen der Christen zu bilden. Sittliche Entscheidung richtet sich ja nicht nach Bewertung durch den Staat, sondern nach der Verantwortung vor Gott.
- Die Kirche fühlt sich mitverantwortlich für die Gestaltung der Gesellschaft und wird daher die ihr zur Verfügung stehenden Mittel für das Gute, das Bessere einsetzen.

[193] Vgl. dazu auch H. Krätzl, Kirche und Politik zwischen Rigorismus und Anpassung. Kummer-Institut-Schriften Graz 1/90

– Auch Christen können bei gleicher Gewissenhaftigkeit in der gleichen Frage legitim zu verschiedenen Urteilen kommen.[194]
– So sehr Kirche in den eigenen Reihen Meinungspluralismus gewähren soll, wird es Optionen geben, die auch nach innen unnachgiebig zu fordern sind, weil sonst dem Evangelium zuwidergehandelt würde.
– Auch der Gesellschaft gegenüber gibt es Werte, die es unter allen Umständen zu wahren gilt, wie Schutz des Lebens, Gewissensfreiheit, freie Ausübung der Religion. Dennoch muss die Art der Verteidigung so gewählt werden, dass sie für möglichst viele argumentativ verständlich und für Andersdenkende nicht verletzend ist.
– Laien, und damit besonders christliche Politiker, sind als eigentlich Sachverständige für weltliche Aufgaben zuständig. Nell-Breuning schließt daraus: „Damit entsagt das Konzil ein für alle Mal jeder Form von Klerikalismus. Nicht der Theologe, nicht der Beichtvater, sondern der eigene, pflichtmäßig erworbene und gewissenhaft angewandte Sachverstand hat die Entscheidung zu treffen und zu verantworten."[195]

Die Kirche ist aus zwei Gründen zur Toleranz verpflichtet: theologisch wegen der gleichen Würde aller Menschen vor Gott und seines allumfassenden Heilswillens; gesellschaftlich, weil Kirche eine Vorbildfunktion hat, wie eben Toleranz unter anders denkenden Menschen gelebt werden soll. Toleranz scheint lange Zeit eher nur eine säkulare Tugend gewesen zu sein. Aber auch die Prinzipien der Frz. Revolution waren eigentlich das „vernachlässigte Erbteil des Evangeliums und der Grundrechte".[196] Die Kirche müsste sich dieses Erbes wieder bewusst werden und selbst ein Modell für die Verwirklichung von Freiheit-Gleichheit-Brüderlichkeit vorleben. Christliche Religion – wenn sie sich richtig versteht – ist „wie eine friedliche Zwillingsschwester zur Toleranz". „Insofern hat die säkulare Idee der Toleranz ungemein viel mehr

194 GS 43,4
195 Nell-Breuning, Soziallehre der Kirche. Wien ^{3}1983, 130
196 J. M. Lustiger, Die geistliche Dimension Europas. In: Kirche in Europa. Düsseldorf 1989, 13

mit dem christlichen Glauben zu tun, als es auf den ersten Blick erscheinen mag.“[197]

Der ungekürzte Vortrag wurde veröffentlicht in: Vorlesungsverzeichnis der Philosophisch-Theologischen Hochschule Heiligenkreuz, Sommersemester 1998, 22–34. Der damalige Dekan der Hochschule wählte gerade dieses Verzeichnis für die Publikation des Vortrages, weil er auf diesem Weg in die Hände aller Studenten und Interessenten der Hochschule kam, woran ihm – wie er mir sagte – sehr viel gelegen war.

---

[197] K. Koch, Konfrontation oder Dialog? Graz 1996, 147

Defizite und Aufbrüche in der Kirche von Österreich

Die Redaktion der Jesuitenzeitschrift „Geist und Leben" hatte mich gebeten, zur Jahrtausendwende die Situation der Kirche in Österreich zu schildern. Ich wollte dabei auf dem Hintergrund manch bedauerlicher Erfahrungen gerade auch das viele Positive schildern, das allenthalben wächst, aber leider oft viel zu wenig beachtet wird.

Zum Beginn des 3. Jahrtausends ist die Situation der Kirche in Österreich gewissermaßen ein Spiegelbild der Kirche insgesamt, zumindest in Mitteleuropa. Die Kirche in Österreich leidet, wie die römisch-katholische Kirche überhaupt, an der Unsicherheit, ihren neuen Platz in einer sich immer schneller verändernden pluralen Gesellschaft zu finden. Diese Unsicherheit führt zu einer bedauerlichen Spaltung, die von der Pfarrebene bis hinauf in die Bischofskonferenz bemerkbar ist. Resignation wächst bei vielen, weil auch längst notwendige Neuerungen beharrlich verhindert werden. Es sieht aus, als ginge man ratlos, mutlos und ohne wirkliche Hoffnungen in das dritte Jahrtausend.
Seit 1977 trage ich als Weihbischof Mitverantwortung in Diözese und Bischofskonferenz. Auf diesem Erfahrungshintergrund möchte ich zuerst die oft schmerzhaften Defizite aufzählen, dann aber auch die hoffnungsvollen Aufbrüche aufzeigen, die es allenthalben in der Kirche in Österreich gibt. Diese Aufbrüche machen Mut und weisen Wege für eine Kirche der Zukunft.

Worunter die Kirche in Österreich derzeit leidet

Die Defizite sind zum Teil durch die gesamtkirchliche Situation und Rechtslage bedingt, z. T. aber auch „hausgemacht", also auf Vorkommnisse der Kirche in Österreich zurückzuführen.

Unsicherheit – Resignation – Gleichgültigkeit

Die nachkonziliare Ära hat in Österreich zunächst einen spürbaren Aufschwung gebracht. In den meisten Diözesen wurden Synoden abgehalten, die unter reger Beteiligung bis in die Basis die vom Konzil angeregten Erneuerungen in die Ortskirchen umsetzten. Ein selbstbewusstes, gemeinsames Auftreten aller Diözesen erlebten wir im so genannten „Synodalen Vorgang"[198] im Jahr 1974. Die Themen, die dort behandelt wurden, zeigen, dass keineswegs nur kircheninterne Probleme zur Sprache kamen, sondern vielmehr jene Aufgaben, die die Kirche in der Gesellschaft von heute zu erfüllen hätte. Die Österr. Bischofskonferenz machte sich in einer außerordentlichen Sitzung am 2. Juli 1974 den Großteil der Beschlüsse zu Eigen und promulgierte sie. Wo ihr Ergänzungen oder Klärungen nötig erschienen, wurde das in der Dokumentation transparent ausgewiesen. Trotz mancher Meinungsunterschiede trat die Kirche damals in der Öffentlichkeit geschlossen auf und meldete überzeugend ihre Mitsprache in den Entwicklungen der Gesellschaft an. Kardinal König gelang es als Erzbischof in Wien und als Vorsitzender der Bischofskonferenz, die Kirche in Österreich in Wissenschaft, Politik und Kultur zu höchstem Ansehen zu führen. Die Zahl der Kirchenaustritte begann wohl schon damals zu steigen, der auslösende Grund war aber das Abschmelzen des katholischen Milieus in der Gesellschaft und damit das Wegfallen gewisser sozialer Stützen. Wem die Kirche innerlich nicht viel bedeutete, trat nun leichter aus, zumal er sonst noch „Kirchenbeitrag" hätte zahlen müssen.

In den 80er Jahren, besonders deutlich nach dem Rücktritt Kardinal Königs aus Altersgründen im Jahr 1985, begann die Bedeutung des Einflusses der Kirche rapid zu sinken. Grund waren die gesellschaftlichen Veränderungen mit einer wachsenden Säkularisierung, aber auch kirchliche Vorgänge, wie Bischofsernennungen in den Diözesen Wien, St. Pölten, Salzburg und Feld-

[198] Österreichischer Synodaler Vorgang. Dokumente. Hg. v. Sekretariat der Österr. Bischofskonferenz. Wien 1974

kirch, die jeweils zu Spannungen in den betroffenen Diözesen führten und so ein gemeinsames Auftreten immer schwerer machten. Eine beachtenswert mutige und gemeinsame Äußerung der Bischofskonferenz zur sozialen Lage in Österreich gelang noch 1990 in einem gesamtösterreichischen Hirtenbrief. Seither fehlt es weitgehend an markanten Stellungnahmen. Es besteht die Gefahr, sich aus Unsicherheit in die geschützten Räume der „Sakristei" zurückzuziehen.

Dass die Kirche so stark an Bedeutung verloren hat, führte bei vielen Katholiken zu Resignation. Es kam zu einer neuen Austrittswelle, die nun bedauerlicherweise auch das Intensivsegment der Kirche betraf. Noch schlimmer aber war, wo Kritik und Anmahnung zu nötigen Erneuerungen nun in lähmende Gleichgültigkeit umschlug.

Ein Großteil der Jugend steht der Kirche sehr distanziert gegenüber

Seit 23 Jahren firme ich jährlich bis zu tausend Jugendliche. Meistens lade ich die Firmkandidaten ein, mir vorher Briefe zu schreiben. Sie sind für mich wie ein Seismograph für das, was die Jugend „erschüttert". Sie schreiben von der Kirche, als stünden sie zu ihr im Vis-a-vis (sie meinen wohl die „Institution" oder, wie sie es nennen, „Amtskirche"), und kritisieren sie sehr hart. Die Kirche sei rückständig, meinen sie, sie verstehen ihre Haltung zu Zölibat, Sexualität, Ehemoral, zur Stellung der Frau u. v. a. nicht. Die Liturgie sei „langweilig" und in Sprache, Liedern und Riten für sie kaum verständlich. Positiv bewerten sie die in der Firmvorbereitung erlebte Gemeinschaft in der Pfarre und das Engagement der Firmhelfer und Firmhelferinnen. Trotz aller Versuche, gerade durch ein intensives Firmkatechumenat, das ein ganzes Arbeitsjahr dauert, Verständnis für Kirche zu wecken, gelingt dies kaum. Ich schaue mit großer Besorgnis auf die Zeit, wenn diese Jugendlichen einmal ins Berufsleben treten und Familien bilden werden. Wenn sich nichts ändert, wird die Kirche eine noch viele größere Einbuße an Mitgliedern erleben.

Weniger Priester – weniger Sakramente

Der Priestermangel wird bedrohlich. In immer mehr Pfarren ist kein Priester mehr am Ort. Kleinere Pfarren werden zu Pfarrverbänden zusammengeschlossen. Große Pfarren aber werden, wenn kein Priester mehr am Ort ist, von Laien (Pfarrassistenten) „verwaltet" und Priester von auswärts feiern die Sakramente. Dies geschieht in der Stadt Wien zurzeit in 8 Pfarren, in Österreich in ca. 90. Die Folge ist, dass in immer mehr Pfarren am Land, gelegentlich sogar in der Stadt, an Sonntagen keine Eucharistiefeier mehr möglich ist. Laien gestalten Wortgottesdienste. Dabei wagt man nicht eindeutig zu sagen, dass damit auch die Sonntagspflicht erfüllt wird. Eher rät man den Gläubigen, so sie können, zur Messfeier in die Nachbargemeinde zu fahren. Während in evangelischen Pfarrgemeinden in Österreich im Gegensatz zu früher an Sonntagen nun häufiger Abendmahl gefeiert wird, ist in katholischen Pfarren oft nur mehr ein Wortgottesdienst möglich. Die Krankenseelsorge in den Spitälern ist viel intensiver geworden, aber vor allem durch hauptamtliche und ehrenamtliche Laien oder ständige Diakone. Die Sakramentenspendung aber beschränkt sich vielfach auf die Überbringung der Kommunion. Nach sehr persönlichen Gesprächen am Krankenbett, die nahezu das Ausmaß und den Inhalt einer „Lebensbeichte" annehmen, muss dann für den Kranken ein bislang „fremder" Priester zur Beichte geholt werden. Die Krankensalbung kann in die unmittelbare Betreuung kaum integriert werden. Viele drängen daher, hinsichtlich der Krankensalbung die in den ersten Jahrhunderten übliche Form der Überbringung des vom Bischof geweihten Krankenöls durch Laien[199] neu zu überdenken und diesbezüglich in Rom vorstellig zu werden. Bisher ist das nicht geschehen. Man verweist die nicht geweihten „Krankenseelsorger" vielmehr auf die Möglichkeit, die Patienten mit Weihwasser zu segnen oder gemeinsam mit ihnen um Vergebung der Sünden zu beten.

[199] Vgl. dazu den Brief von Papst Innozenz I. an den Bischof Decentius von Gubbio v. 19. März 416, dokumentiert in DH 216

In der Tat erleben wir durch den Priestermangel eine Art „Entsakramentalisierung“. Um das bisherige System zu erhalten, was etwa die Zulassungsbedingungen zum Priesteramt anlangt, opfert man Sakramente, Krankensalbung und Beichte am Krankenbett und sogar die sonntägliche Eucharistiefeier in Pfarren, die doch Höhepunkt und Quelle des gemeindlichen Lebens sein soll.

Ein Dialogprozess, der ins Stocken geriet

Die österreichischen Bischöfe luden vom 23.–26. Okt. 1998 zu einem „Dialog für Österreich“ nach Salzburg ein.[200] Als Motiv nannten die Bischöfe das Jahr 2000, der eigentliche Anlass aber war ein 1995 durchgeführtes „Kirchenvolks-Begehren“ (abg. KVB). Unmittelbar ausgelöst wurde dieses durch ein Interview im Wochenmagazin „Profil“ im März 1995, in dem ein ehemaliger Schüler Kardinal Groers diesen eines sexuellen Übergriffes vor ca. 20 Jahren beschuldigte. Ein notwendiges Krisenmanagement versagte sowohl in Österreich als auch in Rom. Negative Schlagzeilen über die Kirche beherrschten tagelang die Medien, Tausende Katholiken traten aus der Kirche aus. Wenige Tage darauf rief der damalige Religionsprofessor in Innsbruck, Thomas Plankensteiner, in einer Pressekonferenz zu einem „Kirchenvolks-Begehren“ mit fünf Forderungen auf, die sich allesamt auf Themen bezogen, die schon vorher viele Diözesansynoden als für die Erneuerung der Kirche wichtig genannt hatten. Er hatte sich etwa 100.000 Unterschriften erwartet, tatsächlich unterschrieben 500.000. Das Interview über Groer gab den unmittelbaren Anlass, der weiter zurückliegende Grund aber war, dass viele Katholiken einen dringend notwendigen Dialog mit Rom über die offensichtlich angestrebte Kirchenkursänderung in Österreich nach 1985 wünschten.[201]

Für den geplanten Dialog in Salzburg veröffentlichten die österreichischen Bischöfe zunächst einen Grundtext unter dem Titel

---

[200] A. Schwarz, G. Lang (Hg.), Dialog für Österreich. Dokumentation der Delegiertenversammlung vom 23. bis 26. Oktober 1998 in St. Virgil, Salzburg. Wien 1998

[201] Auch die vielen Neuerungsvorschläge von Diözesansynoden und -foren, die nach Rom gingen, blieben unbeachtet. Vielfach waren es dieselben Probleme, die nun auch das KVB anmeldete.

„Dein Reich komme!“ Er umfasste drei Teile. I. „Wen verkünden wir?“ (Fundamente des Glaubens); II. „Wie verkünden wir?“ (Themen der Kirchenerneuerung); III. „Wem verkünden wir?“ (Gesellschaftspolitische Herausforderungen). Der Grundtext wurde breit diskutiert. In ca. 1000 Stellungnahmen standen folgende Themen an der Spitze: Zölibat, Weihe der Frau, Fragen der Mitbestimmung und der Dienste von Laien, das Pastoralproblem mit „scheiternden und gescheiterten“ Ehen, das Sprachproblem der Verkündigung „Wie heute von Gott sprechen?“, die Forderung nach einer positiveren Sicht der Sexualität und nach mehr Mitverantwortung bei Bischofsernennungen. Von der Basis waren also jene Probleme am häufigsten angemeldet worden, die auch das KVB genannt hatte. Eine vorbereitende Arbeitsgruppe wählte 12 Themengruppen, die Bischöfe ernannten 300 Delegierte, die das breite Spektrum aller Strömungen in der Kirche von Österreich darstellten. Rom schaltete sich sehr bald in den Dialogprozess ein. Die Glaubenskongregation warnte zunächst die Bischöfe vor einer Beteiligung der Vertreter des KVBs, weil sie „zu einer Spaltung zwischen dem Volk Gottes und der kirchlichen Leitung“ beitragen und Auffassungen vertreten würden, „die in manchen Punkten der katholischen Lehre direkt entgegenstehen“. Fast befreiend kam schließlich ein weiterer Brief der Glaubenskongregation, es sei „ein Gebot der Stunde, den ‚Dialog für Österreich‘ mutig und zielstrebig weiterzuführen“. Die Verantwortung für die Delegiertentagung liege bei der Bischofskonferenz.
Während seines 3. Österreichbesuches im Juni 1998 ermutigte der Papst die österreichischen Bischöfe einerseits erneut zum Dialog, mahnte aber, dass er in „Liebe und Wahrheit“ zu führen sei. Die Interpretation, was nun mit „Wahrheit“ gemeint sei, erregte erneut heftige Diskussionen und führte zu Unterstellungen.
Die Tagung selbst verlief gegen alle Erwartung überaus erfreulich. Selbst Vertreter extremer Randgruppen kamen mit den anderen in ein gedeihliches Gespräch. Aus den Arbeitspapieren wurden 36 Resolutionen formuliert, fast alle erhielten eine überwältigende Mehrheit. Es waren wieder alle sog. „heißen Eisen“ dabei, die schon in der Vorbereitung das meiste Interesse gefunden hatten.

Allgemein war man der Meinung, dass die erlangte Einmütigkeit ein wertvolles „Kapital" für die Kirche in Österreich sei. Bedauerlicherweise kritisierten gleich danach einige (auch Bischöfe), es wäre vieles beschlossen worden, „was gegen die Lehre der Kirche sei". Die Versammlung in Salzburg hatte dringend gewünscht, zur Nacharbeit eine gesamtösterreichische Arbeitsgruppe einzusetzen. Dem wurde nicht entsprochen. Die Bischöfe setzten vielmehr selbst Projektgruppen zu allen Themen ein, die die Resolutionen für die Praxis aufbereiten sollten. Gerade die brisanten Fragen, wie die der Mitwirkung der Ortskirchen bei künftigen Bischofsernennungen, die Pastoral an Geschiedenen, die wieder geheiratet haben, Fragen der Ehemoral u.a. wurden schon im Lauf des Arbeitsprozesses nach Rom zur „Gegenlesung" gesandt. Die Bischöfe verzichteten dabei auf ein Stück ihrer Eigenverantwortung. Richtiger wäre, Lösungen im eigenen Land zu erarbeiten und erst dann, wenn es nötig ist, mit den zuständigen Stellen in Rom Kontakt aufzunehmen. Die Enttäuschung in weiten Kreisen der Katholiken Österreichs war groß. Man sprach davon, dass der so gut begonnene Dialog eigentlich tot sei.

Aufbrüche, die zur Hoffnung Anlass geben

Trotz all dieser oft bedauerlichen Ereignisse gibt es sehr viele neue Aufbrüche, die leider zu wenig beachtet werden.

Aufbrüche in der Basis

Von meinen Besuchen in den Pfarren komme ich meist aufgemuntert und wieder hoffnungsfroh heim. Solche Erfahrungen machte ich zuletzt bei der offiziellen Visitation eines großen Dekanates am südlichen Stadtrand von Wien. Die Zahl der Kirchenbesucher hat in den letzten Jahren abgenommen, das Engagement derer, die kommen, ist dafür viel größer geworden. In einer Pfarre hat mich überrascht, dass sich vermehrt Gesprächsrunden bilden, die vornehmlich Glaubensgespräche führen. In derselben Pfarre gibt es verschiedene Bibelrunden, um eine sehr rüstige Pastoralassistentin geschart, die mit allen nur möglichen Methoden der Erwachsenenbildung die Bibel für das Leben erschließt. Der Pfarrgemeinderat entwirft „Visionen“ für die Kirche der Zukunft am Ort. Jugendliche Frauen und Männer bereiten Firmlinge (Mindestalter 14 Jahre) ein ganzes Arbeitsjahr lang auf die Firmung vor. Für die Firmkandidaten ist es erstaunlich, dass Laien solches unbezahlt, mit Idealismus und aus dem Glauben heraus tun. Für die „Firmhelfer“ aber ist es eine ganz neue Herausforderung, den eigenen Glauben zu reflektieren. – Die einzelnen Lebensbereiche der Pfarre sind arbeitsmäßig aufgeteilt, von Gebetsrunden bis zu Pfarrfesten, von Seniorenarbeit bis zu karitativen Einsätzen. Ein Pfarrer zeigte mir stolz eine Liste von 150 Pfarrmitgliedern, von denen jedes eine ganz bestimmte Verantwortung übernommen hat. Vielen Pfarren ist die Pastoral an wieder verheirateten Geschiedenen ein großes Anliegen. Man bedauert allgemein, dass die römischen Vorschriften zu wenig Spielraum lassen. Oft sucht man eigene Wege, diese Frage individuell zu regeln und dabei die Gewissensentscheidung der Betroffenen (nach Beratung) zu respektieren. Fürchtet man von Rom her immer noch ein Ärgernis bei der Gemeinde, wenn Geschiedene, die staatlich wieder heirateten, zur Kommunion gehen, so ist das Empfinden heute meist umgekehrt, dass gerade die Nichtzulassung vielen als Ärgernis erscheint. Freilich drängt gerade dieses Problem, doch endlich auch gesamtkirchlich neue Wege für eine solche Pastoral zu legitimieren. Inzwischen scheint es so zu sein, dass die „Basis“ in oft sehr verantwortungsvoller Weise eben für eine allgemeine Regelung Wege sucht, vielleicht sogar „ausprobiert“.

Die Selbständigkeit der Gemeinden wächst meist besonders, wo kein Priester mehr am Ort wohnt. Wenn nötig, werden an Sonn- und Feiertagen Wortgottesdienste gefeiert und sehr gut gestaltet. Man fragt nicht so sehr, ob dadurch die „Sonntagspflicht“ erfüllt wird, sondern weiß, wie wichtig es ist, wenn sich die Gemeinde um das Wort Gottes versammelt und so den Tag des Herrn heiligt. Dabei werden große Anstrengungen gemacht, nun selbst das Wort Gottes auszulegen. Eine bislang nur hörende Gemeinde wird dadurch zu einer verkündenden. In vielen Dekanaten ist die christliche Ökumene sehr lebendig geworden. Die Gemeinsamkeit erstreckt sich von karitativen Einsätzen bis zu Gottesdiensten verschiedener Art. In einer Pfarre – von einem polnischen Priester geleitet – hörte ich sogar von ökumenischen Bußgottesdiensten. Österreichweit drängen konfessionsverschiedene Ehepaare (sie nennen sich gerne „konfessionsverbindende"), die sich in einer Arbeitsgemeinschaft zusammengeschlossen haben, nach weiteren Fortschritten in der Ökumene. Es geht vor allem um wechselseitige Teilnahme an den Gottesdiensten der je anderen Kirche, aber auch um den Empfang von Eucharistie und Abendmahl. Die Sorge um den gemeinsam gelebten Glauben ist berührend. Wenn auch manches getan wird, was (noch) nicht legitim ist, sehe ich in dieser Arbeitsgemeinschaft doch eine Gruppe, wo im Experiment spätere rechtliche Lösungen vorbereitet werden.

Das Interesse an Theologie wächst

In Österreich ist besonders seit dem Konzil die Zahl der Theologiestudierenden beträchtlich gestiegen. In Wien allein sind an der kath.-theol. Fakultät ca. 1500 inskribiert, an allen österreichischen Hochschulen zusammen mehrere Tausend. Davon werden höchstens 10 Prozent Priester. Daneben gibt es „Theologische Kurse", die in 26 Monaten alle wichtigen theologischen Fächer vermitteln. Sie werden in einem „Wiener Kurs" mit Vorlesungen seit 60 Jahren angeboten, in einem Fernkurs (mit Skripten) seit 50 Jahren. Für manche ist es die theologische Vorbereitung für einen kirchlichen Beruf (Religionslehrer, Pastoralassistent, ständiger Diakonat), sehr viele studieren aus Interesse. Dadurch entstand in den letzten Jahrzehnten eine große Zahl theologisch gut gebildeter Laien, die sich für eine kompetente Mitarbeit und Mitverantwortung in Pfarren und Diözesen qualifiziert haben. Hat aber dadurch nicht auch der so notwendige Einfluss des „sensus fidelium", des Glaubenssinns der Laien, bei der Wahrheitsfindung in der Kirche eine ganz neue Qualität bekommen?
Die große Zahl von Hörern an den theologischen Fakultäten ist aber auch ein Gütezeichen für die dort angebotene Theologie. Sie steht meist auf dem Stand legitim weiterentwickelter Theologie,

wird aber so dargeboten, dass in einer vielleicht noch nie da gewesenen Weise Theologie für das Leben fruchtbar wird. Theologieprofessoren genießen vielfach hohes Ansehen auch in anderen Fakultäten für das interdisziplinäre Gespräch und zur Beratung für Politiker. So werden bei der Ausarbeitung brisanter Stellungnahmen zu Fragen der medizinischen Ethik Professoren der katholisch-theologischen, aber auch der evangelisch-theologischen Fakultät gerne herangezogen und sind jetzt auch offiziell Mitglieder einer Ethikkommission auf Bundesebene.
Der Theologie sind heute neue Aufgaben zugewachsen.[202] Durch die Forschung wird die notwendige Weiterentwicklung der Theologie, die bisweilen zu stagnieren scheint, angemahnt und angebahnt. Und in einer Zeit, in der römische Weisungen zu ganz aktuellen Problemen manchmal nicht lebensnah genug erscheinen, führen die Theologen in unserer pluralen Gesellschaft den so notwendigen Diskurs darüber und stoßen dabei oft auf mehr Verständnis als lehramtliche Entscheide. Das gilt heute weltweit, wird aber auch in Österreich erlebt und gibt Hoffnung.

Die Ökumene gewinnt in Österreich zunehmend an Bedeutung

Die Ökumene zwischen den christlichen Kirchen ist in Österreich erfreulich gewachsen und bekommt eine ganz neue Bedeutung. „Die Ökumene in Österreich funktioniert hervorragend", sagte unlängst der griechisch-orthodoxe Metropolit für Österreich und Ungarn in Wien. Eine Wurzel dafür liegt in einer ORF-Serie „Ökumenische Morgenandacht", die es über 30 Jahre an jedem Sonntag gab. Ich selbst arbeitete oft mit. Jeweils drei Vertreter verschiedener Kirchen bereiteten zu einem bestimmten Thema eine halbstündige Sendung mit meditativem Charakter vor. Man lernte sich dabei persönlich sehr gut kennen, aber auch die theologische Sicht der anderen zu den einzelnen Themen. Darüber hinaus wurde die Ökumene aber auch durch viele gemeinsame Aktivitäten im sozialen Bereich, in der Bildungsarbeit, in der Bibelarbeit, in Gottesdiensten und in Fachtagungen vertieft. Ein be-

[202] Vgl. dazu Näheres in: H. Krätzl, Spannungen zwischen Lehramt und Theologie. In: Anzeiger für die Seelsorge 11/2000, 483–490

sonderes Verdienst für das Wachsen der Ökumene hat eine Schwester der Kongregation der Frauen von Bethanien, Christine Gleixner, die nicht zu Unrecht die „Mutter der Ökumene“ in Österreich genannt wird. Seit 1991 ist die röm.-kath. Kirche in Österreich Vollmitglied im Ökumenischen Rat der Kirchen (abg. ÖRKÖ) und derzeit ist Oberin Christine Gleixner auch Vorsitzende dieses Rates. Ihm gehören 14 christliche Kirchen in Österreich an. Die Zahl ist so groß, weil durch die geographische Lage und die Geschichte Österreichs allein sieben orthodoxe Kirchen verschiedener Länder ihren Gemeindesitz in Wien haben. Der ÖRKÖ hat in letzter Zeit sehr an Bedeutung für die Öffentlichkeit gewonnen. Einmal durch qualifizierte Stellungnahmen zu Themen wie „Fremdenfeindlichkeit“, „Menschenwürdiges Sterben“, „Soziale Gerechtigkeit“, „Gentechnik“ u. a. Seit September 2000 bereitet der ÖRKÖ aber auch ein von allen dort vertretenen Kirchen verantwortetes „Sozialwort“ vor. Es scheint ein Zeichen dafür zu sein, dass sich künftig in Österreich in innenpolitischen Fragen nicht mehr so sehr die einzelnen Kirchen allein melden werden, sondern die christlichen Kirchen gemeinsam. Das stößt auf ein großes Echo in der Öffentlichkeit und gibt ein glaubwürdiges Zeugnis, wie Christen gemeinsam aus dem Evangelium heraus auch das öffentliche Leben mitgestalten wollen.

Der Aufbruch der geistlichen Bewegungen

Die Zahl der geistlichen Bewegungen nimmt in aller Welt zu und sie genießen meist großes Ansehen. Auch in Österreich haben sie in den letzten Jahren stark Boden gefasst und werden in Wien von Kardinal Schönborn sehr gefördert. Sie arbeiten in der Pfarrseelsorge, bilden Jugend- und Studentengruppen und werden künftig auch die Trägerschaft katholischer Schulen übernehmen. In Sparbach, südlich von Wien, gibt es seit 1995 ein diözesanes Missionskolleg „Redemptoris Mater“ zur Priesterausbildung für die Neuevangelisierung (Neokatechumenat). Die Studenten kommen aus vielen Ländern. Durch die Weihe werden sie in die Erzdiözese Wien inkardiniert, nach einigen Jahren der Pastoral gehen sie aber dann anderswohin in die Mission.

All diese Gruppen haben in der nachkonziliaren Zeit eine wichtige ergänzende Bedeutung. Sie bringen neue, ganz spezifische Formen der Spiritualität ein. Allerdings sind nicht nur von ihnen allein „Aufbrüche" in der Kirche zu erwarten.

Das Konzil hat mehr Aufbrüche verursacht, als viele heute vermuten

Für die jüngere Generation liegt das Konzil in der Geschichte weit zurück. Und doch hat es die Gestalt der röm.-kath. Kirche, die Ökumene, vielleicht sogar große Teile der Gesellschaft tief greifend verändert. O. H. Pesch, einer der großen Kenner des II. Vatikanischen Konzils[203], stellte jüngst in einem großen Aufsatz[204] die Frage: „Was ist vom Konzil rezipiert worden?" Und er gab selbst die Antwort: „Ungeheuer viel! Änderungen in Mentalität, theologischer Reflexion, kirchlichen Lebensformen und sozusagen ‚Kirchengefühl', die um 1950, als ich mit dem Studium begann, vielleicht zu erträumen, aber nicht von ferne zu erwarten waren. Freilich, nur die über 50-Jährigen können das noch voll ermessen, weil sie die vorkonziliare Kirche und die Kirche des Konzils erlebt haben. Den Jüngeren, die sich heute so oft an der Kirche wundreiben, muss man sagen: Ihr lebt heute als Katholikinnen und Katholiken, aber auch als von außen Beobachtende auf dem Boden von Selbstverständlichkeiten, die ihr dem Konzil verdankt, das ihr schon verraten wähnt! Freilich, ihr habt Recht, wenn ihr einklagt, dass es auf der Linie des Konzils weitergehen muss! Denn: Das Konzil ist die Zukunft der Kirche im 21. Jahrhundert. Eine Alternative dazu gibt es nicht – es sei denn die Großsekte, der niemand mehr zuhört."[205]

Die Zukunftsaussichten für die Kirche in Österreich und die Kirche insgesamt scheinen nicht gut zu sein. Aber ist der Hl. Geist nicht auch der Kirche unserer Tage zugesagt? Oft wird sein zu wenig auffallendes Wirken bedauert. Oder wirkt er nicht doch auf

---

203 Vgl. sein Buch: O. H. Pesch, Das Zweite Vatikanische Konzil. Vorgeschichte – Verlauf – Ergebnisse – Nachgeschichte. Würzburg 1994

204 O. H. Pesch, Das Zweite Vatikanische Konzil. 40 Jahre nach der Ankündigung – 34 Jahre Rezeption? In: A. Autiero (Hg.), Herausforderung – Aggiornamento. Zur Rezeption des Zweiten Vatikanischen Konzils. Altenberge 2000

205 Pesch, a.a.O. 74

so vielfältige Weise? Ich glaube ihn in vielen Aufbrüchen der Basis wahrzunehmen. Er macht sich offenbar die Theologen in ihrer Forschung, in ihrer Kritik und in ihren Zukunftsvisionen zum Sprachrohr. Er weht in einer immer stärker, aber auch ungeduldiger werdenden christlichen Ökumene. Schließlich glaube ich auch nicht, dass die Jugend die Kirche endgültig zu verlassen droht. Sie träumt nur von einer anderen Kirche, die mehr im Geiste Jesu Christi lebt, sich radikaler an das Evangelium hält und damit der Gesellschaft jenen Dienst selbstlos leistet, den der Herr ihr eigentlich aufgetragen hat. Auf der Dialog-Versammlung in Salzburg wurde der Satz verabschiedet: „Nur eine Kirche, die die Jugend versteht, versteht die Zeichen der Zeit. Daher braucht unsere Kirche die Stimme der Jugend."[206]

Vor dem II. Vatikanum hatte sich in der katholischen Kirche viel an Neuem angestaut, war viel vorgearbeitet und experimentiert worden, so dass das Konzil dann reiche Ernte halten konnte. Vielleicht ist der Reformstau auch heute schon wieder so groß, um eingebracht zu werden. Es bräuchte allerdings wieder jenen Mut, jene Zuversicht und jenes Vertrauen auf das Wirken des Hl. Geistes, wovon Johannes XXIII. erfüllt war und der damit Kirche und Welt „ansteckte". Aber zunächst hatten die Kardinäle, die den Patriarchen von Venedig Roncalli wählten, das wohl gar nicht beabsichtigt. Man darf auch heute gegen alle Hoffnung auf den Geist Gottes und seine „unwiderstehbare" Kraft vertrauen.

Ursprünglich publiziert in: „Geist und Leben" 74 (2001) Januar bis Februar, 55–64. Eine Übersetzung des Artikels bot die Grundlage für eine Diskussionsrunde mit 120 Priestern aus Mailand unter der Führung von Kardinal Martini am 12. März 2001 in Wien.

[206] Dokumentation, 38

III.

Spannungen in der Kirche

In letzter Zeit habe ich auch öfter über verschiedene Spannungen in der Kirche Vorträge gehalten oder Artikel publiziert. Manche haben das als zu negativ empfunden. Freilich entsteht dieser Eindruck dann, wenn Medien aus meinen Aussagen in der Öffentlichkeit nicht ungern „knallige“ Schlagzeilen machen, nur die Kritik verkürzt bringen, die positiven Aussagen aber „unterschlagen“. Trotz dieser Gefahr sehe ich das Aufzeigen der Spannungen als etwas Positives, ja geradezu Notwendiges. Es werden dadurch Vorkommnisse in der Kirche klarer, ihre Wurzeln und Zusammenhänge aufgezeigt und was sonst unaufgearbeitet die Grundstimmung in vielen Christen trübt, kann so sogar zu neuem Einsatz in der Kirche ermutigen. Spannungen sind ja ihrer Natur nach keineswegs immer negativ. Sie können sogar eine starke Kraftquelle für Erneuerungen sein. Ich hoffe, dass die nun folgenden Beiträge in diesem Sinn verstanden werden und so auch ermutigend wirken.

Belebende und blockierende Spannungen in der römisch-katholischen Kirche

Seit vielen Jahren bin ich in der Erzdiözese Wien und auch in der Österreichischen Bischofskonferenz für die Erwachsenenbildung zuständig. Ich werde oft in Nachbarländer zu Referaten über Bildungsfragen eingeladen und nehme auch an den Tagungen der „Europäischen Föderation für Katholische Erwachsenenbildung" (FEECA) teil, die abwechselnd in den verschiedenen Mitgliedsländern stattfinden. Seit dem Wendejahr 1989 bemühen wir uns von Österreich aus, aber auch über die FEECA, osteuropäischen Ländern, die unter kommunistischer Herrschaft waren, beim Aufbau der Erwachsenenbildung zu helfen. Das wird sehr dankbar angenommen, bringt aber auch für uns ganz neue Erfahrungen.
Vom 17.–19. Oktober 1998 hielten wir von der FEECA einen Kongress in Budapest ab zum Thema: „Neue Religiosität – fasziniert und verwirrt". Die aktuelle Situation in Ungarn war gerade geprägt durch stark wachsende Aktivitäten vieler kleiner religiöser und weltanschaulicher Gruppen aus dem Ausland. Ein zu großzügiges Religionsgesetz hatte dies ermöglicht. Viele, die unter dem kommunistischen Regime starke Behinderungen in der Religionsausübung erlebt hatten, standen nun einem fast unüberschaubaren religiösen „Angebot" gegenüber, was verwirrte. Dazu kam, dass in Ungarn, wie fast in allen Ländern hinter dem Eisernen Vorhang, die nachkonziliare Erneuerung noch kaum Platz greifen konnte. Das Thema „Neue Religiosität – fasziniert und verwirrt" war daher überaus aktuell. Auf dieser Tagung hielt ich einen Vortrag, der nun verkürzt wiedergegeben werden soll. Vor allem wollte ich ermutigen, gerade durch die Erwachsenenbildung die nachkonziliaren Entwicklungen für viele Christen fruchtbar zu machen.

Die christlichen Kirchen in Europa kamen in den letzten Jahrzehnten durch tief greifende Änderungen in der Gesellschaft in eine geschichtlich noch nie da gewesene neue Situation. Für die katholische Kirche kam noch dazu die große Wende durch das II. Vatikanische Konzil, die einerseits richtungweisend für das neue Stehen der Kirche zur Gesellschaft war, andererseits die Kirche selbst aber in beträchtliche Spannungen brachte. Sind diese Spannungen nur negativ zu sehen, oder können sie nicht auch dem Fortschritt dienen?

Spannungen können belebend sein, aber auch blockieren

Die katholische Kirche erlebt heute weltweit große Spannungen. Sie können fruchtbar sein, aber auch das kirchliche Leben empfindlich stören. Spannungen können Zeichen von Bewegung, Anzeichen neuen Lebens sein, wie etwa die Wehen vor einer Geburt. Vieles ist erst im Werden, muss längst noch nicht fertig sein. Sich entfaltende Kräfte brauchen Freiraum, Lebensraum, aber auch Bindung, um nicht in Wildwuchs auszuarten. In der katholischen Kirche sind die Zeichen für die Entfaltung neuen Lebens vielfältig. Sie werden deutlich in der Zunahme von Eigeninitiative, in bewussterem Gemeindeleben, in neuen Formen der Liturgie und Pastoral, in neuen Ansätzen in Theologie und Verkündigung, in Bewegungen verschiedener Art, in der Betonung neuer Formen der Spiritualität, aber auch in zunehmender Kritik. Das erzeugt Spannungen unter den Gläubigen, weil manchen vieles zu schnell, anderen wiederum zu langsam geht. Spannungen entstehen aber auch, wo von der einen Seite mehr Freiraum gefordert wird, von der anderen aber mehr Disziplin. Solche Spannungen sind dann fruchtbar, wenn Auseinandersetzungen unter Andersdenkenden das gemeinsame Ziel der Kirche deutlicher erkennen lassen und wenn aus der Verschiedenheit der Meinungen mehr Kräfte für die Erreichung dieses Zieles frei werden.
Spannungen können aber auch stören, zer-stören. Dies geschieht dann, wenn unterschiedliche Bewegungen sich gegenseitig ausgrenzen, wenn jeder Teil allein Recht haben will, wenn es schließlich Sieger und Besiegte geben soll. Spannungen sind für das Leben der Kirche zutiefst schädlich, wenn innerkirchliche

„Kämpfe" die Kräftc so aufbrauchen, dass keine „Spannkraft" mehr für den Dienst nach außen gegeben ist, oder wenn sie lähmende Resignation und Verwundungen verursachen und durch zu rigoroses Vorgehen gerade vitale Typen, vielleicht die „Besten", ins Exil getrieben werden.

Die Auseinandersetzungen in der nachkonziliaren Zeit haben auch solch traurige Folgen gezeitigt. Spannungen werden aber nicht gelöst, wenn man sie unterbindet, sondern nur, wenn man sie als Herausforderung positiv aufgreift. Einige Beispiele sollen das nun zeigen.

Wachsende Spannung zwischen Weltkirche (Zentrale) und Ortskirche

Diese Spannung liegt in der Natur der Sache, weil jede Zentrale eher zur Einheitlichkeit, gar Uniformität drängt, die Kirche am Ort aber eher ihre Eigenständigkeit sucht. Einer viel stärker synodal verfassten Kirche im ersten Jahrtausend ist im zweiten Jahrtausend im Westen (im Gegensatz zur Entwicklung der Ostkirche) eine wachsend zentralistisch geleitete gefolgt. Diese Tendenz fand ihren Höhepunkt im I. Vatikanum durch die einseitige Hervorkehrung des Papstamtes. Rückblickend sollte man sich noch einmal vor Augen führen, welche Spannungen schon beim I. Vatikanum deswegen auftraten, dort aber schließlich unterdrückt wurden.

Das II. Vatikanum hat nun diese Spannung bewusst wieder aufgegriffen und den Ortskirchen ein größeres Maß an Selbständigkeit und Eigenverantwortung zugesprochen.[207] Das hebt die Spannung zwischen Zentrale und Ortskirche nicht auf, macht sie aber fruchtbar. Denn erst die Aufwertung der Ortskirchen und ihrer Regionen bot nun die Möglichkeit, die angestrebte Inkulturation besser zu verwirklichen und notwendige Erneuerungen in den verschiedenen Regionen eigenständig zu gestalten. Das zeigte sich auch bald in bemerkenswerten Aufbrüchen in verschiede-

---

[207] LG 23

nen Kontinenten. Ein eindrucksvolles Beispiel ist ein neuer Ansatz in der Theologie in Lateinamerika, wo das Leben aus dem Evangelium nun bis in die Veränderung der Strukturen hinein wirksam werden sollte und in der sog. „Befreiungstheologie" ihren Niederschlag gefunden hat.[208] In Teilen Afrikas wurde die Liturgie neu geregelt und damit „heimisch", wie es der 1989 verstorbene Kardinal Malula von Kinshasa ganz im Geist des Konzils versuchte.[209] Aus dem Fernen Osten kamen neue philosophische Ansätze. Vor allem aber waren die Ortskirchen um Mitverantwortung bei den Neubesetzungen von Bischofsstühlen bemüht, um so Kandidaten zu finden, die sowohl den aktuellen Erfordernissen einer Lokalkirche entsprechen, als auch das Vertrauen unterschiedlicher Gruppen in entsprechendem Maße haben. Das alles sollte dazu beitragen, das Leben der Gesamtkirche aus der Gefahr der Uniformität, aus einem Eurozentrismus herauszuholen und zu einer Weltkirche zu machen. Freilich müsste durch die größere Eigenständigkeit der Ortskirche auch ihre Mitverantwortung für die Weltkirche wachsen. „Rom" sollte daher nur im äußersten Fall Einheit einfordern, müsste aber sonst sogar zu größerer Selbständigkeit mahnen und herausfordern.

Die Spannungen zwischen Welt- und Ortskirche wirken immer dann lähmend, wenn der Zentralismus wächst, wenn die Verantwortung der einzelnen Bischöfe bis ins Kleinste von Rom reglementiert wird, wenn Bischofskonferenzen kaum Eigenständigkeit haben und das so wertvolle Institut der römischen Bischofssynoden zu wenig zur Weiterentwicklung in Lehre und Praxis beitragen kann. Solche Spannungen mit „oben" führen auch dazu, dass Bischöfe am Ort, aus falscher Devotion oder vielleicht sogar aus Bequemlichkeit, ihre eigene Verantwortung zu wenig wahrnehmen, sondern nur auf Weisungen warten und Neuerungen in der eigenen Diözese unter Berufung auf „notwendige Einheit" allzu früh verhindern.

---

[208] Vgl. dazu I. Ellacuria, J. Sobrino (Hg.), Mysterium Liberationis. Grundbegriffe der Theologie der Befreiung. Luzern 1995

[209] Beschreibung des Projekts in: L. Bertsch, Laien als Gemeindeleiter. Ein afrikanisches Modell. Freiburg-Basel-Wien 1990

Amt und Charisma im Widerstreit

Schon in der Urkirche begegnet uns das Miteinander von Amt und Charisma, auch teilweise deren „Konkurrenz". Im paulinischen Sinn ist Charisma „eine aus der Gnade erfließende, vom Hl. Geist jeweils besonders zugeteilte Befähigung zum Leben und Dienen in der Kirche".[210] Die junge Kirche kannte eine Vielzahl von Ämtern, Diensten, Charismen, die sich oft sogar überschnitten. Im Lauf der Geschichte ist das durch Weihe übertragene Amt in der Kirche zum Bestimmenden geworden, das die Charismen nicht so sehr weckte, sondern eher nach rechtlichen Kriterien eingrenzte. Die katholische Kirche ist nach außen hin im Lauf der Jahrhunderte zu einer Kleruskirche geworden. Spannungen in der Kirche zwischen Amt und Charisma haben nicht selten allzu früh mit Aufforderung zu Gehorsam, gar mit Disziplinierung geendet. Das II. Vatikanische Konzil hat in seiner neuen Sicht der Kirche wieder die Vielfalt der Charismen und damit die Mitverantwortung der „Ungeweihten", der „Laien" entdeckt. Das Konzil hat dafür den alten Begriff vom „gemeinsamen Priestertum aller" aufgegriffen. Das übergreifende Bild von Kirche ist „Volk Gottes", das Hierarchie und Laien umfasst. „In diesem Volk gibt es zwar verschiedene Dienstleistungen, aber letztlich nur eine Berufung."[211] Die Laien sind also nicht mehr nur Objekt kirchlicher Betreuung, gleichsam „Herde", sondern mitverantwortende Glieder der Kirche.

Diese verschiedenen „Dienstleistungen" aus der „einen Berufung" haben zu Spannungen geführt, die sehr fruchtbar sein könnten. Laien selbst haben Verantwortung beim Aufbau der Gemeinde übernommen, oft gerade dort, wo der geweihte Priester fehlt. Wo es zu partnerschaftlichen Leitungsmodellen kam, haben Laien für die Entscheidungsfindung ihre eigenen „Welterfahrungen" eingebracht. Das Interesse der Laien an theologischer Bildung ist stark

[210] H. Mühlen, „Charisma", in: Praktisches Lexikon der Spiritualität. Freiburg-Basel-Wien 1988, Sp. 183

[211] J. Ratzinger, Einleitung, in: Zweites Vatikanisches Konzil. Konstitution über die Kirche. Münster 1965, 12

gewachsen. Damit haben sie sich noch mehr befähigt, der Kirche einen unersetzbaren Dienst zu leisten und den „Glaubenssinn", den „sensus fidei", einzubringen. Fruchtbar wird und bleibt diese Spannung aber nur, wenn die je eigene Verantwortung gekannt und ausgeübt wird und wenn kein Machtanspruch des Amtes über die „Charismen" oder auch umgekehrt angestrebt wird. Das braucht aber sicher noch viel Einübung und spirituelle Vertiefung auf beiden Seiten.
Die Spannung zwischen Amt und Charisma wirkt jedoch dort lähmend, wo die Berufung der Laien und die ihnen eigene Kompetenz nicht anerkannt wird, wenn ihnen mehr eingeschärft wird, was sie alles nicht tun dürfen, als sie zu größerer Selbständigkeit zu ermutigen. Die Spannung steigt, wenn zu große Aktivität der Laien in der Seelsorge sogar als ein Grund für den wachsenden Priestermangel angesehen wird. Wie angespannt die Situation momentan ist, hat die Reaktion von Laienmitarbeitern in der Kirche auf die „Instruktion zu einigen Fragen über die Mitarbeit der Laien am Dienst der Priester" gezeigt.[212]

Lehramt und Theologie in gemeinsamer Suche nach der Wahrheit

Vielleicht klingt diese Überschrift schon „häretisch". Hat nicht das Lehramt das „depositum fidei", also den Glaubensschatz zu hüten und zu wahren, die Theologie aber diesen zu verkündigen und zu verteidigen? Ich wage dennoch diese Überschrift „in gemeinsamer Suche nach der Wahrheit", weil ich persönlich erlebte, wie gerade am II. Vatikanischen Konzil diese Spannung zwischen Lehramt und Theologie so fruchtbar wurde.
Der Konzilspapst selbst, Johannes XXIII., hatte in seiner Eröffnungsansprache wörtlich gesagt: „Unsere Aufgabe ist es nicht nur, diesen kostbaren Schatz zu bewahren, als ob wir uns nur um

---

[212] Vgl. dazu auch: H. Krätzl, Dem Wehen des Geistes Schranken gesetzt. In: Die Furche, 29. Jänner 1998, 8. Eine sehr profunde Kritik an dieser Instruktion in: P. Hünermann, Und dennoch ... Klarstellungen – Kritik – Ermutigungen. Freiburg i. Br. 1998

Altertümer kümmern würden. Sondern wir wollen uns mit Eifer und ohne Furcht der Aufgabe widmen, die unsere Zeit erfordert. So setzen wir den Weg fort, den die Kirche im Verlaufe von zwanzig Jahrhunderten gegangen ist."[213] Und der Papst selbst sprach davon, dass sich alle auf der ganzen Welt, die sich zum christlichen, katholischen und apostolischen Glauben bekennen, „einen Sprung vorwärts" erwarten. Dieser Sprung vorwärts aber war nur möglich, weil damals die Bischöfe, also das Lehramt, in einmaliger Weise mit den besten Theologen der Welt zusammenarbeiteten und um die Wahrheit gerungen haben. Das war auch nicht spannungsfrei, hat aber zu größten Erfolgen geführt. Fast alle Dokumente waren zunächst ganz im Stile und der Argumentation der „alten Theologie" konzipiert. Aus dem Zusammen von Theologen und Bischöfen aber haben diese Dokumente dann jeweils eine ganz neue, oft unerwartete Richtung genommen.
Aus dieser fruchtbaren Spannung ist heute wieder das Klima besorgten Misstrauens geworden, das bisweilen erneut zu Zensuren von Theologen führt. Diese durch die verschiedene Aufgabenstellung bedingte Spannung zwischen Lehramt und Forschung sollten vor allem jene Bischöfe wieder fruchtbar machen, die vorher Theologieprofessoren waren und damals z. T. sogar selbst den theologischen Fortschritt mit dem Einsatz all ihrer wissenschaftlichen Kompetenz vorangetrieben haben.

Spiritualität versus Aktivität

In der Kirche wird heute oft geklagt, es gäbe zu wenig „Spiritualität" und zu viel Aktionismus. Alles will man planen und betet dabei zu wenig, hört man vorwurfsvoll. Man kümmert sich mehr um Strukturen als um Innerlichkeit und Frömmigkeit. Zu gleicher Zeit entstanden zahlreiche neue geistliche Bewegungen und Gebetsgruppen. Sie strahlen oft ein frohes Christentum aus und, soweit es männliche Gemeinschaften sind, kommen von dort

---

213 Die Rede ist dokumentiert und interpretiert von L. Kaufmann, N. Klein: Johannes XXIII. Prophetie im Vermächtnis. Fribourg-Brig ^{2}1990, 134

auch immer wieder Priesterberufe. Sie genießen zunehmend das Wohlwollen kirchlicher Obrigkeit, vor allem auch des Papstes. Durch diese Art der Bevorzugung entstanden auch Spannungen, wie wir heute erleben. Diese Spannungen belasten das Leben der Kirche, wenn es zu einem Gegeneinander von Aktivität und Spiritualität kommt, zu einem Entweder-Oder. Die Spannung nimmt zu, wenn Verantwortliche in der Kirche die notwendige Erneuerung ausschließlich von den geistlichen Bewegungen erwarten und den vielen Aktivitäten außerhalb dieser Gruppen vorschnell „Aktionismus" vorwerfen. Die Spannungen aber werden fruchtbar, wenn sie dazu herausfordern, sich gegenseitig zu helfen und zu bereichern, einander vielleicht sogar zu korrigieren. Wer immer zu sehr auf Aktivismus in der Pastoral setzt, sollte sich von den verschiedenen Formen der Spiritualität anregen und „geistlich" vertiefen lassen. Eine bewusst stärkere Kooperation mit anderen Gruppierungen in der Kirche würde andererseits die geistlichen Bewegungen vor der Gefahr der Isolierung oder eines Gruppenegoismus bewahren. Nur gemeinsam kann heute die ganze Weite, die „Katholizität" der Kirche überzeugend dargestellt werden und eine solche Kirche würde wieder viel mehr Menschen Raum und Heimat geben.

Restauration oder Reform?

Ich sehe heute einen wesentlichen Grund vieler Spannungen darin, dass wir uns nicht einigen können, ob es um Restauration der Kirche geht oder um eine Reform. Diese Spannung wird nur fruchtbar gelöst, wenn wir uns gemeinsam für eine dieser beiden Richtungen entscheiden. Wer das Konzilsgeschehen aufmerksam analysiert, merkt, dass es dort um Reform gegangen ist. Das hat sich in der Dynamik gezeigt, die fast unerwartet im Lauf des Konzils entstanden ist. Die Kirche hat vieles aus der Vergangenheit hinter sich gelassen, fasste Mut zu Neuem, wollte sich an den Zeichen der Zeit erneuern und nicht nur Vergessenes wieder hervorholen.

Wer die nachkonziliare Kirchenpolitik ansieht, vor allem seit den beginnenden 80er Jahren, muss den Eindruck gewinnen, als ginge es wieder mehr um Restauration. Die Angst vor dem Neuen wächst und man erwartet im Rückgriff auf Altes wieder mehr Sicherheit. Leider geben die Konzilstexte selbst, die ja Kompromisstexte sind, für beide Richtungen Ansatzpunkte. Den Geist des Konzils aber erkennt man dann sehr deutlich, wenn man die Entstehungsgeschichte der Texte studiert und merkt, zu welchem „Sprung vorwärts" die Kirche nun wirklich angesetzt hat. Henri Kardinal de Lubac hat einmal gesagt: „Nur die Feinde der Kirche wollen, dass sie so bleibt, wie sie ist."[214]

Der Beitrag der Erwachsenenbildung zum Fruchtbarwerden der Spannungen

Wir haben uns hier zum Thema „Neue Religiosität – fasziniert und verwirrt" im Rahmen der FEECA zusammengefunden und auch ich habe das Thema „Belebende und blockierende Spannungen in unserer Kirche" für die Erwachsenenbildung in Ihrem Land aufbereiten wollen, ohne dass es bis jetzt so deutlich wurde. Lassen Sie mich am Schluss einige konkrete Konsequenzen aus diesem Thema für die EB in Europa insgesamt, aber speziell auch für den Aufbau der EB in den ehemals kommunistischen Ländern sagen.

Was also EB alles in diesem Sinn leisten kann und soll:

- EB der Kirche soll den gläubigen Christen, aber auch anderen suchenden Menschen die Hintergründe für die gegenwärtigen Spannungen in der Kirche aufzeigen. Sie kommen nicht von ungefähr, auch nicht nur wegen der unsicheren Lage der Kirche in einer säkularen Gesellschaft, sondern haben viele Gründe, historischer, theologischer, psychologischer und kirchenpolitischer Art.
- EB soll den Christen das Rüstzeug vermitteln, erfassen zu können, was Kirche eigentlich ihrem Wesen nach ist und welche Aufgabe, besser: welchen Dienst sie gerade heute unverzichtbar in dieser „Welt", auch im jeweiligen Land zu leisten hat.

[214] Dieses Wort setzt K. Koch als Motto über sein Buch: Verbindliches Christsein – verbindender Glaube. Freiburg/Schweiz 1995

– EB soll dem erwachsenen Menschen helfen, größtmögliche Selbständigkeit zu erlangen, um so auch viele Ängste in der nun plural gewordenen Umwelt abbauen zu können.
– EB will den einzelnen Christen zur Reflexion seines Glaubens anregen und ihn zu einem konkreten Leben aus dem Glauben gerade in seinem Milieu provozieren. Das setzt nicht nur religiöses und historisches Wissen voraus, sondern auch eine eigene, tief verwurzelte Spiritualität. Gerade in dieser Hinsicht kann man viel von den neuen geistlichen Bewegungen lernen.

Den mittel- und osteuropäischen Staaten, die unter kommunistischer Herrschaft waren, möchte ich aber für ihre EB noch zusätzlich Folgendes raten:

– Die Konzilstexte, die vor 1989 viel zu wenig Verbreitung finden konnten, gemeinsam mit Priestern und Theologen systematisch zu studieren, und zwar aus der Geschichte der Texte heraus.
– Die tatsächlich erfolgten kirchlichen Erneuerungen im „Westen" theologisch, soziologisch und pastoral möglichst objektiv zu analysieren und aus unseren Erfolgen, aber auch aus unseren vielen Fehlern in dieser nachkonziliaren Zeit zu lernen.
– Hilfen geben, damit die Christen in der „neuen Gesellschaft" und in den je eigenen politischen Verhältnissen jedes Landes ihre historisch ganz neue Stellung erkennen.
– Neue Freude an der Kirche vermitteln: nicht aus Nostalgie, sondern aus dem Bewusstsein, persönlich in einer so spannungsgeladenen Umbruchszeit von Kirche leben zu dürfen und der Gesellschaft je nach (Geist-)Begabung einen wesentlichen Dienst leisten zu können.

Die ganze Tagung einschließlich meines Vortrages „Belebende und blockierende Spannungen in unserer Kirche" wurde publiziert in: H. Renöckl/M. Blankenstein (Hg.), Neue Religiosität – fasziniert und verwirrt. Budapest-Würzburg 2000, S. 96–106. Die Publikation fand so großes Interesse, dass sie bald eine 2. Auflage erfuhr und später ins Ungarische und Tschechische übersetzt wurde.

Demonstrieren – Spiritualisieren – Organisieren. Was dient der Erneuerung?

Die Theologische Praktische Quartalschrift Linz hat 1997 Beiträge zum Schwerpunkt „ecclesia semper reformanda“ gesammelt. Mir wurde in diesem Rahmen das Thema gestellt: „Demonstrieren – Spiritualisieren – Organisieren: Methoden der Kirchenveränderung?“ Mich sprachen diese drei plakativen Stichworte zunächst gar nicht an und ich zögerte, überhaupt etwas zu schreiben. Dann ging ich aber meinen Erfahrungen als Pfarrer, im Wiener Ordinariat und als Weihbischof nach und merkte, dass ich mit diesen drei „Methoden“ in unterschiedlicher Weise eigentlich immer wieder konfrontiert worden bin. Ich halte sie alle drei für berechtigt, ja man dürfte auf keine ganz verzichten. Ich erinnerte mich aber auch, wie sie da und dort missbraucht worden sind. Meine Darlegungen kommen also aus meinem sehr konkreten Erfahrungsbereich. Wie sehr das von vielen verstanden wurde, zeigte das Echo auf meinen Artikel. Er musste später noch sehr oft vervielfältigt werden.

Niemand zweifelt, dass sich die Kirche verändern muss. Dabei setzt man heute meist auf eine der genannten Methoden: auf Demonstrieren, Spiritualisieren oder Organisieren. Wie sind diese Methoden in sich zu bewerten? Ist jede in gleicher Weise dem Leben der Kirche adäquat? Welche Art der Erneuerung ist von ihnen zu erwarten?

Hat Demonstrieren in der Kirche einen Platz?

Demonstrieren heißt auf etwas genau hinzeigen, etwas deutlich machen, und zwar in aller Öffentlichkeit, damit es möglichst viele sehen. Zum Demonstrieren eignen sich Straßen und große Plätze, Plakatwände oder spektakuläre Ereignisse, heute vor allem die Massenmedien. Aber passt diese Art der Äußerung zum Lebensstil der Kirche, noch dazu, wenn man dadurch etwas erzwingen will?

Verkündigung selbst ist Demonstration

Seit Jahwe sich ein Volk erwählt hat, um sich und seine Wirkmacht in dessen Geschichte zu offenbaren, ist die Verkündigung dieses Gottes *demonstrativ.* Das Volk selbst wird in seiner bewegten Geschichte zum Zeichen, zum Hinweis auf seinen Gott. Die Propheten des Alten Bundes haben ihre Botschaft nicht nur im Wort, sondern in auffallenden Zeichenhandlungen verkündet. Jesus hat die Versuchung zum spektakulären Schauwunder entrüstet verurteilt, aber seine Verkündigung in Wort und Tat war doch demonstrativ, voller Zeichen, in denen er das Anbrechen der Gottesherrschaft sichtbar machte, und er hat mit Macht protestiert gegen Unwahrhaftigkeit, Selbstgerechtigkeit, Gesetzesfrömmigkeit, Unrecht und Lieblosigkeit.

Auch heute ist Verkündigung ohne ‚Demonstration' nicht denkbar. Gerade der jetzige Papst zeigt dies. Er setzt bewusst auf Medien und öffentliche Auftritte, bis hin zu Eucharistiefeiern vor mehreren Millionen Menschen, wie etwa vor Jahren in Manila und bei den viel beachteten Jugendtreffen in Paris und Rom. Und Kardinal König hat in Wien zweimal auf der Straße gegen das Gesetz der so genannten Fristenlösung demonstriert, was seine Kritiker kaum je genug gewürdigt haben.

Gegen diese Art von Demonstration, also von der Kirche nach außen hin, wird es kaum Einwände geben. Viel mehr umstritten ist, ob es auch innerhalb der Kirche statthaft ist, zu demonstrieren und wenn, unter welchen Umständen.

Demonstration als Hilfe zur Erneuerung

Zunächst kann man an die Propheten-„Schelte" im Alten Testament denken, die sich keineswegs nur an Außenstehende, Ungläubige, sondern sogar meistens gegen das auserwählte Volk selbst und seine Untreue richtete. Aber wer darf sich schon anmaßen, heute Prophet zu sein? Erneuerungsbewegungen kamen in der Geschichte der Kirche nur zum Erfolg, weil sie ihren Protest durch das Zeugnis ihres Lebens durchgetragen haben. Aber hatten sie dann nicht auch mit Sanktionen zu rechnen? Jedenfalls ist es durchaus legitim, auch innerhalb der Kirche zu demonstrieren, wenn die Glaubwürdigkeit auf dem Spiel steht. Sehr bald wird da aber eingewandt, dann habe man sich an die Regeln „brüderlicher Zurechtweisung“ nach Mt 18,15ff. zu halten, also zunächst unter vier Augen das Anliegen vorzubringen. Wer aber hat in der Kirche immer schon die Möglichkeit, mit Verantwortlichen „unter vier Augen“ zu reden, und das noch angstfrei? (Und die es können, nützen die Gelegenheit oft nicht, oder deutlicher gesagt: nehmen ihre Verantwortung nicht wahr.) Findet aber ein solches Gespräch statt, wird es gerne unter Hinweis auf strengste Diskretion geführt, damit nur nichts „nach draußen“ dringt. Denn dort müsse man immer Harmonie vorgeben. Das Wort von der Kirche als „gläsernem Haus“ wird oft zitiert, das Bild wurde aber nur selten realisiert. Übertriebene (oder taktische?) Geheimhaltung geht oft so weit, dass auch berechtigte Kritik und Vorschläge auf dem Instanzenweg nicht weiterkommen. Bisweilen bleibt kein anderer Weg, als auch in der Öffentlichkeit auf etwas deutlich hinzuweisen, um Gehör zu finden, um Maßgebliche zum Umdenken zu bringen. Das darf dann keinesfalls nur als unbillige Kritik an der Kirche oder als Lieblosigkeit ihr gegenüber bezeichnet werden. Vielmehr ist es lieblos, gegen wirkliche Missstände nichts getan zu haben, und müsste daher eher gemaßregelt werden.

Demonstrationen können notwendig werden gegen kritikwürdige Vorgänge in der Kirche, aber im Extremfall auch gegen unglaubwürdige Amtsträger. Ebenso gerechtfertigt ist demonstratives Anmahnen längst notwendig gewordener Änderungen in der Kirche oder eine öffentliche Solidarisierung mit solchen, die nachweislich zu Unrecht gemaßregelt wurden.

Was Demonstranten beachten müssen

Wer solcherart Demonstrationen anzettelt oder unterstützt, wird sich freilich auch selbst der Kritik stellen müssen. Man wird ihn z. B. fragen dürfen, welche Informationen er hat, welche Motivation ihn treibt, ob er sich der möglichen Konsequenzen bewusst ist und ob er alle anderen Möglichkeiten der Kritik vorher

ausgeschöpft hat. Die Überzeugungskraft einer Demonstration wird auch davon abhängen, wie die Betreiber insgesamt zur Kirche und im Glauben stehen, ob sie sich auch sonst je nach ihrem Vermögen redlich für die Erneuerung der Kirche einsetzen, in welchem Kontext ihre Kritik steht und ob die gewählten Mittel dem angestrebten Ziel auch entsprechen.
Wer demonstrieren zu müssen glaubt, müsste sich auch möglicher Gefahren bewusst werden, etwa dabei durch Medien missverstanden oder missbraucht zu werden. Medien geben oft die Demonstration wieder, nicht aber deren Inhalt, und je spektakulärer die Form der Äußerung ist, umso eher. Wer einmal zu demonstrieren begonnen hat, läuft Gefahr, nun weiterhin unter Zugzwang, gewissermaßen auch unter Erfolgszwang zu stehen. Er ist nicht mehr ganz frei in seinem weiteren Vorgehen, sondern wird von bestimmten Gruppen, bisweilen auch vom eigenen Ehrgeiz weitergetrieben. Manchmal ist auch erstaunlich, wie demonstrierende Gruppen an sich selbst nicht mehr bemerken, was sie an anderen beharrlich aussetzen. Das kann sich zeigen an einem intransigenten Stil der Auseinandersetzung, an Verallgemeinerungen und Simplifizierungen, an einer Form, Recht haben zu wollen, die einer Art von „Unfehlbarkeit" nahe kommt, die sie anderswo sogar bis in die höchsten Stellen der Verantwortlichkeit geflissentlich bekämpfen. Das Verlangen, ja nicht übersehen zu werden, kann auch zu extremen, verletzenden Mitteln verleiten (z. B. Menschenteppiche vor Kirchen, Verbalinjurien und beißende Ironie). Schließlich müsste man beachten, dass nie vorhersehbar ist, wer sich aller einer Demonstration anschließt und aus welchen Motiven. Bei einem offensichtlichen Anwachsen kirchenverachtender Kreise ist eine solche Gefahr nicht zu unterschätzen.

Wie demonstrieren im ‚christlichen Geist'?

Kann nun die Demonstration tatsächlich eine Form innerkirchlicher Auseinandersetzung sein? Obwohl das Erkennungszeichen der frühen Kirche („Seht, wie sie einander lieben") für alle Zeiten anzustreben ist, müssen Demonstrationen noch nicht dagegen sprechen. Christen, die demonstrieren, werden sich aber ihrer besonderen Verantwortung bewusst sein, eine andere Motivierung haben und in der Wahl der Mittel behutsamer sein. Innerkirchliche Auseinandersetzungen öffentlich auszutragen müsste das letzte Mittel sein, nachdem viele andere versucht wurden. Im Stil müssten sie sich von dem heute auf der Straße Üblichen unterscheiden. Wenn wir alle Kirche sind, müsste immer geachtet werden, dass die gegenseitigen Fronten sich nicht verhärten, dass der jeweils andere nicht sein Gesicht verlieren muss. Man spricht heute viel von der notwendigen Ausbildung einer „Streitkultur", auch innerhalb der Kirche. In noch höherem Maß gilt dies für Formen der Demonstration. Kirche wird man mit Demonstrationen allein nie erneuern können, wenn sie nicht spirituell eingebunden werden, wenn sie nicht flankiert und vorbereitet sind durch persönlich aufbauendes Engagement, wenn sie nicht getragen sind von tiefem Respekt den anderen gegenüber.

Was unter Spiritualisieren alles verstanden wird

Zu Recht beklagt man heute in der Kirche, es gäbe zu wenig „Spiritualität". Allerdings wird darunter sehr Unterschiedliches verstanden. Und manchmal spielt man Spiritualität gegen Aktivität aus, Gebet gegen klärendes Gespräch, passives Ertragen gegen aktive Versuche der Veränderung, oder auch die eine Spiritualität gegen eine andere. Der Ruf nach mehr „Spiritualität" kann in manchen Fällen auch die Flucht vor dem notwendigen eigenen Tun sein, oder gar zu einer neuen Form der Polarisierung führen. Einige Beispiele sollen dies deutlicher machen.

Viel Kritik, weil zu wenig Spiritualität?

Wer heute nach Erneuerung der Kirche ruft, hört manchmal das mahnende Wort seines Vorgesetzten: „Fange mit der Erneuerung zuerst bei dir selber an." Sicher trifft jeden von uns immer der so nachdrückliche, biblische Ruf nach Umkehr. In diesem Zusammenhang aber kann die Mahnung, bei sich selbst zu beginnen, auch bedeuten, die Erneuerung auf das jeweils individuelle christliche Leben einzuschränken, gleichsam dorthin abschieben zu wollen, als hätte sich die Kirche insgesamt gar nicht zu erneuern. Es regt sich der Verdacht, dass Verantwortliche in der Kirche, die so mahnen, still hoffen, dass jemand nach eigener „Umkehr" und „Einkehr" schließlich doch wieder mit allem zufrieden ist und die Kritik einstellt. Diese Vermutung wird noch bestärkt, wenn etwa solche, die sich auch in den Strukturen der Kirche Erneuerung erwarten, vorschnell der Lieblosigkeit gegenüber der „Mutter Kirche" geziehen werden oder sogar den Vorwurf bekommen, sie möchten eigentlich eine andere Kirche, als Jesus Christus sie gestiftet hat.

Versuchung, in die Spiritualität zu ‚flüchten'

Der Ruf nach mehr „Spiritualität", also nach mehr Gebet, kann auch eine getarnte Art der Flucht sein. Etwa Flucht, um nicht selber etwas tun zu müssen. Da sieht einer die Not so mancher in und mit der Kirche, versucht aber nicht selbst zu helfen. Er überlässt im Gebet lieber alles Gott, der schon nach dem Rechten sehen wird. Im Gebet entrüstet er sich über viele Unzulänglichkeiten, kämpft aber nicht gegen sie an. Viele schließt er in sein Gebet ein, aber gleichzeitig verschließt er ihnen Herz und Hand. Das Gebet ist nur ehrlich, wenn der Beter auch bereit ist, etwas zu tun. Am Ende unseres Lebens wird Gott uns nicht nach der Länge der Gebete richten, sondern danach, was wir dem Nächsten getan oder vorenthalten haben. Könnte hier nicht auch der Vorwurf kommen: „Mein Antlitz war in der Kirche entstellt, und du hast nichts getan, um es wieder ansehnlicher zu machen?" Manche flüchten auch ins Gebet, um mit anderen nicht reden zu müssen. Die Polarisierung in der Kirche nimmt zu, weil man der richtigen Auseinandersetzung ausweicht. Jeder wartet, dass der andere den ersten Schritt zur Klärung, zur „Versöhnung" tut. Der „Frömmere" glaubt ihn schon getan zu haben, wenn er betet. Und wenn sich dann nichts ändert, meint er, Gott habe das Gebet nicht erhört. Wann schickt er endlich den ersehnten Frieden? Wann bewegt er die anderen zur Umkehr?

Eine andere Art des Missbrauchs des Gebetes kann auch sein,

sich darin von Gott „bestätigen" lassen zu wollen. Man meint schon vor dem Gebet zu wissen, was Gott erfüllen müsste. Wer im Gebet nur selber redet und nicht hören kann, wer also Gott gleichsam nicht zu Wort kommen lässt, kann Gottes Willen nicht erkennen. Aber zu glauben, von Gott in seinem „Eigensinn" bestätigt worden zu sein, ist gefährlich. Dann ist man nämlich für kein noch so plausibles Argument mehr zugänglich. Recht betet nur, wer auch in Kauf nimmt, dass Gott etwas ganz anderes will, als man sich wünscht; wer bereit ist, sich im Gebet, wenn nötig, auch verändern zu lassen.
Die Sorge um mehr Spiritualität ist für die Erneuerung der Kirche besonders wichtig. Spiritualität wird aber in ihrer Bedeutung auch daran zu messen sein, wie sie zur Erneuerung motiviert und auch andere für die Erneuerung notwendige Methoden inspiriert.

Was lässt sich im kirchlichen Leben organisieren?

Wir leben in einer Welt, in der sehr vieles machbar erscheint. Technik beherrscht den Alltag, selbst für menschliche (sogar eheliche) Beziehungen versucht man Techniken zu entwickeln, damit sie besser gelingen. Auch für die Seelsorgsarbeit wird Technik fruchtbar gemacht. Erfolge scheinen von der je besseren Organisation abzuhängen. Seelsorge braucht Planung, ihre Durchführung Organisation. Wir laufen heute aber Gefahr, der Organisation zu viel Zeit, Mühe, bisweilen sogar das Wesentliche der Seelsorge, nämlich die ganz persönliche Begegnung – mit Menschen und mit Gott – zu opfern. Wo liegt heute die Überbewertung des ‚Organisierens'?

Die Faszination von Umfragen, Prognosen und Planungen

Pastoraltheologie ist in Gefahr, sich in soziologischen Untersuchungen, in Analysen und Prognosen zu erschöpfen. Es ist wichtig, die Situation und die Trends genau zu kennen, das Subjekt der Seelsorge jedoch ist je einmalig, entspricht nie den Durchschnittszahlen und Erfahrungen. Man kann ein Arbeits-, Konsum- und Wahlverhalten hochrechnen, nie aber jene so dramatische

Geschichte eines Menschen mit seinem Gott. Und die beste Fragemethode lässt kein verlässliches Urteil zu, ob einer wirklich nicht an die Auferstehung glaubt oder nur seine unstillbare Sehnsucht, es möge etwas ‚danach' geben, nicht artikulieren kann oder will.
Eine immer perfektere Schreib- und Vervielfältigungstechnik verleitet zur Erstellung zahlreicher, professionell gestalteter Papiere und Konzepte. Ein Bischof hat einmal boshaft gesagt: „Nach dem Konzil gab es viel Papier, aber wenig Leben, viele Programme, wenig Taten." Ein solches Pauschalurteil ist ungerecht und scheint die vielen Aufbrüche als Zeichen neuen Lebens und den persönlichen, tatkräftigen Einsatz so vieler ganz zu übersehen. Nachdenken sollte man aber dennoch, ob heute nicht zu viel geplant, viel weniger aber dann konsequent durchgeführt wird, oder aber auch, ob man nicht dem Irrtum unterliegt, schier alles ließe sich planen und organisieren und auch Gottes Geist und Wirken könne dadurch gelenkt und „dienstbar" gemacht werden.

Die Kirche als ‚Betrieb'

Kirchliche Institutionen bis hin zu den Zentralstellen werden professionell auf ihre Effizienz oder gar Wirtschaftlichkeit geprüft. Es gibt viele Bereiche, die tatsächlich der gleichen Gesetzlichkeit wie Wirtschaftsbetriebe unterliegen, und kirchliche Betriebe müssen besonders sparsam und rationell geführt werden. Dennoch gibt es den umfassenden ‚Unternehmensberater' nicht, der also wirklich Erfolge der Pastoral quantifizieren und eine sonst vergleichbare Kosten-Nutzen-Rechnung aufstellen kann. Welche Rolle spielen bei der notwendigen Erneuerung kirchlicher Institutionen dann wirklich Rationalisierung, Technisierung, von moderner Betriebsführung abgeschautes Management? Wo wird das dienstbar gemachte Instrument zum Selbstzweck, weil „gutes Funktionieren" den sonst so spärlich erlebbaren Seelsorgserfolg vortäuscht?

Die vielen Gremien und Sitzungen

In der Kirche ist das Gremienzeitalter angebrochen. Gremien sind ein wichtiges Instrument, um Verantwortung gemeinsam zu tragen, um Mitsprache vieler zu ermöglichen, um Bedürfnisse besser erheben und Lösungen leichter finden zu können. Gremien sind gleichsam zum Markenzeichen einer Kirche geworden, die „Gemeinschaft" ist. Sitzungen sind nur sinnvoll, wenn sie gut vorbereitet sind, gekonnt und zielbewusst geleitet werden und zum Schluss deutlich machen, wer nun was zu tun hat. Die Zahl der Gremien und Sitzungen ist aber in der Kirche in den letzten Jahren bedrohlich angewachsen. Es wäre längst an der Zeit, zu fragen, welche Gremien nun wirklich nötig und nützlich sind. Und jene, die sie einberufen, müssten ihr Gewissen erforschen, ob sie die Eingeladenen wirklich mitverantworten lassen oder ob sie diese eher durch Mitteilung vieler Randereignisse bei guter Laune halten wollen, die wichtigen Entscheidungen aber schon längst – vielleicht nach Beratung mit ganz anderen – gefällt haben. Sehr engagierte Christen aber müssten sich kritisch fragen, ob ihnen die Teilnahme an möglichst vielen Sitzungen nicht allein schon das Gefühl gibt, für Gott und seine Kirche Gehöriges geleistet zu haben.

‚Organisierte' Liturgie

Liturgie ist das Werk des ganzen Gottesvolkes. Die Rollen sollen entsprechend aufgeteilt werden. Das bedarf einer bestimmten Ordnung und der Einhaltung der von der Kirche aufgestellten Regeln. Entfaltung der Liturgie ist vergleichbar mit einem „Schauspiel", einem „Weihespiel", braucht Inszenierung und Regie. In einer zweifachen Richtung kann in der Liturgie die Organisation aber das Heilige verdecken. Einmal, wenn Riten und Rubriken allzu starr gesehen werden, ihre strenge Einhaltung als das oberste Gesetz gilt und daran sogar die Würde eines Gottesdienstes gemessen wird. Die Persolvierung des Gottesdienstes lässt dann kaum Zeit und Raum für eine persönliche Gottesbegegnung. In einer anderen Richtung kann „Organisation" stören, wenn phantasievoll gleichsam alle Mittel aufgewendet werden, um die Sinne anzusprechen und Emotionen zu wecken. Die „Kunst des Feierns", die „ars celebrandi" besteht nicht allein im noch so anspruchsvollen Vollzug, sondern im Erfassen der Situation der Gemeinde, im Erfasstwerden von der Nähe Gottes in Wort und Sakrament, gegebenenfalls auch im Durchhalten mancher innerer Leere, im Offensein dafür, wie Gott gerade hier und jetzt den Einzelnen oder die Gemeinde anspricht. Der oft beklagte Verlust der „Mystik" im Gottesdienst hängt nicht von äußerlich stimulierenden Riten ab. Mystik in der Liturgie bezieht sich vielmehr auf das Gewahrwerden der gegenwärtigen und doch zugleich verborgenen Christuswirklichkeit in Wort und Sakrament und auf das gemeinsame auf ihn Hören und zu ihm Beten. Jedwede Organisation in der Liturgie soll dafür Voraussetzungen schaffen, bleibt aber selbst in einer dienenden Funktion, die feiernde Gemeinde so zu bereiten, dass sie sich ohne Verdienst beschenken lassen kann.

„Alle, die sich vom Geist Gottes leiten lassen, sind Söhne Gottes" (Röm 8,14)

Papst Johannes XXIII. hat sich für die notwendige Erneuerung der Kirche so etwas wie ein neues Pfingstereignis vorgestellt. Was am ersten Pfingstfest also geschah, könnte uns auch heute den rechten Weg der Erneuerung weisen. Jesus hat seiner Jüngergemeinde aufgetragen, auf den verheißenen Beistand zu warten. Die Gemeinde insgesamt, die Apostel „zusammen mit den Frauen und mit Maria, der Mutter Jesu, und mit seinen Brüdern" (Apg 1,14) haben im „Obergemach" in Jerusalem gebetet. Es haben nicht die einen für die anderen gebetet, sondern „alle verharrten dort einmütig im Gebet", da auch alle, und zwar gemeinsam, des Beistandes, des Hl. Geistes bedurften. Auch heute ist der Geist nicht Einzelnen, weder Gruppen noch Amtsträgern allein zugesagt, sondern der Kirche insgesamt. Nur aus dieser Gemeinsamkeit kann eine Vertiefung aus der Kraft des Geistes in der Kirche kommen.

Das biblische Pfingstereignis gibt aber auch Kriterien für das Erkennen des Geistes Gottes an. Er kommt wie ein heftiger Sturm, der Türen und Fenster hinaus zu den anderen aufreißt, der die

Enge des vertrauten Raumes sprengt, der eine ängstliche Schar hinaus zu den vielen „aus allen Völkern“ sendet, der jeden in seiner Sprache reden und doch die eine Botschaft verkünden lässt, wohl mit vielen Zungen, die aber doch jeder wie seine Muttersprache versteht.
„Traut nicht jedem Geist“, werden wir im 1. Johannesbrief 4,1 gewarnt. Der wahre Geist, durch den Gott heute seine Kirche „nach vorne“ bewegen will, wird daran zu erkennen sein, ob er wie damals die Kirche offener, mutiger und weltzugewandt macht, ob die vielen Sprachen in der Kirche sich doch in dem einen, wichtigsten Bekenntnis treffen: „Jesus Christus ist im Fleisch gekommen“ (1 Joh 4,2).
Aber gerade eine solche „*Spiritualisierung*“ hat die Jüngergemeinde auch dazu ermutigt, zu „*organisieren*“, Gemeinden zu gründen, Ordnungen aufzustellen und Dienstämter zu schaffen, und diese sogar, wenn neue Not kam, zu erweitern. Organisation jeglicher Art, Planung und Konzepte, Strukturen und Ordnungen, sogar kirchliche Gesetze, müssten dazu dienen, die Botschaft Christi möglichst vielen möglichst verständlich, immer neu verkünden zu können.
Wo aber in der Urkirche und in der Kirche danach menschliche Angst den Auftrag des Auferstandenen hemmte, Missbräuche entstanden, Unrecht gesetzt wurde, Erstarrung das kirchliche Leben bedrohte oder Müdigkeit und Resignation die Kräfte lähmten, sind Frauen und Männer ausgebrochen, haben protestiert und *demonstriert*, sind, wenn nötig, auch Verantwortlichen in der Kirche wie einst Paulus dem Petrus „offen entgegengetreten“ (Gal 2,11), um die Kirche erneuern zu helfen. Freilich braucht es gerade dazu nicht nur Mut, sondern vor allem Demut, sich selbst sehr sorgfältig zu prüfen, sich auch von anderen prüfen zu lassen, ob einen wirklich der Geist Gottes treibt, oder nicht doch nur Eigensinn und Geltungsdrang.

Langfassung publiziert: H. Krätzl, Demonstrieren – Spiritualisieren – Organisieren. In: ThPQu 145 (1997) 2, 115–122

Gottesfrage versus kirchliche Strukturfragen

Vielen Kritikern in der Kirche hält man vor, sie merkten gar nicht, was den modernen Menschen heute wirklich bewegt, nämlich die Gottesfrage, aber nicht Strukturfragen. Ich bin überzeugt, dass die Gotteserfahrung tatsächlich das Um und Auf des Menschen ist. Aber wie erfährt er Gott? Kaum je direkt, sondern immer „vermittelt". Es sind die Eltern, der Religionsunterricht, der Gottesdienst und die Feier der Sakramente, die offizielle Verkündigung der Kirche, aber auch ihre Gesetze und Vorschriften, die das Gottesbild prägen. Die Gottesfrage hängt also zutiefst mit dem Erscheinungsbild der Kirche und ihren Strukturen zusammen.
Die Dompfarre zu St. Stephan in Wien veranstaltete in einem gerade neu fertig gestellten Vortrags- und Festsaal im Arbeitsjahr 1999–2000 eine Vortragsreihe zum Thema: „Die Flucht vor Gott – Zur Gottesfrage". In dieser Reihe hielt auch ich einen Vortrag, den ich in Auszügen wiedergeben möchte.

Sicher ist Gott die alles bestimmende Wirklichkeit im Leben des Menschen, das „in letzter Instanz" für mich Entscheidende.[215] Die Frage ist nur, wie begegne ich ihm, wie entdecke ich ihn, in welchem Bild, in welcher Situation meines Lebens? Dem nachzugehen scheint mir tatsächlich eines der wichtigsten Probleme der heutigen Pastoral zu sein.

Flucht in die Gottesfrage? - Flucht in die Strukturfrage?

Von vielen Seiten werden im Zuge der nötigen Erneuerung der Kirche nach dem Konzil auch Änderungen der Strukturen verlangt. Das geschieht längst nicht nur vom „Kirchenvolksbegehren", wie manche in Österreich zu einseitig meinen, das wurde auf allen Diözesansynoden oder -foren angemeldet und wird

[215] Vgl. J. Werbick, Bilder sind Wege. Eine Gotteslehre, München 1992, 15

auch in allen Bischofssynoden in Rom diskutiert. Statt sich mit diesen Fragen auseinander zu setzen wird gerne dagegengehalten, den Menschen gehe es heute viel mehr um die Gottesfrage als um Strukturfragen. Zuletzt kam dieses Thema auch im Zusammenhang mit der Europa-Synode der Bischöfe in Rom zur Sprache. Bischof Egon Kapellari z. B. – unser Europabischof in der Bischofskonferenz – meinte wörtlich: „Und man sollte endlich auch begreifen, dass die Frage aller Fragen für die Christenheit in Europa längst schon die Gottes- und Christusfrage ist, während man sich hier im Westen beharrlich mit nachgeordneten, wenn auch nicht unbedeutenden Fragen befasst."[216] Und Kardinal Ratzinger kritisierte, dass es die „größte Versuchung" für die Bischöfe auf der Europa-Synode gewesen sei, sich „in praktische Probleme zu flüchten".

Ich frage mich, ob die Begegnung mit Gott ganz getrennt von Strukturen gesehen werden kann? Die Begegnung mit Gott geschieht immer „mittelbar" durch Menschen. „Sichtbar ist Gott im Menschen, der ihn darstellt, seine Ikone ist (vgl. 2 Kor 4,4; Kol 1,15), der ‚Abdruck' seines Wesens (Hebr 1,3a)", schreibt Jürgen Werbick einmal.[217] Auch in Erlebnissen begegnet Gott, vor allem aber durch die Kirche, wie und was sie lehrt, wie sie feiert, wie sie dem Menschen begegnet.

Die einseitige Sicht der Gottesfrage oder der Strukturfragen kann jeweils auch eine Flucht sein. Sich nur auf die Gottesfrage zu konzentrieren, enthebt einen zunächst der Verpflichtung, sich im laufenden Reformprozess der Kirche zu deklarieren und zu engagieren. Wer aber nur Strukturreformen vor Augen hat, übersieht die eigentliche Sendung der Kirche, „Zeichen und Werkzeug für die innigste Vereinigung mit Gott"[218] zu sein. Wie aber können Strukturen der Kirche „Werkzeug" dafür sein?

---

[216] Bischof Egon Kapellari in: Kärntner Kirchenzeitung v. 31. Oktober 1999, 15. Ähnliches äußerte er in: Die Furche, 11. Nov. 1999, 9

[217] J. Werbick, a.a.O. 88

[218] LG 1

Kirche soll in ihrem Wirken ein Abbild der Trinität sein

Das II. Vatikanische Konzil sieht die Kirche als trinitarisch begründete Gemeinschaft.[219] Das mag zunächst wie eine abstrakte theologische Spekulation erscheinen, ohne besonderen Bezug zum Leben. Ein Blick in die Geschichte zeigt aber, wie theologische Akzente im Gottesbild sich auch auf die Verfasstheit der Kirche auswirkten.

Spätestens ab dem 13. Jahrhundert hat sich die lateinische Kirche einseitig christologisch begründet gesehen. Das hatte für ihre weitere Entwicklung tief greifende Folgen. Sieht man nämlich die Kirche als ein Sozialgebilde, das allein von Christus gestiftet und geprägt ist, also gleichsam „unitarisch", so ist sie folgerichtig „hierarchisch ‚von oben nach unten' konstituiert und kann sich an seiner höchsten Stelle (im Papst) relativ ungebrochen mit Christus und seinem Willen identifizieren."[220] Yves Congar hat gründlich nachgewiesen, dass die westlich-römische Kirche seither „nicht nur juridisch-klerikal, sondern auch zentralistisch eng geführt wurde". Das Wirken des Hl. Geistes fand viel zu wenig Beachtung und damit wurde die trinitarische Begründung außer Acht gelassen.[221] Gewinnt die Kirche aber die trinitarische Sicht wieder, dann hat das für ihr Leben konkrete Folgen. Denn die Kirche lebt nicht nur von und in der Trinität, sie soll auch „tätiger Ausdruck" der Trinität sein. Das bedeutet Vielfalt in Einheit, Communio und intensive Kommunikation.

Kirche wird zum Bild der Dreifaltigkeit durch *Einheit in der Vielfalt.* Diese Vielfalt zeigt sich, wenn Charisma und Amt die je eigene Wertschätzung haben, weil sie vom selben Geist ausgehen. Und das gemeinsame und hierarchische Priestertum sind einander zugeordnet und nicht untergeordnet, weil beide an dem einen Priestertum Christi teilhaben. Vielfalt wird erlebt, wenn die *eine* Kirche in vielen Kulturen lebendig ist und die *eine* Lehre

[219] LG 4

[220] G. Greshake, Der dreieine Gott. Eine trinitarische Theologie. Freiburg-Basel-Wien 1997, 386

[221] Belege bei Greshake, 387

Christi in verschiedenen theologischen Denkrichtungen dargelegt werden kann. Einheit in Vielfalt nach dem Bild der Dreifaltigkeit gibt auch der Gnade weiten Raum neben dem notwendigen Gesetz und der Freiheit neben der Autorität.

Den dreifaltigen Gott durch das Leben der Kirche so sichtbar zu machen, wurde tatsächlich nach dem Konzil ansatzweise begonnen, ist aber wieder ins Stocken geraten. Das zeigt sich, wo in Angst um die Einheit die Möglichkeit zur Vielfalt wieder eingeschränkt und Gnade dem Gesetz und scheinbar unveränderlichen Traditionen untergeordnet wird. Das hat aber auch Auswirkungen auf das Gottesbild vieler Menschen. Es wird ja nicht so sehr durch die Spekulation der Theologen geprägt, auch nicht nur durch die Worte der Verkündigung, sondern durch das Leben der Kirche und somit durch ihre Strukturen.

Kirche als Abbild der Trinität ist zutiefst *Gemeinschaft.* Eine Gemeinschaft, die sich zuerst daraus ergibt, dass alle in der Kirche teilhaben an den Gnadengaben Gottes, dass wir alle Beschenkte sind. Und alle, Amtsträger wie einfache Gläubige, müssen sich dieses „Beschenktseins" dankbar bewusst werden, bevor sie auf ihre je eigene Autorität pochen. Das hat strukturelle Folgen. Eine Communio-Ekklesiologie, zu der sich das Konzil bekannt hat, fordert vermehrte Kollegialität unter den Bischöfen. Das betrifft die Beziehung zwischen dem Papst und dem Bischofskollegium und die Kollegialität unter den Bischöfen in der Weltkirche. Gemeinschaft soll aber auch die vielen Formen der Gemeindebildung in der Kirche auszeichnen, was wir heute gerne „geschwisterliche" Gemeinde nennen. Wenn also nun Strukturen gesucht und auch gebildet wurden, um Gemeinschaft besser leben zu können, dann war das theologisch begründet und keine „Demokratisierung" in Anpassung an die Gesellschaft.

Das trinitarische Gottesbild im Leben der Kirche wird heute aber dann entstellt, wenn Zentralismus wächst, wenn Lokalkirchen, Bischofskonferenzen, ja ganze Bischofssynoden ihre Eigenverantwortung zu wenig wahrnehmen dürfen. Communio-Theologie wird unglaubwürdig, wenn in den Gemeinden verschieden denkende Gruppierungen nicht die Vielfalt in der Einheit vorleben, sondern spaltend wirken. Dabei sollte gerade heute in einer Welt, die noch so wenig tragfähige Formen der Gemeinsamkeit gefunden hat, die Kirche Vorbild für Communio unter den Menschen, aber auch unter den Völkern verschiedener Sprachen und Kulturen sein.

Ein weiterer Vorgang innerhalb der Trinität ist *Kommunikation*. Sie im Leben der Kirche immer besser zu verwirklichen, hat nach dem Konzil hoffnungsvoll begonnen. Die Technik liefert dafür immer neue Mittel. In der Art der Kommunikation kommt die Achtung vor dem anderen zum Ausdruck. Der Kommunikationsprozess vor wichtigen Entscheidungen zeigt, ob die Mitverantwortung anderer dabei ernst genommen wird. Vertrauensvolle Kommunikation erweist sich in der Offenheit, in der Beweggründe dargelegt werden. Will man aber tatsächlich das Maß dafür am Vorbild der Trinität nehmen, dann müsste in der Kirche Kommunikation im Vergleich zur Welt eine ganz andere Qualität bekommen, nämlich die einer vertrauensvollen, hingebungsvollen Liebe.

Wie weit darf Kirche sich auf das Vorbild der Trinität schon berufen? Wie sehr hat sie schon die vorurteilslose Kommunikation im Inneren und zu den anderen christlichen Kirchen gelernt? Wie transparent sind die einzelnen Vorgänge? Wie Kirche lebt, so wird ein ganz bestimmtes Gottesbild gezeichnet.

Sakramente als Vergegenwärtigung der Gottesherrschaft[222]

Die Feier der Sakramente stellt den tiefsten Lebensvollzug der Kirche dar. Gleichzeitig ist diese Feier manchmal für Christen, die sonst der Kirche ferne stehen, der letzte Berührungspunkt. Hier wird gerade in existentiellen Augenblicken des Lebens ein Gottesbild vermittelt. Es sollte erlebbar werden, wie Gott selbst in das persönliche Leben heilend und voll Liebe eingreift.

Was sind die Sakramente ihrem Wesen nach? Jürgen Werbick, der

[222] Vgl. dazu J. Werbick, Kirche. Freiburg 1994, 166ff.

Fundamentaltheologe in Münster, legt in seinem Buch über die Kirche auch eine sehr interessante Sakramententheologie vor. Er zeigt, wie in den Sakramenten das Hereinwirken Gottes in das ganz konkrete Leben sichtbar wird. Die Sakramente vergegenwärtigen Gottes Herrschaft in dieser Welt und beziehen die Feiernden in die Geschichte der zu ihrer Vollendung drängenden Gottesherrschaft ein.[223] Sie vergegenwärtigen die Lebenspraxis Jesu Christi, der ja die ankommende Gottesherrschaft in dieser Welt durch sein Leben und durch die Zeichen, die er wirkte, bezeugte. Das klingt zunächst sehr „theologisch", eher lebensfremd. Werbick hat eine sehr dichte theologische Sprache. Wenn man aber seinen Denkansätzen folgt, führen sie direkt in das Leben. Hier kann keine Sakramentenkatechese gegeben werden. Ich möchte aber auf die Aufgabe und Chance hinweisen, gerade durch die Art der Feier der Sakramente die Nähe Gottes im ganz persönlichen, konkreten Leben erfahrbar zu machen. An einigen Beispielen will ich das im prägnanten Stil Werbicks wiedergeben, in der Hoffnung, dadurch zum Weiterdenken in der Gemeindepraxis anzuregen.

Taufe: Am häufigsten sind noch immer Kindertaufen. Die Eltern bringen ein Kind, dem sie das Beste für das Leben wünschen, somit auch allen Schutz, den dieses noch hilflose Wesen braucht. Die Taufe erinnert theologisch an die Errettung aus den tödlichen Fluten des Roten Meeres. Obwohl wir das in jeder Osternacht feiern, klingt es dennoch für die meisten zunächst fremd. Deutlich soll aber werden, dass hier ein Fest der Errettung des Menschen gefeiert wird aus allen bedrohlichen Wogen, denen er im Leben immer wieder ausgesetzt sein wird. Die Gemeinde feiert mit der Taufe jedes Kindes ihre eigene Errettung. Sie feiert die Glaubensgewissheit, dass Gott der Herr sie durch dieses in vielfachen Bildern bedrohende ‚Meer' hindurchführen und nicht in ihm untergehen lassen wird.

Eucharistie wäre zu feiern als das Fest einer Gemeinschaft, die der Desolidarisierung in unserer Machtgesellschaft widersteht,

---

[223] Werbick, 166

dem brutalen egoistischen Kampf zum eigenen Vorteil, der Vereinzelung und Vereinsamung im Leiden, im Altwerden und Sterben. In der Eucharistie wird Gemeinschaft mit Gott in *seinem* Geist; eine Gemeinschaft, die davon lebt, sich in den Lebensweg Christi, in seinen ‚Leib' hineinnehmen zu lassen und ihm zuinnerst verbunden zu sein. Und das hat Konsequenzen für das Alltagsleben. Gustavo Gutierrez meint: „Die Sendung der Kirche setzt dort ein, wo Feier des Abendmahles und Schaffung menschlicher Brüderlichkeit sich untrennbar verbinden. Dies ist die konkrete und dynamische Bedeutung des Sakramentes für das Heil der Welt."[224]

Das *Bußsakrament* ist die Feier der Versöhnung, die die Menschen mit sich selbst, mit ihrer Berufung und Erwählung aussöhnt, die die Umkehrbedürftigkeit jedes Einzelnen, aber auch der Kirche und der Gesellschaft ebenso zum Ausdruck bringt wie die Freude über Gottes Gegenwart bei all denen, die zurückzukehren versuchen zu dem, was Gott in ihnen begonnen hat.

Priesterweihe ist das Fest der Freude an Gottes Hirtensorge für die Menschen.

Das Sakrament der *Ehe* wäre zu feiern als ein Fest der Freude über das Gottesgeschenk der partnerschaftlich-geschlechtlichen Liebe, aus der neues Leben hervorgehen darf. Wenn die Gemeinden Menschen in ihrer Mitte auf diesen Weg der personalen Reifung in Partnerschaft und liebender Sorge für ihre Kinder senden, so legen sie engagiertes Zeugnis ab gegen den Geist des „Machismo", aller Formen eines Patriarchalismus (auch Matriarchalismus?), der die Partner unterdrückt und die Kinder in Unfreiheit aufwachsen lässt.

Freilich wirken die Sakramente aus Gottes Gnade, nicht aus menschlichem Können. Aber dass Gottes Herrschaft gegenwärtig, seine Nähe erlebbar wird, Konsequenzen daraus für das Leben folgen, hängt auch von den Riten, den Strukturen ab, wie Gemeinde feiert, aber auch wie Kirche Menschen Sakramente anbietet oder verweigert.

---

[224] Zit. bei Werbick, 169, Anm. 53

Zuerst ein Wort zur *Art der Feier der Sakramente.* Sie sind der häufigste Lebensvollzug der Kirche (der Gemeinde). Die Vergegenwärtigung Gottes wird oft gehemmt durch Gewohnheit, sinnentleerte Tradition, durch zu strenge Ritualisierung, durch Gesetze, die die Sakramente nicht immer schützen, sondern einengen. Nicht alle, die heute das gottesdienstliche Leben mit der Gemeinde nicht mehr mitmachen, tun dies aus mangelndem Glauben. Manche bleiben fern aus Enttäuschung, dass ihnen dabei nichts von der Nähe Gottes und seiner Zuneigung spürbar wird. Wo wird Taufe schon so gefeiert, dass die Errettung des Menschen aus aller Unterdrückung deutlich wird, dass Gemeinde selbst sich ihrer Errettung freudig bewusst wird? Der Eucharistie bleiben viele fern, weil zu stark auf die Verpflichtung gepocht wird, aber nur selten diese ganz neue, aber so lebensnotwendige Solidarität, sowohl in der Feier selbst als im Leben danach, erfahrbar wird. Die Buße ist vielerorts zu einem Mechanismus verdorrt und die Versuche, Feier der Versöhnung zu begehen, sind zaghaft und stoßen auch bald an kirchenrechtliche Grenzen. Das Sakrament der Ehe ist für viele noch eine schöne Verbrämung ihres Lebens, aber nur sehr selten das Fest der Freude über gottgeschenkte partnerschaftlich-geschlechtliche Liebe, die Leben weitergeben darf. Und Priesterweihe scheint vom Kirchenrecht auf ganz bestimmte Kandidaten beschränkt zu sein und wird so nur schwer zum Zeichen, wie Gott genügend Menschen – mit ganz besonderer persönlicher Begabung – in seine Hirtensorge hineinnimmt. Was müsste alles an Strukturen noch geändert werden, dass das Wesen der Sakramente deutlicher wird, vor allem aber die Nähe und die Gegenwart Gottes erfahrbar werden, die sie ja bezeichnen? Die innere Erneuerung der Sakramente ist längst noch nicht abgeschlossen. Wer sich um solche Erneuerung müht, geht der Gottesfrage nicht aus dem Weg, sondern nimmt sie ganz besonders ernst.
Besonders stark aber berührt das Gottesbild, wenn *Sakramente verweigert* werden (müssen). Einige Beispiele sollen das zeigen: Ein Erwachsener will aus innerer Bekehrung und Sehnsucht nach dem Glauben getauft werden. Nun ist er aber mit einer Katholikin

(standesamtlich) verheiratet, die geschieden ist. Es ist eine sehr glückliche Partnerschaft. Kann er nun getauft werden, in die Gemeinschaft der Kirche aufgenommen werden, wenn die Ehe kirchenrechtlich nicht heilbar ist? Müsste er seinen Partner verlassen, oder wird sonst die Taufe zu einem äußerlichen Akt, dem zugleich ein Ausschluss aus der vollen Mitfeier der Eucharistie folgt? Wo ist da noch der errettende, befreiende Gott erlebbar, der neue Wege durch das Meer vielfacher Ängste, Enttäuschungen und Bedrohungen bahnt?
Oder Geschiedene, die wieder geheiratet haben. Die erste Ehe ging sehr unglücklich auseinander. In der zweiten hat man mehr Liebe gefunden, eine Familie ist gewachsen. Weil man aus dem Liebesbund (gemeint ist die 1. Ehe), die Abbild der Liebe Christi zu seiner Kirche sein soll, gefallen ist, kann man nun nicht voll am Mahl der Liebe teilnehmen, hört man offiziell. Wie lange? Mit welchen Lebenskonsequenzen? Erscheint hier nicht Gott auf einmal als einer, der nach menschlichem Versagen offenbar das Angebot von Freude an partnerschaftlich-geschlechtlicher Liebe für ein ganzes Leben zurücknimmt? Ein Gott, der Leben einengt, statt in Fülle schenkt, der Liebe reglementiert statt vertieft?
Oder ein Priester, der geheiratet hat. Wenn nicht besondere Zweifel vorliegen, dass sein Weg zum Weihealtar erzwungen war, bekommt er die Laisierung nach derzeitigen rechtlichen Bestimmungen erst nach dem 40. Lebensjahr. Inzwischen kommen vielleicht Kinder von ihm ins Erstkommunionalter. Warum darf er dort und auch an den übrigen Sonntagen am „Gastmahl" nicht teilnehmen, zu dem Gott doch in Liebe einlädt? Welches Gottesbild prägt sich da in das Herz der Kinder ein?
Wo immer daher bezüglich der Zulassung zu den Sakramenten nach neuen Lösungen gesucht wird, sind das nicht nur äußere, zweitrangige Strukturfragen, sondern das hängt zutiefst mit der Glaubwürdigkeit der Kirche selbst und mit ihrer Vermittlung des Gottesbildes zusammen.

„Wer mich sieht, sieht den Vater"[225]

Besorgte Seelsorger fragen oft: „Was würde Jesus in diesem konkreten Seelsorgsfall heute tun?" Die Antwort ist nicht leicht, weil Jesus uns keine Anweisungen für den Einzelfall hinterlassen hat. Aber von der Haltung Jesu wissen wir viel und sie müsste heute für die Kirche auch als Grundhaltung gelten, da sie doch das Wirken Jesu fortsetzen soll. Das Gottesbild, das die Kirche gibt, wird also auch davon abhängen, wie sie im Geiste Jesu handelt, der doch sein Ebenbild ist.

In Jesus Christus ist uns Gott leibhaftig nahe gekommen. Welches Bild zeichnet nun das Leben Jesu von seinem Vater? Wie bringt er ihn uns nahe?

Jesus kam nicht wie ein Mächtiger in diese Welt, sondern in Entäußerung, als hilfloses Kind. „Obwohl er Gott gleich war, hielt er nicht daran fest, wie Gott zu sein, sondern entäußerte sich und wurde wie ein Sklave und den Menschen gleich. Er war gehorsam bis zum Tod, bis zum Tod am Kreuz." So sangen und beteten die ersten Christen in einem Hymnus, der uns im Philipperbrief überliefert ist (Phil 2,6–8). Aber es war wohl sehr schwer, diese Erniedrigung zu begreifen. Die Jünger nannten Jesus gerne Meister und Herr und wünschten sich einen, in dessen Gefolgschaft sie selbst gehobene Plätze einnehmen können. Wiederholt stritten sie sogar darüber, wer von ihnen der Größte sei. Sie mussten erst lernen, dass es bei ihnen nicht so sein sollte wie sonst in der Welt und dass ihr Meister nicht gekommen war, sich bedienen zu lassen, sondern um zu dienen.

Jesu kam in diese Welt, um Zeugnis von seinem Vater im Himmel zu geben. In machtvoller Rede und in wunderbarem Tun offenbarte er den Menschen, wie Gott ist und wie er Heil wirkt. Auch im Zeichen der Fußwaschung bleibt Jesus Abbild Gottes. Er gibt Kunde von einem Gott, der sich in unfassbarer Liebe zu den Menschen in ihrer Schuld und Erlösungsbedürftigkeit neigt und in

---

[225] Vgl. dazu die Betrachtung zum Gründonnerstag in: H. Krätzl, Gott aber ist anders. Freiburg 1994, 33–38

dieser Zuneigung Annahme und Ablehnung gleichermaßen in Kauf nimmt. In Jesus, der den Seinen die Füße wäscht, kniet gleichsam Gott, der Schöpfer, selbst vor seinem Geschöpf, wie ein Theologe einmal drastisch sagte. Wer hat schon daran gedacht, dass Gottes Abbild zu sein auch solche Züge mit einschließt?

Was Jesus mit der Fußwaschung getan hat, ist für seine Jüngergemeinde und damit für die Kirche verbindlich. „Ich habe euch ein Beispiel gegeben, damit auch ihr so handelt, wie ich an euch gehandelt habe" (Joh 13,15). So gehört das Dienen zum Grundgesetz der Kirche. Vorab verpflichtet es alle, die besondere Verantwortung in der Kirche tragen, denen ein Amt übertragen wurde. Wir Bischöfe berufen uns darauf, Nachfolger der Apostel zu sein. Daher trifft uns dieses Beispiel Jesu zuallererst. Sehr konsequent hat einer von uns Bischöfen einmal gesagt: „Wir müssten einander in der Kirche viel eher die Füße als die Köpfe waschen!" Zum Dienen sind aber auch alle Gläubigen aufgerufen. Heute verlieren manche Christen ihr Selbstbewusstsein, weil sie immer mehr in die Minorität geraten. Ihre Bedeutung in der Welt wird nicht nach ihrer Zahl gewertet, sondern nach dem Dienst, den sie den Menschen, unter denen sie leben, leisten. Die Kirche insgesamt hat den demütigen Dienst Jesu Christi der Welt anzubieten. Sie muss das oft noch prunkvolle Gewand des Herrschens, der Privilegien, der Vorrangstellung ablegen und sich mit dem bescheidenen, einfachen Leinentuch der Demut umgürten, das sie frei macht zum barmherzigen Dienst. Wer sonst als die Kirche müsste sich als Erste zu den Ärmsten niederbeugen, zu denen, die kein Obdach haben, die schwerst behindert sind, die alt, einsam und hilflos wurden, die mit dem Gesetz in Konflikt gerieten und im Leben gestrauchelt sind? Sie hat diesen Dienst allen gegenüber zu leisten ohne Ansehen der Person, der Nationalität, der Konfession und Religion, und ohne Verdienst oder Schuld als Vorbedingung abzuwägen.

So gesehen müsste die Kirche sich auch wieder mehr „christologisch" verstehen. Nicht wie anfangs kritisiert, als „Stellvertreter" eines triumphalen Christus, der König und Herr ist, sondern als

Abbild jenes Gottesknechtes, den schon Deuterojesaja besungen hat. Aber um diesen Christus zu verkündigen, müssten auch viele Strukturen in der Kirche verändert werden. Gott braucht eine Kirche, um sich dieser stolzen und zugleich auch so ängstlichen Welt erfahrbar zu machen. Und er will und kann nur sichtbar werden durch jene, die sich von seiner Leidenschaft entzünden lassen.[226]

Was wollte das Konzil hinsichtlich der Gottesfrage?

Am 27. Februar 2000 hat Kardinal Ratzinger auf einem internationalen Kongress über die Verwirklichung des II. Vatikanischen Konzils sich auf eine Feststellung von Johannes Baptist Metz aus dem Jahr 1993 berufen, wo dieser sagte: „Die Krise, in der das Christentum in Europa gestürzt ist, ist nicht in erster Linie oder gar ausschließlich eine Krise der Kirche, sondern eine Gotteskrise.“ Im Anschluss daran stellte Ratzinger folgende These auf: „Das Vaticanum wollte den Diskurs über die Kirche ganz eindeutig in den Diskurs über Gott hineinstellen und ihm unterordnen. Es wollte eine im eigentlichen Sinn theo-logische Ekklesiologie vorstellen. Die Rezeption des Konzils aber hat bis jetzt diese so charakteristische Sicht zugunsten einzelner kirchlicher Fragen verdrängt. Man hat sich auf einige verlockende Parolen konzentriert und ist so hinter den großen Prospektiven der Konzilsväter zurückgeblieben.“[227]
Sicher wollte das Konzil die Kirche in einer neuen Weise „theologisch“ sehen, und zwar nicht mehr einseitig christologisch, sondern im Geheimnis der Trinität. Daraus folgte aber, dass sie selbst ihr Abbild sein soll. Was aber sichtbar an der Kirche ist, ist wesentlich durch ihre Strukturen gegeben. Diese müssen sich daher ändern, will Kirche mehr als bisher zum Bild der Trinität werden. Es stimmt, dass viele heute in einer Gotteskrise sind. Daran ist

---

[226] Vgl. Werbick, Kirche 30
[227] Kard. J. Ratzinger, Über die Ekklesiologie der Konst. Lumen Gentium. Referat auf der Tagung über das II. Vat. Konzil im Vatikan am 27. 2. 2000. Deutsche Übersetzung dok. in: Deutsche Tagespost v. 18. März 2000

aber nicht nur eine so säkular gewordene Umgebung schuld, sondern vielfach auch die Kirche selbst. Für Gläubige und Suchende ist die Gotteskrise nämlich oft gerade durch enttäuschende Begegnungen mit der Kirche verursacht. Ich möchte der These von Kardinal Ratzinger eine andere entgegensetzen: „Hätte die Kirche die im Konzil aus der theologischen Sicht erkannte notwendige Erneuerung konsequenter in ihrem Leben und auch in ihren Strukturen durchgeführt, könnte sie (die Kirche) heute viel überzeugender dem modernen Menschen Gott für sein Leben und seine Sinnsuche erfahrbar machen." Die Gottesfrage aber ist nicht nur für den einzelnen Menschen das Letztentscheidende, sondern auch für das Leben der Kirche.

Ich habe in vielen Vorträgen dieses Grundanliegen immer wieder aufgegriffen. Es scheint mir heute eines der wichtigsten in der Pastoral und damit für die Weiterentwicklung der Kirche zu sein. Darum habe ich diesen Beitrag auch in dieses Buch aufgenommen.

Spannungen zwischen Lehramt und Theologie

Die kath.-theol. Fakultät der Universität Wien lud mich im November 1999 ein, über das Verhältnis der theologischen Forschung zum römischen Lehramt zu sprechen. Die Hörerschaft war erlesen, aber klein. Es waren hauptsächlich Professoren und Assistenten der Fakultät anwesend, auch einige Studenten, vor allem jene aus dem Wiener Priesterseminar. Vom Auditorium fand ich viel Zustimmung, darüber hinaus kam kaum ein Echo. Als ich im Jahr darauf den Vortrag im „Anzeiger für die Seelsorge" publizierte, kamen viel mehr Reaktionen. Viele waren zustimmend, manche auch kritisch. Dem Vernehmen nach sprach man von diesem Artikel sogar in Rom.

Ich habe die Einladung zu diesem Vortrag angenommen, nicht weil ich dieses so „spannungsgeladene" Verhältnis wissenschaftlich durchleuchten oder oberhirtlich klären könnte – dazu fehlen mir die Voraussetzungen –, sondern weil ich diese Spannungen mit großer Sorge verfolge und glaube, dass eine Reflexion darüber sowohl für das innerkirchliche Klima als auch für die Reputation der Theologie in der Gesellschaft von größter Bedeutung ist. Von diesem Thema fühle ich mich aus mehreren Gründen betroffen. Einmal, weil ich am II. Vatikanischen Konzil erlebte, wie fruchtbar die Spannung zwischen Lehramt und Theologie sein kann und zwischen Konzilsvätern und ihren Theologen auch war, zum anderen, weil die nachkonziliare Entwicklung in der Kirche wieder zu einer fast lähmenden Spannung zwischen beiden führte. Schließlich bedauere ich, dass heute Bischöfe in zweifacher Weise versagen: wenn sie nämlich ihre „Wächterfunktion" über Theologen vorschnell ausüben, ohne sich vorher der mühsamen und anspruchsvollen theologischen Auseinandersetzung zu stellen, oder wenn sie sich selber zu wenig ihrer Mitverantwortung im Lehramt der Gesamtkirche bewusst sind. Es geht heute nämlich nicht nur um die Spannung zwischen Lehramt insgesamt und theologischer Forschung, sondern auch um jene Spannung zwischen dem päpstlichen Lehramt und den Bischöfen, die ihre Mitverantwortung als Glieder des Lehramtes nicht ausreichend ausüben.

Fruchtbare Zusammenarbeit von Bischöfen und Theologen am Konzil

Mich beeindruckte damals die kirchengeschichtlich wohl einmalige Zusammenarbeit zwischen Forschung und Lehramt. Viele Bischöfe hatten ihren eigenen theologischen Berater: Kardinal Frings den jungen Professor Joseph Ratzinger, Kardinal König den bekannten Jesuiten Karl Rahner und Hans Küng hielt viele theologische Vorträge vor Bischöfen anderer Kontinente zu ihrer theologischen „Weiterbildung". Die vorher gemaßregelten französischen und deutschen Theologen wie Henri de Lubac, Yves Congar, Marie-Dominique Chenu, Jean Daniélou und Karl Rahner arbeiteten auf einmal maßgebend in den Konzilskommissionen mit. Die Bischöfe haben damals nicht über die „Rechtgläubigkeit" der Theologen „gewacht", sondern sich im wahrsten Sinn des Wortes von ihnen beraten, vielleicht sogar „belehren" lassen. Diese Form der Zusammenarbeit zeigte, wie eine von der Aufgabenstellung her gegebene Spannung zwischen Forschung und Lehramt fruchtbar werden kann, und zwar auf der höchsten Ebene eines kirchlichen Lehrvorganges, wie es eben das Ökumenische Konzil ist.

Konzilsaussagen über das Verhältnis von Lehramt und Theologie

Das römische Lehramt als alleinige Entscheidungsinstanz zur Lösung anstehender Glaubensfragen anzusehen, wie wir es heute oft erleben, entspricht nicht dem Sprachgebrauch und der Intention des Konzils. Das sollen einige Beispiele zeigen:
In LG 12 heißt es: „Die *Gesamtheit der Gläubigen*, welche die Salbung von dem Heiligen haben, kann im Glauben nicht irren." Und diese ihre besondere Eigenschaft „macht sie durch den überna-

türlichen Glaubenssinn des ganzen Volkes dann kund, wenn sie ‚von den Bischöfen bis zu den letzten gläubigen Laien'[228] ihre allgemeine Übereinstimmung in Sachen des Glaubens und der Sitten äußert." Freilich heißt es gleich darauf „unter der Leitung des heiligen Lehramtes". Aber der Verweis auf den „sensus fidei" muss doch offenbar auch für das Lehramt ein bedeutendes Indiz bei der Wahrheitsfindung sein, wie ja schon die „alte" Theologie lehrte.
Im Zusammenhang mit dem Lehramt muss auch auf den Terminus „depositum fidei", „Hinterlassenschaft des Glaubens", hingewiesen werden. Denn die dem Lehramt zugesagte Irrtumsfreiheit bezieht sich auf die „Hinterlassenschaft der göttlichen Offenbarung", die unantastbar bewahrt und getreulich ausgelegt werden muss.[229] Ausdrücklich sagt das Konzil, dass das Lehramt nur „diese Hinterlassenschaft" irrtumsfrei interpretieren kann, denn es steht selbst ja nicht „über dem Worte Gottes", sondern dient ihm.[230]

Theologen haben für lehramtliche Aussagen Vorarbeit zu leisten.
In DV 12[231] wird den Exegeten ausdrücklich die Aufgabe zugeschrieben, nach den anerkannten Regeln der Schriftauslegung „auf eine tiefere Erfassung und Auslegung des Sinnes der Hl. Schrift hinzuarbeiten, damit so gleichsam aufgrund wissenschaftlicher Vorarbeit das Urteil der Kirche reift." Das gilt doch im gleichen Sinn für andere theologische Disziplinen auch, dass nämlich Theologen Vorarbeit zu leisten haben für das Ausreifen lehramtlicher Urteile, und nicht nur diese später zu verteidigen hätten. Diese Aussage von DV 12 wurde durch das Geschehen am Konzil bestens interpretiert, haben doch gerade die Theologen den Fortschritt im Konzil vorbereitet, und zwar nicht nur auf dem Gebiet der Bibelwissenschaft, sondern auch in Fragen der Moral, der Dogmatik, der Liturgik u. a. Fächern.

[228] Hier zit. der Konzilstext Augustinus, De Praed. Sanct. 14,27; PL 44,980
[229] LG 25
[230] DV 10. Vgl. dazu E. Feil, Leitungsvollmacht und Lehraufgabe. In: Bindung an die Kirche oder Autonomie?. Theologie im Diskurs. Hg. A. Franz, Freiburg i. Br. (QD 173) 1999, 166
[231] Vgl. dazu auch Kongr. für die Glaubenslehre, Instruktion über die kirchliche Berufung des Theologen 1990, n. 21,1

In LG 25 hat das Konzil über die *Unfehlbarkeit* reflektiert. Der Abs. 2, wo es um die Unfehlbarkeit einer einmütig dargelegten Lehre des Bischofskollegiums mit dem Papst geht, wurde später vorschnell für eine Ausweitung päpstlicher Unfehlbarkeit herangezogen. So geschah es auch im Responsum der Glaubenskongregation zu „Ordinatio sacerdotalis" am 28. Oktober 1995. Abgesehen davon, dass nicht jede in Einmütigkeit vorgetragene Lehre automatisch infallibel ist, sondern nur wenn ein „actus collegialis" vorliegt[232], ist zu beachten, dass die im Konzilstext in Anspruch genommene Lehre vom ‚Magisterium ordinarium' dort nicht geltend gemacht wurde, um dem Lehramt des Papstes zusätzliche Eingriffsmöglichkeiten und Vollmachten zu sichern, sondern gerade um die Lehrvollmacht der Bischöfe (im Zusammenhang mit dem Papst) ekklesiologisch zu qualifizieren.[233] Später hat der Papst in der Enzyklika *„Evangelium vitae"* sich ausdrücklich darauf berufen, dass sie eine Frucht der „Zusammenarbeit des Episkopates jedes Landes der Welt" sei.[234] Jedoch zeigt gerade dieses Beispiel, wie man auch zu schnell von einem solchen weltweiten Konsens der Bischöfe sprechen kann. Ich erinnere mich nämlich, dass es vorher eine allgemeine Befragung gab, von deren Ausgang aber die Bischöfe vor Abfassung der Enzyklika nicht mehr informiert wurden.

Nach dem Konzil wurde aus der fruchtbaren Spannung ein für die Verkündigungsaufgabe der Kirche eher schädlicher Antagonismus

Das Konzil hatte neue Akzente in verschiedenen Sparten der Theologie legitimiert und damit zu einem Weiterdenken angeregt. Freilich ging dieses Weiterdenken verschieden schnell, und manche gewagten theologischen Hypothesen ließen die Kontinuität der Lehre nicht mehr recht erkennen. Aber gerade auf solche

---

[232] Vgl. dazu Werbick, Der kirchliche Auftrag der Theologie. In: Bindung an die Kirche oder Autonomie? 146f., wo auch ein diesbezüglicher Kommentar von K. Rahner zu GS 25 zitiert wird.

[233] Werbick, 146

[234] Johannes Paul II., Enz. „Evangelium vitae" v. 25. März 1995, n. 5

Grenzfälle fixiert, weiteten sich zensurierende Aussagen von Rom aus. „Rechtgläubigkeit" wurde zunehmend nicht nur an definierten Wahrheiten gemessen, sondern auch am etwaigen Dissens zu römischen Veröffentlichungen eines geringeren Verpflichtungsgrades. Es folgten einschränkende römische Weisungen, aber auch Disziplinierungen einzelner Theologen.

Römische Weisungen, die die Forschungsarbeit der Theologen einzuschränken scheinen

In eine breite Öffentlichkeit kam die Auseinandersetzung zwischen Rom und Theologen 1989 durch die sog. „Kölner Erklärung". Die Spannung wurde vermehrt, als solche, die ihr beitraten, später allein deshalb in Verdacht kamen, sich gegen das Lehramt aufzulehnen. In der Folge wuchs die Zahl einschränkender römischer Weisungen.

Ein Jahr nach der sog. „Kölner Erklärung", am 24. Mai 1990, erschien eine *Instruktion über die kirchliche Berufung des Theologen.* Kardinal Ratzinger verwies bei der Vorstellung des Dokumentes ausdrücklich darauf, dass die „Kölner Erklärung" nicht der Anlass zu diesem Schreiben gewesen sei. Er sprach sehr deutlich von der Freiheit der Forschung und dass Theologen auch das „Lehramt" anfechten könnten, nicht aber auf dem Weg der „Massenmedien" und unter dem Druck der öffentlichen Meinung. Der erste Teil der Instruktion zeigt große Achtung vor der Theologie und dem Glaubenssinn, steht also durchaus in der Linie des Konzils. Im weiteren Verlauf schwenkt der Text aber auf eine enge Linie der Disziplinierung ein. Viele Theologen sahen darin ihre öffentliche Tätigkeit gemaßregelt und Dietmar Mieth z. B. fand darin „unerklärliche Widersprüche", wie er an mehreren Beispielen erläuterte.[235]

Innerkirchlich scharf war auch die Reaktion auf ein Schreiben der Glaubenskongregation vom 28. Mai 1992 *„Über einige Aspekte der Kirche als Communio*". Katholischerseits fürchtete man, das

[235] Vgl. dazu D. Mieth, Ein Dokument voller Widersprüche. In: Orientierung 54 (1990), 152–153

Schreiben richte sich auch gegen jene katholischen Theologen, „die in jüngster Zeit das auf dem Konzil in der Tat nicht gelöste Problem des Verhältnisses zwischen der Kirche als Communio und der Kirche als hierarchische Institution weiter zu klären und zu vertiefen versuchen".[236]

Die Enzyklika „*Veritatis splendor*" über einige grundlegende Fragen der kirchlichen Morallehre vom 6. Aug. 1993 schließlich richtete sich gegen Lehrmeinungen heutiger Moraltheologen, ohne deren Namen zu nennen. Darauf meldeten sich jene, die sich am ehesten angesprochen fühlten, zu Wort und analysierten sehr offen diese Enzyklika in der Reihe „Quaestiones disputatae". Der Herausgeber Dietmar Mieth betonte, dass es wohl ein einmaliger Fall sei, dass eine Enzyklika als „Quaestio disputata", also als These im Streitgespräch, behandelt werde.[237]

Wie die Beispiele zeigen, ging es in diesen römischen Veröffentlichungen vor allem um eine Auseinandersetzung mit führenden Theologen, die die Konzilstheologie sogar maßgeblich mitbestimmt hatten und nun in dieser Richtung weiterarbeiten wollten. Sie müssen nun fürchten, dass wieder manches von der befreienden Öffnung des Konzils zurückgenommen wird.

Das am 30. Juni 1998 veröffentlichte Apostolische Schreiben „*Ad tuendam fidem*" hat diese Furcht vermehrt. Das Apostolische Schreiben und der angeschlossene „lehrmäßige Kommentar" betonen die Existenz einer „definitiven", „endgültigen" Lehre in einem neuen Sinn, ohne die Natur einer solchen Lehre näher zu erklären. Schon die Einleitung des Apostolischen Schreibens bekundet Misstrauen gegen Theologen, ohne konkret zu werden.[238] Die Spannung zwischen Lehramt und Forschung ist dadurch neuerdings größer geworden.

---

236 So O. H. Pesch, Th. Schneider u. L. Ullrich in: Ökumenische Rundschau 41 (1992), 476

237 Moraltheologie im Abseits? Antwort auf die Enz. „Veritatis splendor". Hg. D. Mieth, Freiburg-Basel-Wien ^{2}1994 (QD 153)

238 Vgl. dazu die kirchenrechtliche Analyse der beiden Schreiben von L. Örsy, Von der Autorität kirchlicher Dokumente. In: StdZ 216 (1998), 735–740. Im Anschluss daran kam es zu einer öffentlichen Diskussion zwischen Örsy und Kardinal Ratzinger in derselben Zeitschrift.

Diskussionsverbote und mögliche Sanktionen[239]

Neben allgemeinen römischen Lehrschreiben kam es wiederholt zu Maßregelungen einzelner Theologen. Versuche, die „Reichweite und Relevanz theologischen Arbeitens in umstrittenen Problemzonen möglichst zu begrenzen", haben in den letzten hundert Jahren eine „nicht sehr ermutigende" Tradition, schreibt J. Werbick.[240] Dies begann schon im vorigen Jahrhundert im Kampf gegen die sog. Modernisten. Diskussions- und Publikationsverbote hielten sich bis unter Pius XII., wie die Enzyklika „Humani generis" zeigt. Diese erhebt ja ausdrücklich den Anspruch, dass in Enzykliken entschiedene Themen „der freien Erörterung unter den Theologen" entzogen seien. Wörtlich sagt sie: „Wenn aber die Päpste in ihren Akten zu einer bis dahin umstrittenen Frage vorsätzlich Stellung nehmen, dann ist allen klar, dass diese Frage nach der Absicht und dem Willen derselben Päpste nicht mehr als Gegenstand der freien Erörterung unter den Theologen angesehen werden kann."[241] Mit eben diesem Anspruch weist das Apostolische Schreiben „Ordinatio sacerdotalis" die Meinung zurück, die Frage der Frauenordination sei in der katholischen Kirche ‚diskutierbar', und stellt fest, „alle Gläubigen der Kirche (also auch die Theologen) hätten sich ‚endgültig' an die Entscheidung zu halten".[242] Ähnliches wird auch hinsichtlich der Lehre über die Empfängnisverhütung in der Enzyklika „Humanae vitae" immer wieder verlangt. Wie ernst man dieses Verbot nimmt, zeigt sich darin, dass heute Kandidaten für eine theologische Lehrstelle oder für das Bischofsamt gerade in ihrer Meinung dazu überprüft werden.

---

239 Vgl. dazu J. Werbick, Der kirchliche Auftrag der Theologie. In: Bindung an die Kirche oder Autonomie?, 142–163, bes. 142ff.

240 Werbick, a.a.O. bezieht sich bei seinen Darlegungen besonders auf „Theologie und hierarchisches Lehramt" im ET BULLETIN 7 (1996), 135–139

241 DH 3885

242 Kongregation für die Glaubenslehre, Antwort auf den Zweifel bezüglich der im Apostol. Brief „Ordinatio sacerdotalis" enthaltenen Lehre (1995), abgedruckt in W. Groß (Hg.), Frauenordination. Stand der Diskussion in der katholischen Kirche. München 1996, 128

Die notwendige Zusammenarbeit von Lehramt und Theologie

Es kann hier keine systematische Darlegung dieser Zusammenarbeit gegeben werden, ich möchte sie nur skizzenhaft erläutern. Ich beziehe mich dabei vor allem auf die Publikation „Bindung an die Kirche oder Autonomie?“ aus der Reihe „Quaestiones disputatae“. Sie enthält Vorträge einer Tagung der deutschen Sektion der Europäischen Gesellschaft für Kath. Theologie v. 8.–10. Okt. 1996 in Mainz und zusätzlich dazu angeforderte Artikel.

Spezifische Aufgabe der Theologie

Bischof Lehmann umschreibt dort die Grundaufgabe der Theologie als „Vermittlung zwischen dem ursprünglich ergangenen Offenbarungsanspruch und der jeweiligen Gegenwart“. Diesen vielfachen Dienst der Vermittlung hat Theologie mit Sorgfalt zu vollziehen. „Sie tut dies übrigens von vornherein nicht allein und nicht isoliert, denn in diesem Überlieferungsprozess des ein für alle Mal ergangenen Offenbarungsanspruchs spiegelt sich eine Grundstruktur des Kircheseins überhaupt. Der christliche Glaube kann nur in der konkreten Sozialgestalt der Kirche auf Dauer überleben.“[243] Über das Zueinander von Lehramt und Kirche nachdenken heißt also, über eine Grundstruktur des Kircheseins zu reflektieren. Und in der „Vergegenwärtigung“, so ergänzt Jürgen Werbick die Umschreibung Lehmanns, geht es nicht um eine oberflächliche „Verheutigung“, aber auch nicht um bloße Wiederholung des immer schon Gesagten, sondern um den Versuch, das Überlieferte in der gegenwärtigen Situation des Glaubens und des kirchlichen Zeugnisses so auszulegen, dass das damals Gesagte heute in einem u. U. „grundstürzend neuen Verständnishorizont“ zur Sprache kommen kann. „Das hierarchische Lehramt scheint demgegenüber die Instanz zu sein, die darüber zu wachen hat, dass in der Theologie nicht zu viel riskiert wird ... Sein Wächteramt wäre dann mit der Sorgfalt des treuen Haus-

[243] K. Lehmann, Gesellschaft – Wissenschaft – Kirche. In: Bindung an die Kirche oder Autonomie?, 17f.

vaters auszuüben, der streng darüber wacht, dass von den ihm anvertrauten Gütern nichts verloren geht."[244]

Von den „zwei Lehrämtern"

Blickt man auf die so unverzichtbare Aufgabe der Theologie bei der Vermittlung und Vergegenwärtigung des Offenbarungsanspruches, könnte man eigentlich von „zwei Lehrämtern" sprechen. Werbick unterscheidet zwischen einem theologischen und einem hierarchischen Lehramt, merkt aber wie entschuldigend an, dass diese Formulierung vielleicht „anmaßend" wirken könnte. Er rechtfertigt sich aber mit Berufung auf Thomas v. Aquin, der zwischen dem magisterium cathedrae pastoralis und dem magisterium cathedrae magistralis unterscheidet.[245] Aber gerade innerhalb der gemeinsamen Aufgabe der „Lehrverkündigung" wird deutlich, welche Autorität jedes dieser „Lehrämter" hat, ja wie jedes zugleich auch dem anderen gegenüber eine „Wächterfunktion" hat.

Die „auctoritas theologorum" oder das „Wächteramt der Theologen"

Max Seckler weist diese auctoritas der Theologen aus der Lehre Melchior Canos von den „loci theologici" nach. Diese sind „Örter" oder „Wohnsitze", aus denen heraus argumentiert werden kann, an denen Argumente für die Wahrheitsgeltung von theologischen oder Glaubenslehren gefunden und ausformuliert werden. Es gibt eine durchaus unterschiedliche und nicht aufeinander rückführbare Autorität der verschiedenen loci und zu denen gehört auch die „auctoritas theologorum". Seckler unterstreicht, dass Cano nicht nur ein Wächteramt des hierarchischen Lehramtes im Blick auf Integrität der Glaubensüberlieferung kennt, sondern auch ein „Wächteramt der Theologie" aufgrund ihrer spezifischen „kritischen Funktion im Überlieferungsgeschehen der Kirche".[246] Dieser kritischen Funktion soll noch weiter nachgegangen werden.

---

[244] Werbick, 159f.

[245] Näheres bei Werbick, 143, bes. Anm. 3

[246] Vgl. dazu Werbick, 154ff. mit entsprechenden Verweisen auf M. Seckler, Die ekklesiologische Bedeutung des Systems der ‚loci theologici', in: W. Bauer u.a. (Hg.), Weisheit Gottes – Weisheit der Welt. Festschrift für Joseph Kardinal Ratzinger. Bd. I. St. Ottilien 1987, bes. 46 bzw. 50

Wenn also bei „nicht letztlich verbindlichen Aussagen" prinzipiell mit der Modifizierbarkeit oder gar Revidierbarkeit gerechnet werden muss, darf die Theologie nicht gehindert werden, Argumente zu prüfen, um der theologisch erforderten Weiterentwicklung einer lehramtlichen Verkündigung Hilfe zu leisten. „Ansonsten wäre von vornherein unterstellt, Argumente, die dann doch zu Modifikationen oder Revisionen führen, seien innerhalb der Kirche nicht diskutierbar, sondern allenfalls als ihr von außen aufgezwungene hinnehmbar. Diskussionsverbote verursachen in der Regel nur einen Problemstau."[247] Ein solcher Problemstau hat sich tatsächlich vor dem II. Vatikanum, nicht zuletzt durch die andauernde Modernismuskrise, gebildet. Heute scheint sich wiederum in anderen Fragen – von manchen abfällig als „heiße Eisen" bezeichnet – ein solcher Stau zu bilden. Versuche, dagegen die Glaubensverbindlichkeit auf mehr Arten der Lehraussagen als bisher auszuweiten, dämmen in Wahrheit die Diskussion nicht ein, sind sogar eine neue Herausforderung, solche Entscheidungen nun selbst kritisch zu hinterfragen.

Verbindliche Aussagen und Rückbindung an die „norma suprema"

Es besteht kein Zweifel, dass verbindlich ausgelegte Glaubenszeugnisse der Kirche als Vorgabe für die Arbeit des Theologen und als *norma proxima* anzuerkennen sind. Das kann aber den Theologen nicht hindern, diese Entscheidung auf die *„norma suprema"* im Sinn von DV 10 zu überprüfen („magisterium non supra Verbum Dei est, sed eidem ministrat") und gegebenenfalls einzuklagen, wo die Bindung an die norma suprema als verbindlichen Sinnhorizont kirchlicher Zeugnisse nicht hinreichend berücksichtigt wird. „Dabei können Differenzierungen und aus einem veränderten Kontext sich ergebende neue Akzentuierungen auch eine Auslegung des lehramtlichen Spruchs erforderlich ma-

[247] Werbick, 144

chen, die sich nicht mehr ausschließlich im intentionalen Horizont dieses Spruches bzw. der ihn Vorlegenden bewegt."[248]

Kirchliche Lehraussagen in „menschliche Worte" gefasst

Der ohnehin heiklen Spannung zwischen verbindlichen Aussagen des hierarchischen Lehramts und der Lehrmeinung von Theologen sei hier noch ein sehr kühner Aspekt hinzugefügt, den Karl Rahner seinerzeit zur Sprache brachte und den J. Werbick hier anführt. Bei allen Aussagen kirchlicher Verkündigung handelt es sich zweifellos nicht um „veritates e coelo delapsae", wenn auch Pius X. im Dekret „Lamentabili" n. 22 jene zensurierte, die solches bezweifeln.[249] Karl Rahner hat angemahnt, dass auch für die Worte der lehramtlichen Verkündigung deutlich herausgearbeitet werden müsste, „welche eigentümlich infralapsarische Verfassung die Erkenntnis und die Aussage des Menschen innerhalb des Bereiches der Offenbarung und des Glaubens der Kirche hat".[250] „Denn in dieses Fleisch der Sünde hinein hat sich in Wirklichkeit doch auch Gottes Wahrheit inkarniert."[251] Und er fährt fort: „Kann nicht auch eine an sich als wahr zu qualifizierende Aussage voreilig, überheblich sein, kann sie nicht die geschichtliche Perspektivität eines Menschen so verraten, dass diese Perspektivität sich als geschichtlich schuldhaft verrät, kann nicht auch eine Wahrheit gefährlich sein, zweideutig, versucherisch, vorwitzig, kann sie nicht den Menschen in eine Situation hineinmanövrieren, die ihm unangemessen ist?" Werbick warnt vor einem eigentümlichen „Monophysitismus" kirchlichen Wahrheitsverständnisses, der Rahners Anfragen verständnislos gegenübersteht, weil man dabei eigentlich davon ausgeht, der lehramtliche

---

248 Werbick, 144

249 Wortlaut des zensurierten Satzes: „Lehrsätze, die die Kirche als geoffenbart anführt, sind keine vom Himmel gefallenen Wahrheiten, sondern sind eine Auslegung religiöser Tatbestände, die sich der menschliche Geist in mühevollem Unterfangen zusammengestellt hat." Dekret des Hl. Offiziums „Lamentabili" v. 3. Juli 1907, DH 3422, Verurteilung in 3466

250 K. Rahner, Was ist eine dogmatische Aussage, in: Schriften zur Theologie V. Einsiedeln ^{2}1964, 57; zit. bei Werbick, 152

251 Rahner, 58

Wahrheitsanspruch sei „den Niederungen infralapsarischen Sprechens“ enthoben, in denen alles andere menschliche Sprechen aber selbstverständlich angesiedelt ist.[252]

Vom „Zuviel“ und vom „Zuwenig“

Theologen, übrigens auch Katecheten, wird nicht selten vorgeworfen, dass sie nicht die „unverkürzte Wahrheit“ wiedergeben, sich auf einiges Wenige konzentrieren, anderes unbeachtet lassen. Das führt gegebenenfalls zum Schluss, das andere werde eben nicht für so wichtig erachtet oder gar nicht geglaubt.

Werbick erwähnt, dass sich das hierarchische Lehramt oft von vornherein im Recht wisse, weil es ja über die „organische Ganzheit“ der Glaubensüberlieferung verfüge, die Theologen aber müssten erst beweisen, dass sie in ihren Entwürfen dieser „Ganzheit“ Geltung verleihen. Er folgert aber, dass der Vorwurf des „Zuwenig“ nicht nur auf Seiten der Theologie zu machen sei, sondern gegebenenfalls auch auf der Seite des hierarchischen Lehramtes. So ergäbe etwa ein „Zuviel“ an „bloßem Wiederholungsbedürfnis ein ‚Zuwenig‘ an zeitgenössischer Glaubensgestalt; ein ‚Zuviel‘ beim starren Festhalten an gewohnten Deuteschemata und Sprachregelungen ein ‚Zuwenig‘ an aufschließender geistlicher Kraft in der Glaubensverkündigung“.[253] Geht man nur von „quantitativen“ Parametern aus, so scheinen zunächst die, die „mehr“, möglichst „alles“ vorweisen können, denen gegenüber im Recht zu sein, die sich dem Verdacht des „Zuwenig“ aussetzen. Und vielfach haben sich dagegen die Theologen zu wehren. Aber, – fragt Werbick –, darf man demgegenüber nicht auch damit rechnen, dass in Glaubensverkündigung und Theologie „weniger“ „mehr“ sein kann? „Muss man nicht damit rechnen, dass gerade aus der Konzentration aufs Entscheidende eine neue, die Zeichen der Zeit würdigende Glaubensgestalt hervorgehen kann? Sollte man der Theologie nicht einräumen, dass sie dieser Konzentration – gerade in Zeiten des glaubensgeschichtlichen

---

252 Werbick, 153
253 Werbick, 162

Umbruchs – vorzuarbeiten und gerade so einer erneuerten Ortsbestimmung des Glaubens zu dienen hat?"[254]

Ein Blick in die Zukunft: zwischen Resignation und Hoffnung

Wir alle stehen zurzeit in der Spannung zwischen Lehramt und Theologie und sie ist viel zu selten fruchtbar. Wie kann sich das weiterentwickeln? Zunächst nimmt einem so manches an der gegenwärtigen Struktur, mehr noch an der Praxis, die Hoffnung. Andererseits sehe ich doch Entwicklungen, die Anlass zu Hoffnung geben.

Was die Hoffnung trübt

1. In der Auseinandersetzung hat das kirchliche Lehramt auf Grund der kirchenrechtlichen Verfassung die stärkere Position, sogar so etwas wie einen Monopolanspruch.

- Äußerungen in theologischen Streitfragen werden mit Berufung auf Verbindlichkeit vorgebracht. Was in Einzelfragen praktiziert wurde, ist nun durch das Apostolische Schreiben „*Ad tuendam fidem*"[255] und den angeschlossenen „Lehrmäßigen Kommentar" der Glaubenskongregation ausgeweitet und verfestigt worden. Deshalb wurde der can. 750 CIC 1983 ergänzt und das Zuwiderhandeln mit einer eigenen Strafe in can. 1371 belegt. Damit wollte man eine „Gesetzeslücke" schließen, die durch die „zweite Kategorie von Wahrheiten" entstanden ist, die nach der neuen Professio fidei zu glauben ist.
- Das Lehrbeanstandungsverfahren ist, trotz mancher Änderung, sicher noch nicht befriedigend und gibt dem „Angeklagten" noch immer zu wenig Rechtsschutz.
- Die Erteilung des notwendigen Placet des Ortsbischofs für die Bestellung von Theologieprofessoren braucht vorher eine Zustimmung Roms.

---

[254] Werbick, 162

[255] Johannes Paul II., Apostol. Brief „Ad tuendam fidem" v. 18. Mai 1998

– Die lehramtliche Autorität der Kirche, die das Konzil bewusst auch in der bischöflich-kollegialen Verantwortung zusammen mit dem Papst sah, wird nun wieder einseitig auf Rom, näherhin auf die Glaubenskongregation konzentriert. Und da diese auch bei der Wahl von Bischofskandidaten mitspricht, wird dadurch ein „Lehrkonsens" in der Vorentscheidung getroffen. Wie wird man später dann noch von einem wirklichen synchronen Konsens der Bischöfe sprechen können?

2. Ein zweiter Punkt, der mir für die Zukunft Sorge bereitet, ist, dass die Bischöfe einzeln, aber auch in ihren regionalen Versammlungen ihre Mitverantwortung für die Weiterentfaltung der rechten Lehre zu wenig wahrnehmen. Das zeigte sich in den letzten Jahren bei den großen kontinentalen Bischofssynoden in Rom, wo vielfach vorgebrachte Änderungsvorschläge kaum in die Endresolutionen gekommen sind und man sich dagegen kaum wehrte. Ein sehr konkretes Beispiel sehe ich auch in der Vorgangsweise der Österreichischen Bischofskonferenz hinsichtlich der zu erarbeitenden Voten zu den Prioritäten der Salzburger Delegiertentagung. Es werden da von der jeweiligen Arbeitsgruppe erstellte Entwürfe nun zur Stellungnahme an viele Experten (Institutionen und Personen) ausgesandt, gleichzeitig aber auch an die zuständigen Kongregationen in Rom.[256] Wenn nun alle Voten zurückkommen, werden diese zunächst an den römischen gemessen werden. Damit sind aber den Beratungen in Österreich schon vorgegebene Grenzen gesetzt. Das entmutigt jene, die um Voten gefragt wurden, lässt aber auch keinen Fortschritt in so wichtigen Fragen erwarten.

Was hoffen lässt

1. Eine zunehmend offen vorgetragene Kritik: In der jüngeren Kirchengeschichte hat es das wohl noch nie gegeben, dass mit solchem Freimut innerkirchliche Kritik geäußert wird und auch geäußert werden kann. Auf diese Weise nimmt die Theologie

[256] Vgl. Kard. Schönborn in seiner Pressekonferenz nach der Herbstbischofskonferenz, Kathpress Nr. 261, S. 4

ihr „Wächteramt" wahr und es wird ein theologisch hoch stehender Diskurs angeboten.

2. Großer Konsens in weiterführenden Fragen: In manchen Fragen, die vom Lehramt offen gelassen wurden, aber auch in solchen, die schon entschieden wurden, werden von Theologen Vorarbeiten für eine etwaige Weiterentwicklung der Lehre angeboten. Es kommt dabei bisweilen zu einem wachsenden Konsens unter Theologen, die sich sogar immer mehr in übernationalen Gemeinschaften zusammenschließen. Wichtig erscheint mir, dass sie nicht nur gleichsam protesthaft ihre Forschungsergebnisse in die Öffentlichkeit bringen, sondern auch, wo es immer geht, das Gespräch mit Vertretern des römischen Lehramtes suchen, gerade auch mit der Glaubenskongregation. Solche Gespräche haben z. B. zwischen der Gemeinschaft deutschsprachiger Theologen sowie Vertretern der kath.-theol. Fakultät Innsbruck und Kardinal Ratzinger hoffnungsvoll begonnen. Es wächst die Hoffnung, dass durch solche Gespräche Vorurteile abgebaut werden und die Forschung vieler Theologen auch heute, wie damals auf dem II. Vatikanischen Konzil, der Lehrentwicklung der Kirche zugute kommt.
3. Ein wachsender Konsens unter vielen Bischöfen und Bischofskonferenzen: Wenn man die Berichte der Bischofskonferenzen der Welt liest, vor allem auch die Interventionen auf Bischofssynoden, zeigt sich ein wachsender Konsens etwa in der Frage erweiterter Zugänge zum Priesteramt, in Ehefragen, der Geschiedenenpastoral, der Selbständigkeit der Ortskirchen u.a.m.
4. Theologischer Austausch im Rahmen der Ökumene: Wenn die Ökumene ernst genommen wird, muss es auch immer mehr theologische Diskussionen geben. Diese sind nur fruchtbar, wenn wir unsere eigenen theologischen Positionen präzisieren, aber auch bereit sind, voneinander zu lernen. Die Gemeinsame Erklärung zur Rechtfertigungslehre z. B. verpflichtete uns, die katholische Lehre über die Rechtfertigung vor Gott neu zu überdenken und wie man heute mit dem modernen Menschen über Schuld und Sünde reden kann. Künftig steht vor allem die Amtsfrage im Vordergrund ökumenischer Dis-

kussion. Das lässt uns aber selbst neu nachdenken über kirchliches Amt, über Aufgabe der Laien auf Grund von Taufe und Firmung, über apostolische Sukzession u.a.m. Und wenn der Papst selbst im Schreiben „Ut unum sint“[257] aufgefordert hat, mit ihm über das Petrusamt zu diskutieren, setzt dies eine sehr eingehende Auseinandersetzung in der eigenen Kirche voraus. Gerade das ökumenische Gespräch verpflichtet uns, über die Lehrkompetenzen auch in unserer Kirche nachzudenken.

5. Die Lehrkompetenz der Theologie wächst in der Gesellschaft, oft stärker als die des Lehramtes: Obwohl der Einfluss der Kirche insgesamt, besonders auch in Österreich, im öffentlichen Leben abnimmt, wächst die Wertschätzung theologischer Beratung in verschiedenen Bereichen. Besonders gilt das für Fragen der Ethik. Ähnliches zeigt sich in interdisziplinären Gesprächen, in Einladungen von Theologen zu internationalen Betriebstreffen, Managerkursen u. Ä. Man traut offenbar den Theologen in einzelnen Bereichen mehr Fachkompetenz zu als Vertretern des Lehramtes und der Dialog auf dieser Ebene liegt noch im Vorfeld lehramtlicher Entscheidungen. Durch diese Theologen bleibt „Kirche“ in vielen Bereichen präsent und kann dadurch ihren unverzichtbaren Dienst bei der Suche nach Problemlösungen anbieten.

Ein Appell zum Schluss

Die Spannung zwischen Lehramt und Theologie fruchtbar zu machen ist aus einem dreifachen Grund notwendig. Einmal um dadurch die notwendige Weiterentwicklung der Lehre innerhalb der Kirche zu garantieren. Zum anderen aber, um der Kirche in der säkularen Gesellschaft wieder jene Reputation zu geben, ohne die sie ihren Dienst in und an der Welt gar nicht erfüllen kann. Drittens hängt von der Freiheit der Theologie auch ab, ob sie sich künftig als Wissenschaft an staatlichen Universitäten halten wird können. Lassen Sie mich mit einem Wort Jürgen Werbicks schlie-

[257] Johannes Paul II., Ökumene-Enzyklika „Ut unum sint“ v. 30. Mai 1995

ßen: „Die öffentliche Achtung der Theologie in Gesellschaft und Universität setzt die kirchliche Achtung der Theologie in ihrem spezifischen ‚Wächteramt' voraus. Und diese kirchliche Achtung hätte sich umzusetzen in der Bereitschaft des hierarchischen Lehramtes, dem Wächterdienst der Theologie jene Kommunikationsmöglichkeiten in der Kirche einzuräumen, die sie auch im konkreten Fall kirchlich in die Lage versetzten, das theologische Anliegen gegen vorschnelle flächendeckende Repressionsversuche zu ‚retten'. Wo dies nicht beabsichtigt wird, da ist jenes Minimum an Wechselseitigkeit zwischen Theologie und hierarchischem Lehramt bedroht, das die strukturelle Weisheit der katholisch-kirchlichen Verfassungsstruktur entscheidend mit ausmacht."[258]
Mit einfacheren Worten möchte ich das so ausdrücken: Die je eigene Aufgabe von Lehramt und Theologie ist nur gemeinsam zu lösen und wir sind vor Gott aufeinander angewiesen. Möge uns diese gemeinsame Verantwortung auch zu mehr Gemeinsamkeit verhelfen in der Suche nach der rechten Art der Verkündigung, aber auch nach der rechten Art, den Menschen unserer Zeit Rede und Antwort zu stehen, wenn sie nach dem Grund unserer Hoffnung fragen.[259]

Publiziert: H. Krätzl, Spannungen zwischen Lehramt und Theologie. In: Anzeiger für die Seelsorge. 2000/11, 483–490.

[258] Werbick, a.a.O. 163
[259] Vgl. 1 Petr 3,15

Römische Instruktion über die Mitarbeit der Laien zeigt nachkonziliare Defizite auf

Am 15. August 1997 erschien eine von acht römischen Kongregationen unterzeichnete Instruktion über einige Fragen zur Mitarbeit der Laien am Dienst der Priester. Sie wurde von vielen, besonders von Laien im pastoralen Dienst mit Bestürzung aufgenommen. Die Kritik war offenbar bei den Laientheologen in Deutschland noch heftiger als in Österreich.
Mich betraf diese Instruktion persönlich sehr, weil ich mich während meiner Tätigkeit im Wiener Ordinariat als Kanzleidirektor und Generalvikar immer sehr für die Mitarbeit der Laientheologen in der Pastoral eingesetzt und dafür auch ein eigenes Laien-Theologen-Zentrum zur Ausbildung gegründet hatte. Überdies feierten gerade wenige Wochen nach Erscheinen der Instruktion die akademisch ausgebildeten Pastoralassistenten ihr 25-jähriges Jubiläum, bei dem ich wegen der langjährigen Verbindung zu ihnen den Festvortrag halten sollte. Jedenfalls drängte es mich, in der Öffentlichkeit dazu Stellung zu beziehen, was ich zunächst in einem Artikel in der Wochenzeitschrift „Die Furche" in folgender Form tat:

Die römische Instruktion über die Mitarbeit der Laien am Dienst der Priester hat eine heftige Diskussion entfacht und zu neuen Polarisierungen geführt. Wer die Instruktion kritisierte, erhielt den Vorwurf, er stelle das Weihepriestertum in Frage und sei gegen den Papst. Wer die Instruktion lobte, kam in Verdacht, hauptamtliche Laien aus der Seelsorgsarbeit vertreiben zu wollen. Der Streit war oft emotional, wenig sachlich und auf wenige Fragen eingeengt. Mir hat das vatikanische Dokument ganz deutlich Defizite der nachkonziliaren Entwicklung der Kirche gezeigt.

Neue theologische Ansätze wurden nicht weitergedacht

Das Konzil hat für eine katholische Denkweise überraschend den Begriff des „gemeinsamen Priestertums" neu entdeckt, das Verhältnis zum Weihepriestertum aber wurde weder am Konzil noch danach theologisch aufgearbeitet. Das hat zur Verunsicherung von Laien und Priestern geführt. Heute scheint man offiziell eher wieder auf ein klerikales Kirchenbild zu setzen, die Laien aber, auch die theologisch gebildeten, verweist man vor allem auf den „Weltdienst".

Der ständige Diakonat wurde neu entdeckt. Das Konzil hat in ihm vor allem eine willkommene Hilfe für den steigenden Priestermangel gesehen. Die theologische Fundierung und Profilierung dieser Weihestufe blieb offiziell bis heute aus. Nun fragt man sich zu Recht, warum etwa der Diakon allein auf Grund seiner Weihe innerhalb der Messe predigen kann, nicht aber der (noch so theologisch gebildete) Pastoralassistent. Warum ist der Diakon bei der Teilhabe an der Leitung einer Pfarre gemäß CIC can. 517 § 2 dem Laientheologen vorzuziehen? Wozu befähigt die Weihe eigentlich den Diakon? Vor allem zur Verkündigung oder gar zur Leitung?

Den Priestermangel wollte man durch pragmatische „Ersatzlösungen" überbrücken

Die Konzilsväter ängstigte der drückende Priestermangel in der Dritten Welt. Nach dem Konzil wurde der Mangel auch in Europa immer drohender. Man ging dieser Entwicklung nicht auf den Grund, sondern versuchte pragmatisch und gar nicht konsequent Dienste auch Laien zu übertragen, die bisher nur vom Priester verrichtet wurden. Nichtgeweihte wurden beauftragt zu Kommunionspendung und Begräbnisdienst, außerhalb der Messe zu predigen und Wortgottesdienste (wo es keine Sonntagsmesse mehr gab) zu leiten, an der Pfarrleitung teilzunehmen, in bestimmten Fällen der Ehe zu assistieren und sogar die feierliche Taufe (vormals ein Vorrecht des Bischofs!) zu spenden. Dies geschah, um das kirchliche Leben in Regionen großen Priestermangels überhaupt noch aufrechtzuerhalten. Nun wurde aber der Notfall oft zum Regelfall und es ist verständlich, dass Nichtgeweihte, wenn sie immer mehr Verantwortung in der Seelsorge übernehmen sollen, auch das verlangen, was zu ihrem Dienst notwendig ist. Mir scheint, als hätte man einst Laien wie „Gastarbeiter“ in der Priesternot gerufen, in der Hoffnung, diese werde nicht lange dauern. Jetzt gibt man ihnen die Schuld, dass der Priestermangel durch sie noch größer geworden sei.

Gleichzeitig hat man versäumt, neue „Dienste“ für eine differenziertere Pastoral zu schaffen. Wohl hat Paul VI. 1972 im Motu proprio „Ministeria quaedam“ die früheren „niederen Weihen“ neu geordnet und damit Dienstämter ausdrücklich für Laien eröffnet. Gesamtkirchlich nannte er nur Akolythat und Lektorat. Bischofskonferenzen aber könnten, so hieß es im Dekret, noch andere Dienstämter, die in ihrer Region notwendig oder nützlich sind, vom Hl. Stuhl erbitten. Die Schweizer Bischöfe haben damals ein Dienstamt für Pastoralassistenten erbeten, was aber abgelehnt wurde. Vermutlich, weil diese Dienstämter ja „gemäß einer verehrungswürdigen Tradition“, wie es von Rom hieß, auch weiterhin nur Männern vorbehalten blieben. In der Instruktion wird nun ausdrücklich verboten, Sendungsfeiern für Pastoralassistenten ähnlich dem Ritus der Beauftragung zum Akolythat und Lektorat zu gestalten. Sind Religionslehrer oder Pastoralassistenten für das Leben der Kirche weniger bedeutend als Lektoren und Ministranten? Sollte nicht gerade eine liturgische Beauftragung der Gemeinde die Bedeutung dieses Dienstes zeigen?

Die Ortskirchen haben in der nachkonziliaren Erneuerung ihre Verantwortung zu wenig wahrgenommen

Seit den 70er Jahren ist die Zahl der Priesteramtskandidaten stark zurückgegangen, die Zahl der Theologiestudenten, Frauen und Männer, aber gestiegen. Etwa 1500 studieren z. B. heute in Wien Theologie, kaum 100 aber werden geweiht. Viele Nichtgeweihte gehen in den Schuldienst oder in den pfarrlichen Gemeindedienst.

Die Diözesen – leider auch die Erzdiözese Wien – haben es verabsäumt, Pastoralkonzepte zu entwerfen, um jenen akademisch gebildeten Laientheologen eine ihrem Ausbildungsgang adäquate Verantwortung zu übertragen. Von einigen zentralen Posten ab-

gesehen, gibt es für sie kaum Aufstiegsmöglichkeiten. Sie sind einem Kaplan zu vergleichen, der allerdings nur kurz in dieser untergeordneten Stellung bleibt, und da schon durch seine Weihe höheres Ansehen genießt. Das hat zu wachsenden Spannungen zwischen Priestern und nichtgeweihten Theologen geführt. Die Laien fühlen sich als „Lückenbüßer" und von der Kirchenleitung zu wenig ernst genommen.
In dieser Spannung gab es auch Übergriffe. Aus der Not der Situation, oder auch aus „Ideologie", wurden bestehende Bestimmungen nicht eingehalten. Bischöfe waren oft selber schuld daran, weil sie zuerst großzügig der Entwicklung zugesehen haben, später aber die Schwierigkeiten nicht selbst lösen wollten, sondern sich lieber an Rom wandten. So war es auch jetzt. Das Vatikandokument will klare und verbindliche Antwort geben „auf drängende und zahlreiche Anfragen von Bischöfen, Priestern und Laien, die gebeten haben, hinsichtlich neuer Formen ‚pastoraler' Tätigkeiten von Laien im Bereich der Pfarreien und Diözesen aufgeklärt zu werden."

Aus Angst vor Neuem sieht man die Zeichen der Zeit nicht

In den einst klassischen Missionsgebieten leisten Tausende Katechisten wesentliche Verkündigungsarbeit. In Lateinamerika leiten Ordensfrauen und Laien weitgehend selbständig Pfarrgemeinden. In den „reichen" Ländern Europas studieren viele hundert Männer und Frauen Theologie. Es hat noch nie so viel theologisch gebildete und in der Seelsorgsarbeit engagierte Laien gegeben wie heute. Das ist ein deutliches Zeichen der Zeit, das nicht übersehen werden darf. Es ermöglicht den Dienst in der Kirche reicher als bisher zu entfalten, neue Dienste mit eigener Verantwortung einzuführen. Und wahrscheinlich sind unter diesen theologisch gebildeten Laien auch neue Berufungen zum Priesteramt zu finden, denen man durch eine Änderung der kirchlichen Gesetze nun den Zugang zur Weihe ermöglichen sollte.

Ich hätte mir von der römischen Instruktion gewünscht, dass sie den lokalen Kirchen Mut macht, die Zeichen der Zeit zu erkennen und Neues regional zu versuchen. So aber hat man Althergebrachtes festgeschrieben, engagierten Laien den Mut genommen und damit wohl auch dem Wehen des Geistes in unserer Zeit Schranken gesetzt.

Publiziert: H. Krätzl, Dem Wehen des Geistes Schranken gesetzt. In: Die Furche, 1. Jänner 1998. Später wurde dieser Artikel mit meiner Zustimmung abgedruckt in: P. Hünermann, Und dennoch ... Freiburg 1998, 128–131. Im gleichen Sinn sprach ich beim besagten Jubiläum der Laientheologen am 22. November 1997 unter dem Titel: „Theologen ohne Weihe – ein Zeichen der Zeit". Ich ermutigte sie dabei, sich auch weiterhin mit all ihren Fähigkeiten für die Seelsorge einzusetzen.

Dramatisches Ringen um die rechte Pastoral an wieder verheirateten Geschiedenen[260]

Seit vielen Jahren meldete ich mich in großer Sorge immer wieder zu diesem pastoralen Problem in der Öffentlichkeit. Zum ersten Mal tat ich dies auf Ersuchen des Wiener Priesterrates am 15. November 1978. Ich sollte damals über den „derzeitigen Stand der Diskussion“ referieren. Grundlage für meine Ausführungen waren vor allem Aussagen der Dogmatiker Joseph Ratzinger, Karl Lehmann und Walter Kasper. Das Referat wurde gedruckt und ich wurde daraufhin in verschiedene Diözesen eingeladen, vor Priestern und anderen Seelsorgern darüber zu sprechen. Später meinten manche, mein diesbezügliches Engagement in einer so heiklen Frage sei der Grund dafür gewesen, dass ich nicht Nachfolger von Kardinal König als Erzbischof von Wien geworden bin, was einige erwartet hatten. Diesem Gerücht habe ich aber nie Glauben geschenkt.

Seit Ende der 70er Jahre wurde dieses Thema weltweit in zahllosen Büchern, Artikeln und Tagungen behandelt. Es ging immer darum, der radikalen Weisung Jesu über die Unauflöslichkeit der Ehe gerecht zu werden, aber andererseits auch den betroffenen Menschen in ihrer schwierigen Lebenssituation zu helfen. Unter vielen Theologen und Praktikern wuchs ein Konsens hinsichtlich pastoraler Lösungen im Einzelfall, die römischen Weisungen diesbezüglich wurden aber strikter. Im Folgenden möchte ich die Geschichte dieses Ringens um die rechte Pastoral skizzieren und damit 23 Jahre nach meinem Vortrag im Wiener Priesterrat wieder den „derzeitigen Stand der Diskussion“ aufzeigen.

---

260 Die bislang beste Zusammenfassung der theologischen Argumente zum Thema mit einer sehr ausführlichen Dokumentation der wichtigsten offiziellen Texte und einer reichhaltigen Auswahlbibliographie zur Thematik in: Th. Schneider (Hg.), Geschieden – Wiederverheiratet – Abgewiesen? Antworten der Theologie. Freiburg 1995. Erschienen in der Reihe „Quaestiones disputatae“ Nr. 157. Im Folgenden werden verschiedene Texte daraus zitiert unter der Quellenangabe „Schneider“.

Das Ringen um eine rechte Lösung dieses seelsorglichen Problems verlief in den letzten Jahrzehnten in der röm.-kath. Kirche wirklich dramatisch. Da immer mehr Ehen zerbrachen, wuchs die Zahl der Betroffenen. Ihre Situation in der Kirche war dann folgende: Kam eine Annullierung der ersten Ehe nicht in Frage, so war eine zweite Ehe kirchenrechtlich nicht möglich. Gingen die Geschiedenen dennoch eine zweite Verbindung (etwa vor dem Staat) ein, waren sie von den Sakramenten ausgeschlossen und hatten auch beruflich Sanktionen zu erwarten, falls ihr Dienstgeber eine kirchliche Stelle war. Die Seelsorger wiesen ihre Bischöfe immer wieder auf dieses so drängende Problem hin und baten um neue pastorale Weisungen. Theologen aus den verschiedenen Arbeitsgebieten suchten Lösungen, die auch gesamtkirchlich vertretbar wären. In Reaktion darauf wuchs die Zahl lehramtlicher Entscheidungen. Sie zeigten, wie wichtig dieses Problem für die Kirche ist, für die seelsorgliche Praxis boten sie aber zu wenig Hilfen. Die Dramatik spitzte sich zu. Viele Betroffene, oft tief gläubige Katholiken, sahen sich in ihrer schweren existentiellen Krise nicht verstanden und fühlten sich nicht nur von den Sakramenten, sondern auch von manchen lieb gewordenen Aktivitäten in der Gemeinde ausgeschlossen. Theologen aber, die neue Lösungen vorschlugen, gerieten in Verdacht, gegen das kirchliche Lehramt zu wirken. Wie jemand über die Pastoral an wieder verheirateten Geschiedenen dachte, wurde in den letzten Jahren gleichsam zum Kriterium seiner „Rechtgläubigkeit“.
Ich möchte nun die wichtigsten Stationen dieses dramatischen Ringens aufzeigen.

Theologen leisteten Vorarbeit für gesamtkirchlich vertretbare Lösungen

Die Katholische Akademie in Bayern – die übrigens nach dem Konzil besonders mutig zu allen brisanten Fragen in der Kirche Stellung nahm – veranstaltete 1971 eine Tagung zum Thema „Ehe – Wirklichkeit und Norm“. Die Hauptreferenten waren der Bibeltheologe Rudolf Schnackenburg, die beiden Dogmatiker Joseph

Ratzinger und Karl Lehmann, der Moraltheologe Franz Böckle und der Kirchenrechtler Alexander Dordett. Die Referate wurden später überarbeitet und publiziert.[261] Man ahnte damals kaum, welch historisches Gewicht dieses Büchlein noch bekommen sollte. Sehr behutsam beleuchtete man die wachsenden Probleme zerbrechender Ehen auf dem Hintergrund des jeweiligen theologischen Faches. Es wurde kein Zweifel darüber gelassen, dass die Ehe unauflöslich sei und die Kirche unter dieser Forderung Jesu steht. Aber diese Kirche Jesu Christi war immer schon – von allem Anfang an – mit „Notfällen" konfrontiert und hat bei auftauchenden Eheproblemen nach Lösungen gesucht. Dies wollte man aufzeigen und wohl gerade dadurch zu einem Weiterdenken anregen.

Joseph Ratzinger steuerte den dogmengeschichtlichen Befund zur Frage der Unauflöslichkeit der Ehe bei und was das für die Gegenwart bedeute. Er stellte dabei fest, dass sich die „Väter" in Ost und West von Anfang an durchaus einig waren, dass die Trennung einer christlichen Ehe und eine Wiederverheiratung zu Lebzeiten des Gatten unmöglich ist. Er berichtete aber auch, dass es „unterhalb der Schwelle der klassischen Lehre, sozusagen unterhalb und innerhalb dieser eigentlich die Kirche bestimmenden Hochform, offensichtlich immer wieder in der konkreten Pastoral eine geschmeidigere Praxis gegeben" habe, „die zwar nicht als dem wirklichen Glauben der Kirche ganz konform angesehen, aber doch auch nicht schlechthin ausgeschlossen wurde".[262] In seinen Schlussfolgerungen betonte er nochmals, dass die Ehe von Getauften unauflöslich ist. Die Kirche des Neuen Bundes hat den Glauben der Schrift gemäß zu verkünden, „aber sie muss ihr konkretes Leben (wegen der ‚Herzenshärtigkeit') oft genug ein Stück unterhalb der Schwelle des Schriftwortes beginnen. So kann sie in klaren Notsituationen begrenzte Ausnahmen zur Vermeidung von noch Schlimmerem zulassen".[263] Und mit „al-

---

[261] F. Henrich, V. Eid (Hg.), Ehe und Ehescheidung. Diskussion unter Christen. Münchener Akademie-Schriften Bd. 59, München 1972

[262] J. Ratzinger, Zur Frage der Unauflöslichkeit der Ehe. In: F. Henrich, V. Eid (Hg.), Ehe und Ehescheidung, München 1972, 40

[263] Ratzinger, 53

ler gebotenen Vorsicht“ formulierte er dann einen konkreten Vorschlag:
„Wo eine erste Ehe seit langem und in einer für *beide* Seiten irreparablen Weise zerbrochen ist; wo umgekehrt eine hernach eingegangene zweite Ehe sich über längere Zeit hin als eine sittliche Realität bewährt hat und mit dem Geist des Glaubens, besonders auch in der Erziehung der Kinder, erfüllt worden ist (so dass die Zerstörung dieser zweiten Ehe eine sittliche Größe zerstören und moralisch Schaden anrichten würde), da sollte auf einem außergerichtlichen Weg auf das Zeugnis des Pfarrers und von Gemeindegliedern hin die Zulassung der in einer solchen zweiten Ehe Lebenden zur Kommunion gewährt werden.“[264]
In meinem Vortrag vor dem Wiener Priesterrat ging ich vor allem von diesem Referat von Joseph Ratzinger aus. Ich berief mich weiter auf die Argumente von Karl Lehmann auf ebendieser Tagung und ergänzte sie noch durch seine Darlegungen in anderen Publikationen.[265] Schließlich zitierte ich auch, was Walter Kasper darüber in seinem Buch zur Theologie der christlichen Ehe 1977 sagte.[266] Freilich schränkte Kasper damals ein, „solche theologischen Überlegungen können keine Handlungsnormen für die pastorale Praxis setzen. Sie sind jedoch angesichts der gegenwärtigen pastoralen Situation als Beitrag des Theologen nötig und in Anbetracht der theologischen Situation auch möglich.“
Im Lauf der 70er Jahre wurde dieses pastorale Problem in vielen Diözesansynoden und -foren behandelt. Auch seitens der Familienorganisationen suchte man nach Lösungen für solche, deren Ehen unheilbar zerrüttet waren. Für den deutschen Sprachraum waren sicher vor allem die Überlegungen auf der „Würzburger Synode“ 1976[267] im Synodenbeschluss „Christlich gelebte Ehe und Familie“ wegweisend. Im Wesentlichen kam man immer wieder auf Argumente zurück, wie sie in den Referaten in der Bayrischen

[264] Ratzinger, 54
[265] z. B. in: K. Lehmann, Gegenwart des Glaubens, Mainz 1974, 291–293
[266] W. Kasper, Zur Theologie der christlichen Ehe. Mainz 1977, 80–83
[267] So wurde in Kurzform die „Gemeinsame Synode der Bistümer in der Bundesrepublik Deutschland“ genannt

Akademie gebracht worden waren. Die Würzburger Synode sah sich zwar angesichts der gesamtkirchlichen Bedeutung des Problems außer Stande, ein konkretes Votum zum Thema zu formulieren, sie bat daher die Deutsche Bischofskonferenz, „die dringend notwendige Klärung weiter zu betreiben und baldmöglichst ein Votum in dieser Frage an den Papst weiterzuleiten. Unabhängig davon bittet die Synode den Papst, eine pastoral befriedigende Lösung herbeizuführen."[268]

Eine Bischofssynode, von der man Fortschritte erwartete

Vom 25. September bis 25. Oktober 1980 tagte in Rom eine Bischofssynode zum Thema „Die Aufgaben der christlichen Familie in der heutigen Welt". Die Erwartungen an diese Synode waren überaus groß, vor allem in Bezug auf zwei Fragen: Empfängnisregelung und Pastoral an wieder verheirateten Geschiedenen. Es war eine der bestvorbereiteten Synoden. Das Synodensekretariat hatte ein Jahr vorher eine Handreichung an alle Bischofskonferenzen ausgesandt. Die Österreichische Bischofskonferenz – ich war damals schon Mitglied – hatte alle großen katholischen Familienorganisationen um Voten dazu gebeten, sich diese dann weitgehend zu Eigen gemacht und nur vereinzelt verändert oder ergänzt.[269] Nach sehr ausführlichen Debatten in der Bischofskonferenz wurde Bischof Bruno Wechner, der für Familienfragen zuständig war, schließlich eine gemeinsam erarbeitete Stellungnahme der österreichischen Bischöfe nach Rom mitgegeben.

In der Bischofssynode selbst scheint es eine sehr große Gemeinsamkeit in der Sorge um das Problem der wieder verheirateten Geschiedenen gegeben zu haben. Kardinal Joseph Ratzinger – damals Erzbischof in München – hat bald nach seiner Rückkehr in seine Diözese am 8. Dezember 1980 einen Brief an alle im pastoralen Dienst Stehenden geschrieben. Darin weist er auf eine

268 Synodenbeschluss „Christlich gelebte Ehe und Familie" Nr. 3.5.3, zit. nach Schneider, 368

269 Vgl. dazu ein Schreiben von Bischof Bruno Wechner von Feldkirch an alle Mitglieder der Österr. Bischofskonferenz vom 8. Februar 1980

Resolution der Synode hin, die ihm sehr wichtig erschien. „Von pastoraler Sorge um diese Gläubigen getrieben wünscht die Synode, dass eine neue und noch gründlichere Untersuchung – unter Berücksichtigung auch der Praxis der Ostkirchen – angestellt werde mit dem Ziel, dass die pastorale Barmherzigkeit noch umfassender werde.“[270] Gerade das Beispiel der Ostkirche hat Ratzinger auch in der Bayrischen Akademie zu den damaligen Schlussfolgerungen bewogen.

Bei allen Bischofssynoden ist es üblich, dass die Synodenväter dem Papst ihre Vorstellungen und Resolutionen überreichen und dieser dann in einem Apostolischen Schreiben die verbindlichen Folgerungen für die Gesamtkirche erlässt. Mit besonderer Spannung erwartete man diesmal dieses Schreiben. Am 22. November 1981 erschien es unter dem Titel *„Familiaris consortio“*.[271] In Nr. 84 behandelt der Papst das Problem der wieder verheirateten Geschiedenen. Die Analyse ist sehr differenziert. Der Papst verpflichtet zunächst die „Hirten“ „um der Liebe zur Wahrheit willen“, die verschiedenen Situationen gut zu unterscheiden. So gibt es eben einen Unterschied, ob jemand trotz aufrichtigem Bemühen, die frühere Ehe zu retten, völlig zu Unrecht verlassen wurde, oder ob jemand eine kirchlich gültige Ehe durch eigene schwere Schuld zerstört hat. Der Papst denkt auch an solche, die im Hinblick auf die Erziehung der Kinder eine neue Verbindung eingegangen sind. Und er hält es für möglich, dass manche diese neue Verbindung eingehen, weil sie die subjektive Gewissensüberzeugung haben, die frühere, unheilbar zerstörte Ehe sei ohnehin niemals gültig gewesen. Eine solch differenzierte und realistische Situationsschilderung war tatsächlich ein Fortschritt. Aufhorchen ließ auch der Verweis auf die subjektive Gewissensüberzeugung, die sich ja mit der objektiven Rechtslage nicht immer decken muss.

Weiter ermahnt der Papst die Seelsorger, alles zu tun, damit sich

[270] J. Ratzinger, Brief an die Priester, Diakone und alle im pastoralen Dienst Stehenden. München 1980, 13f.

[271] Johannes Paul II., Apostolisches Schreiben ‚Familiaris consortio‘ v. 22. Nov. 1981. Abg. FC

die Geschiedenen, auch wenn sie in einer neuen Verbindung leben, nicht als von der Kirche getrennt fühlen, „da sie als Getaufte an ihrem Leben teilnehmen können, ja dazu verpflichtet sind". Konkret werden folgende Beispiele aufgezählt: Das Wort Gottes hören, am Messopfer teilnehmen, regelmäßig beten, das Gemeindeleben vor allem in Werken der Nächstenliebe unterstützen, die Kinder im christlichen Glauben erziehen und den Geist der Buße pflegen, „um so von Tag zu Tag die Gnade Gottes auf sich herabzurufen". Da diese Aufzählung wohl beispielhaft und nicht taxativ ist, schloss man, dass die Betroffenen noch viel mehr im Gemeindeleben tun können.

Auf diese so mitfühlenden pastoralen Weisungen aber folgt im päpstlichen Schreiben eine sehr hart klingende Entscheidung bezüglich des Sakramentenempfanges. Es wird nämlich die „auf die Heilige Schrift gestützte" Praxis der Kirche bekräftigt, die wieder verheirateten Geschiedenen nicht zum eucharistischen Mahl zuzulassen. Dafür werden zwei Gründe angeführt. Zum einen, weil ihr Lebensverhältnis im objektiven Widerspruch zum Bund der Liebe zwischen Christus und der Kirche stehen, den die Eucharistie sichtbar und gegenwärtig macht. Zum anderen, weil durch die Zulassung zur Eucharistie bei den anderen Gläubigen hinsichtlich der Lehre der Kirche über die Unauflöslichkeit der Ehe Irrtum und Verwirrung entstehen könnten. Hier wird, anders als vorher, nur vom objektiven Gegensatz gesprochen, nicht mehr vom subjektiven Befinden. Der Papst wird aber noch konkreter: „Die Wiederversöhnung im Sakrament der Buße, das den Weg zum Sakrament der Eucharistie öffnet, kann nur gewährt werden, wenn beide Partner sich verpflichten, völlig enthaltsam zu leben." Dieser Satz gab zu vielen Diskussionen Anlass. Ist die Verpflichtung zur Enthaltsamkeit in einer so engen partnerschaftlichen Bindung lebbar? Heißt das nun, dass die Partner, wenn sie nicht enthaltsam leben, ständig im Stand der schweren Sünde sind?

„Familiaris consortio" hat wie kaum ein anderes postsynodales Schreiben ein überaus starkes Echo gefunden. Die Seelsorger hatten sich durch den Aufruf des Papstes, den Betroffenen in „fürsorgender Liebe" beizustehen, zu Recht zu einer erneuerten

Pastoral herausgefordert gefühlt, gleichzeitig aber auch die fast unlösbare Spannung zwischen Barmherzigkeit und Recht empfunden.

Die österreichischen Bischöfe befassten sich in ihrer Frühjahrskonferenz 1982 ausführlich mit dem Papstschreiben. Die vielen positiven Anregungen gaben sie an die Seelsorger und die Familieninstitutionen weiter. Was die Zulassung zu den Sakramenten anlangt, hofften sie aber, dass hier noch weitere Überlegungen stattfinden werden, wie es ja auch die Synode selbst gewünscht hatte. So schrieb Kardinal König als Vorsitzender der Österreichischen Bischofskonferenz im April 1982 an die Glaubenskongregation: „Die österreichischen Bischöfe erwarten sich – wohl mit vielen andern Bischofskonferenzen – von solchen angekündigten Untersuchungen wertvolle Hilfe für ein in der Pastoral immer schwieriger werdendes Problem."[272] Von einer solchen Untersuchung hat man in den folgenden Jahren offiziell nichts mehr gehört, obwohl die Frage selbst immer wieder in Synoden, Diözesanforen, Bischofskonferenzen, Pastoral- und Priesterräten mit Nachdruck aufgeworfen wurde.

Die Bischöfe der Oberrheinischen Kirchenprovinz machen einen neuen Vorstoß

Jahre später hatten auch die Diözesansynode von Rottenburg-Stuttgart, das Freiburger Diözesanforum und die Diözesanversammlung im Bistum Mainz das Anliegen der Pastoral an wieder verheirateten Geschiedenen wieder mit aller Dringlichkeit diskutiert. Aus gemeinsamer Sorge entschlossen sich nun die drei Bischöfe, Erzbischof Oskar Saier und die Bischöfe Karl Lehmann und Walter Kasper, im Juli 1993 ein gemeinsames Hirtenschreiben zu dieser Pastoral herauszugeben.[273] Die Argumentationslinie in

---

[272] Brief von Kardinal Dr. Franz König v. 6. April 1982 an Erzbischof Jean Jerome Hamer, Sekretär der Kongregation für die Glaubenslehre

[273] Gemeinsames Hirtenschreiben der Bischöfe der Oberrheinischen Kirchenprovinz zur Pastoral mit Geschiedenen und Wiederverheirateten Geschiedenen vom 10. Juli 1993. Dokumentiert in: Schneider, 377–394

diesem gemeinsamen Hirtenschreiben ist ganz ähnlich wie jene damals in der Bayrischen Akademie, die weiterführenden Gedanken aus „Familiaris consortio“ sind sorgfältig eingearbeitet. Nur was die Teilnahme an den Sakramenten betrifft, unterscheiden die Bischöfe anders als in „Familiaris consortio“, nämlich zwischen der allgemein gültigen Ordnung und den „oft sehr komplexen Einzelfällen“. In seelsorgerlichen Gesprächen ist zu klären, so meinen sie, ob das, was im Allgemeinen gilt, auch in der konkreten Situation zutrifft. In solchen Fällen „kann ein Gespräch den Betroffenen helfen, zu einer persönlich verantworteten Gewissensentscheidung zu finden, die von der Kirche und der Gemeinde zu respektieren ist. Andere auf dem Weg zu einer solchen reifen Gewissensentscheidung zu begleiten, ist Dienst und Auftrag der Seelsorge.“[274]

Das gemeinsame Hirtenschreiben der drei Bischöfe fand im kirchlichen Bereich und darüber hinaus ein überaus positives Echo. Eine Debatte, die schon fast zum Schweigen gebracht worden war, wurde nun auf sehr hohem theologischen Niveau wieder begonnen. Vor allem aber wurde dadurch ein Zeichen gesetzt, wie man Beschlüsse von diözesanen Foren, die die Gesamtkirche betreffen, nicht „abschiebt“, sondern in Eigenverantwortung regional aufarbeitet und nach Lösungen sucht. Aber das Ringen um die rechte Pastoral sollte nochmals an Dramatik gewinnen.

Ein Brief aus Rom an alle Bischöfe der Welt scheint den „Vorstoß“ vom Oberrhein zu stoppen

Ende Dezember 1993 erging ein Schreiben der Kongregation für die Glaubenslehre an die drei Bischöfe mit dem Hinweis, in ihrem Hirtenschreiben und den beigefügten „Grundsätzen“ sei die

[274] Gemeinsames Hirtenschreiben, Kap. IV, zit. nach Schneider, 381. Die österr. Bischöfe hatten in einer Erklärung zum Abschluss der Bischofssynode 1980 übrigens Ähnliches gesagt: „Nach der traditionellen Praxis der Kirche können sie aber nicht am vollen sakramentalen Leben teilnehmen, es sei denn, es liegen besondere Verhältnisse vor, die jeweils im Gespräch mit einem erfahrenen Priester der näheren Klärung bedürfen.“ Wiener Diözesanblatt 118 (1980) Nr. 12, S. 168

katholische Lehre „nicht voll durchgehalten“ worden. Es folgten mehrere sehr eingehende Gespräche in Rom, vor allem mit Kardinal Joseph Ratzinger, dem Präfekten der Glaubenskongregation. Die theologische Grundlegung des Hirtenschreibens wurde nicht prinzipiell bestritten, in der Frage des Kommunionempfanges konnte jedoch keine volle Einigung erzielt werden. Bei diesen Gesprächen kündigte die Glaubenskongregation eine „Erklärung“ zu diesem Thema für die Gesamtkirche an. Den Bischöfen wurde der Entwurf am 14. September zur Kenntnis gebracht.[275] Man versicherte den Bischöfen, diese Erklärung richte sich nicht speziell gegen ihre Positionen, sondern allgemein gegen Meinungen, die in der Gesamtkirche irrtümlich verbreitet worden sind.

In Kenntnis dieser „Erklärung“ verfassten die oberrheinischen Bischöfe nach ihrer Rückkehr aus Rom im Oktober nun einen zweiten Brief an die hauptamtlichen Seelsorger ihrer Diözesen und legten das genannte Schreiben der Glaubenskongregation gleich bei.[276] Der „Zweite Brief“ wurde in den Medien manchmal polemisch als ein von Rom verlangter „Rückzieher“ bezeichnet, was er aber in Wirklichkeit nicht war. Dieser Brief stellt vielmehr in einer überraschenden Offenheit die sachliche Diskussion *in* und *mit* Rom dar und weist trotz aller gegenteiligen Befürchtungen hoffnungsvoll in die Zukunft, wie ich noch zeigen will. Das Schreiben der Glaubenskongregation allerdings, das dann im Oktober tatsächlich an alle Bischöfe der Welt erging, erweckte bei vielen den Eindruck, nun sei damit ein Schlussstrich unter die vielen bisher mühsam erarbeiteten pastoralen Lösungsversuche gezogen. Rom habe gesprochen und damit sei nun die Debatte beendet.

Was war die Kernaussage dieser römischen Erklärung? Wie der Titel des Schreibens schon andeutet, ging es vor allem um die

---

[275] Diese Erklärung wurde dann erst später unter dem Titel: „Kongregation für die Glaubenslehre. Schreiben an die Bischöfe der katholischen Kirche über den Kommunionempfang von wiederverheirateten geschiedenen Gläubigen“ am 15. Okt. 1994 veröffentlicht. Dok. bei Schneider, 401–405

[276] Die Bischöfe der oberrheinischen Kirchenprovinz an die hauptberuflich in der Seelsorge tätigen Damen und Herren in den Diözesen Freiburg i. Br., Mainz und Rottenburg-Stuttgart im Oktober 1994. Dok. bei Schneider, 406–411. Wird künftig hier zit. als „Zweiter Brief“.

Zulassung zum Kommunionempfang und die Frage des eigenen Gewissensurteils. Konkret heißt es: „Wenn Geschiedene zivil wieder verheiratet sind, befinden sie sich in einer Situation, die dem Gesetz Gottes objektiv widerspricht. Darum dürfen sie, solange diese Situation andauert, nicht die Kommunion empfangen."[277] Wenn sie es dennoch für möglich halten, „haben die Hirten und Beichtväter die ernste Pflicht, sie zu ermahnen, dass ein solches Gewissensurteil in offenem Gegensatz zur Lehre der Kirche steht. Sie müssen diese Lehre zudem allen ihnen anvertrauten Gläubigen in Erinnerung rufen."[278] Das bedeute aber nicht, so schwächt man ab, dass der Kirche die Situation dieser Gläubigen nicht am Herzen liege. Andererseits ist es notwendig, den betreffenden Gläubigen klar zu machen, dass ihre Teilnahme am Leben der Kirche nicht allein auf die Frage des Kommunionempfanges reduziert werden darf. Es werden dann die Möglichkeiten der sonstigen Beteiligung am kirchlichen Leben wie in FC aufgezählt, aber hier noch durch den Hinweis ergänzt, man möge den Betroffenen auch zu einem tieferen Verständnis der „geistlichen Kommunion" verhelfen.

Die oberrheinischen Bischöfe gingen in ihrem zweiten Brief an die Seelsorger sehr genau auf dieses Schreiben der Glaubenskongregation ein, aber widerriefen nichts, sondern präzisierten ihren Standpunkt. Zunächst wiesen sie auf viele grundlegende Gemeinsamkeiten mit Aussagen im römischen Schreiben hin. Was die schwierige und von Rom kritisierte Frage des Kommunionempfanges anlangt, stellten sie klar, sie hätten ja nicht von einer amtlichen „Zulassung" gesprochen, sondern von einem „Hinzutreten", das ihnen unter gewissen Bedingungen nach sorgfältiger Gewissensprüfung als möglich erschien. „Wir glauben auch, dass wir eine solche Lösung, die freilich von allen Beteiligten eine hohe Verantwortungsbereitschaft erfordert, im Sinne eines immer notwendigen Ausgleichs von Gerechtigkeit und Barmherzigkeit angehen können und müssen."[279] Da die Glaubenskongregation,

---

277 ebd. n. 4
278 ebd. n. 6
279 Schneider, 408

wie das eben ergangene Schreiben zeigt, aber dieser Position bezüglich des Kommunionempfanges nicht zustimmen kann, „müssen wir zur Kenntnis nehmen, dass einige Aussagen in unserem Hirtenschreiben universalkirchlich nicht akzeptiert sind und daher nicht verbindliche Normen seelsorglichen Handelns sein können."[280] Sie sprechen in eindrucksvoller Weise von einer doppelten Verpflichtung, die sie haben. Eine gegenüber der allgemein gültigen Lehre der Kirche und eine gegenüber den Menschen in existentiell schwierigen Situationen. Und für die Zukunft versprechen sie, auch weiterhin um konsensfähige, theologisch und pastoral verantwortbare Lösungen bemüht zu sein.[281] Aber dürfen sie das eigentlich noch? Und in welche Richtung könnte dieses Bemühen gehen?

Die oberrheinischen Bischöfe weisen den Weg, wie in der Zukunft die so notwendigen Bemühungen weitergehen können

Sie gaben nach den Auseinandersetzungen mit Rom und dem Schreiben der Glaubenskongregation von 1994 nicht auf, sondern versprachen, sich weiter um konsensfähige und pastorale Lösungen zu bemühen. Gleichzeitig zeigten sie, wo nun das Hauptproblem liegt, nämlich in der Spannung zwischen objektiven Gegebenheiten und der subjektiven Verfasstheit.

Zu weiteren Bemühungen sehen sie sich nicht nur berechtigt, sondern verpflichtet, und zwar aus der *Mitverantwortung der Teilkirchen für die Gesamtkirche.* Als einzelne Bischöfe und gemeinsam in der oberrheinischen Kirchenprovinz wissen sie sich in die weltumspannende kollegiale Gemeinschaft aller Bischöfe unter dem Nachfolger des Apostels Petrus eingefügt. „Dies erspart und verbietet uns nicht – wie auch zahlreiche von uns angedeutete Beispiele aus der Geschichte der Kirche zeigen – das eigene verantwortliche Suchen nach tragbaren pastoralen Lösungen in schwierigen Situationen. So haben wir unseren ‚Vorstoß' in Sorge

[280] ebd. 409
[281] ebd. 410

um die betroffenen Menschen, aber auch um die rechte Auslegung und Anwendung des Evangeliums verstanden."[282] Und eine weitere Auslegung des Evangeliums tut Not, da noch „eine Reihe von bibeltheologischen, systematisch-theologischen und kirchenrechtlichen Problemen offen" sind. Sie werden nicht allein vorgehen, versprechen sie, sondern gemeinsam mit den Mitarbeitern in der Pastoral und den zuständigen Gremien. Auch die theologischen Wissenschaften fordern sie auf, sich weiterhin mit diesen Fragen zu beschäftigen.[283] Das zeigt, dass das letzte Wort zu diesem brennenden Problem der Seelsorge noch nicht gesprochen ist, aber auch, wie Verantwortung heute nur gemeinsam von Bischöfen und Theologen, Seelsorgern und Betroffenen getragen werden kann.

Ein ähnliches Beispiel, aber diesmal in Eigenverantwortung einer Diözese, hat kurz darauf die Diözese Bozen-Brixen gegeben. 1993 ging dort eine Diözesanversammlung zu Ende, auf der ebenfalls das Problem der Geschiedenenpastoral zur Sprache gekommen war. Hierauf beauftragte Diözesanbischof Wilhelm Egger eine Arbeitsgruppe, die Situation im Hinblick auf den Kommunionempfang wieder verheirateter Geschiedener zu studieren. Die Arbeitsgruppe begann ihre Tätigkeit am 21. Nov. 1994 und setzte sich aus Seelsorgern und Moraltheologen, aus Betroffenen und Fachleuten der Familienarbeit sowie aus Kirchenrechtlern zusammen. Unter den Moraltheologen arbeitete besonders Prof. Dr. Karl Golser, der früher selbst mehrere Jahre in der Glaubenskongregation tätig war. Die Ergebnisse dieser Arbeit ließ Bischof Wilhelm Egger am 2. April 1998 in Form einer Handreichung „Das seelsorgliche Gespräch mit wieder verheirateten Geschiedenen" mit einem persönlichen Geleitwort veröffentlichen.[284] Diese Handreichung scheint mir von der Situationsanalyse, den theologischen Ansätzen und der pastoralen Sensibilität her eine der besten dieser Art zu sein. Schon im Geleitwort wird

[282] Zweiter Brief an die Seelsorger, Nr. 6. Zit. bei Schneider, 409

[283] Schneider, 410

[284] Das seelsorgliche Gespräch mit wiederverheirateten Geschiedenen. Eine Handreichung. Hg. vom Seelsorgeamt der Diözese Bozen-Brixen, Bozen 1998

die Bedeutung des Gewissens hervorgehoben und seine rechte Bildung. „Dabei ist zu unterscheiden zwischen der objektiven Ordnung der Normen und der subjektiven Verwirklichung im konkreten Leben, was zu großen Spannungen führen kann."[285] Im pastoralen Gespräch soll es nicht darum gehen, ein „Kommunionverbot" oder eine „offizielle Zulassung" auszusprechen. Aber es wird eigens erwähnt, „dass die letzte Entscheidung über die eigene Disposition zum Kommunionempfang immer im persönlichen Gewissen gefällt wird, das allerdings um den Gesamtzusammenhang des Problems weiß und entsprechend informiert und geformt ist".[286] Freilich kann man auch von dieser Handreichung keine direkte gesamtkirchliche Lösung ableiten. Sie wirbt sogar um Geduld in diesen Fragen, „bis die Gesamtkirche auf dem Weg zu einer überzeugenderen Pastoral allen Dimensionen der Problematik gerecht werden kann". Aber eine Teilkirche gibt hier ein bemerkenswertes Beispiel der Eigenverantwortung in einem so wichtigen pastoralen Problem und leistet damit, wie es scheint, eine wichtige Vorarbeit für allgemeine Lösungen.

Spannung zwischen objektiver Gegebenheit und persönlichem Gewissensentscheid

Beide Lösungsversuche, am Oberrhein und in Südtirol, konzentrieren sich im Letzten auf das rechte Verhältnis von allgemein gültiger objektiver Norm und persönlicher Gewissensentscheidung. Das zeigt aber nun, dass künftig die *Lehre vom Gewissen*, die ja das Konzil in seiner Bedeutsamkeit unterstrichen hat, weiterzuentfalten ist. Im Zweiten Brief an die Seelsorger schrieben die Bischöfe am Oberrhein: „Die Menschen unserer Zeit haben für die Vermittlung zwischen beiden eine große Sensibilität. Gewiss wird oft die objektive Norm gering geschätzt und verletzt, aber die Kraft der objektiven Norm kann auf die Dauer nur über-

[285] So der Diözesanbischof im Geleitwort, Handreichung, 5
[286] Handreichung, 28

zeugend zur Geltung gebracht werden, wenn nicht nur die sehr komplexe Lebenssituation der Menschen, sondern auch die einmalige personale Würde des je einzelnen Menschen, wie sie sich im gebildeten Gewissen ausdrücken soll, berücksichtigt werden."[287] Zur Bekräftigung dieser Aussage wird ein Satz aus der Konzilserklärung über die Religionsfreiheit zitiert: „Nun aber werden die Gebote des göttlichen Gesetzes vom Menschen durch die Vermittlung seines Gewissens erkannt und anerkannt."[288] Dies zeigt aber beispielhaft die unlösliche Verknüpfung von Gewissen und Norm, von objektiven Tatbeständen und subjektiver Disposition, der in den nachkonziliaren römischen Dokumenten bis jetzt aber zu wenig Beachtung geschenkt worden ist.
Ist die subjektive Disposition aber so bedeutend, dann drängt sich die Frage auf, ob Geschiedene, die in einer zweiten Verbindung leben, nicht in bestimmten Fällen subjektiv für den Eucharistieempfang sogar disponiert sein können, auch wenn sie im objektiven Widerspruch zur kirchlichen Ordnung leben. Aus welchem Grund wird ihnen dann eigentlich die Zulassung zur Eucharistie verwehrt? „Familiaris consortio" und das Schreiben der Glaubenskongregation nennen dafür wiederholt den „objektiven Widerspruch" des Lebensstandes und der Lebensverhältnisse. Bedeutet das aber, dass Betroffene in diesen Lebensverhältnissen ganz sicher nicht im Stand der Gnade leben? Zählt man sie doch, ohne es offen zu sagen, zu den „öffentlichen Sündern"? Das wird ausdrücklich nie gesagt, weder in FC noch im Schreiben der Glaubenskongregation. Ich habe diese Frage, ob sie nun wirklich alle in schwerer Sünde leben, in vielen Diskussionen gestellt, einmal sogar in der Glaubenskongregation. Es wurde dies von niemandem dezidiert behauptet. Man wich eher aus, man müsse eben über schwere Sünde noch differenzierter nachdenken. Aber warum sagt man das nicht ganz offiziell den Betroffenen? Sie stehen unter einer schweren Gewissensbelastung. Es gibt ja Partner, wie FC sehr realistisch sagt, „die aus ernsthaften Gründen – zum

[287] Zweiter Brief an die Seelsorger, Nr. 6. Zit. bei Schneider, 410
[288] Erklärung über die Religionsfreiheit, Art. 3

Beispiel wegen der Erziehung der Kinder – der Verpflichtung zur Trennung nicht nachkommen können". Zu den Sakramenten könnten sie jedoch nur zugelassen werden, „wenn sie sich der Akte enthalten, welche Eheleuten vorbehalten sind".[289] Ist aber dann in dieser Partnerschaft – aus der sie sich gar nicht lösen dürfen – jede Form der intimen Liebesbezeugung schwere Sünde? Der Dogmatiker Wilhelm Breuning hat sich mit dieser Frage intensiv auseinander gesetzt und kommt zum Schluss: „Der wieder verheiratete Geschiedene ist – je nach seinem individuell zu beurteilenden Zustand – nicht mit innerer Notwendigkeit ein im Zustand der Sünde lebender Christ."[290]

Das Schreiben der Glaubenskongregation aus 1994 scheint eine solche Annahme indirekt zu bestätigen. Dort werden die betroffenen Gläubigen ja gewissermaßen eingeladen, auf geistliche Weise die Kommunion zu empfangen. Kann aber ein „Todsünder" die geistliche Kommunion fruchtbar empfangen? Bardo Weiß, Dogmatiker in Mainz, liest aus der Geschichte der geistlichen Kommunion heraus, dass sie nur dann „Frucht bringt", wenn einer sie im Gnadenstand zu empfangen sucht. Schließt aber auch die Glaubenskongregation die Möglichkeit des Gnadenstandes zumindest bei manchen nicht aus, so bleibt das Verbot des Kommunionempfanges in diesem Fall nur in der kirchlichen Disziplin begründet, wurzelt aber nicht unbedingt in einer subjektiven schweren Schuld.[291]

Sechs Jahre später widerspricht aber eine Erklärung des Päpstlichen Rats für die Gesetzestexte einer solchen Interpretation[292]. Im can. 915 des Kirchenrechtsbuches heißt es, zur heiligen Kommunion dürfen nicht zugelassen werden Exkommunizierte und Interdizierte sowie *„andere, die hartnäckig in einer offenkundigen schweren Sünde verharren"*. Bisher haben die meisten

[289] FC 84,5

[290] W. Breuning, Der Gnadenstand als Voraussetzung für den Kommunionempfang und die Situation wiederverheirateter Geschiedener. In: Schneider, 219

[291] B. Weiß, Geistliche Kommunion – eine Hilfe für wiederverheiratete Geschiedene? In: Schneider 226–235; bes. 234

[292] Erklärung des Päpstlichen Rates für die Gesetzestexte zur Auslegung von can. 915 CIC v. 6. Juli 2000

Kirchenrechtler (was in dieser Erklärung übrigens erwähnt wird) wieder verheiratete Geschiedene ausdrücklich nicht zur zuletzt angegebenen Gruppe gezählt. In der neuen Erklärung wird dies aber nun eindeutig getan. Das Verbot leitet sich „seiner Natur entsprechend aus dem göttlichen Gesetz"[293] ab und daher „kann keine kirchliche Autorität davon dispensieren oder Direktiven erlassen, die dieser Verpflichtung widersprechen."[294] Die Erklärung beruft sich dabei auf eine „ununterbrochen vom Lehramt und der Disziplin der Kirche durch die Jahrhunderte" vertretene Meinung, besonders aber auf das Apostolische Schreiben „Familiaris consortio" (1981), den Katechismus der Katholischen Kirche (1992) und den Brief der Glaubenskongregation an alle Bischöfe von 1994. Sind aber dann die von so vielen namhaften Theologen, gerade in den letzten drei Jahrzehnten, vertretenen anders lautenden Meinungen alle gegen das „göttliche Gesetz" gewesen? Ist bei lehramtlichen Entscheidungen nicht doch auch ein in einer bestimmten Materie wachsender Konsens unter Theologen zu beachten? Ist damit die so dringende und immer wieder vorgebrachte Bitte nach einer Weiterentfaltung der Lehre, die die „Barmherzigkeit der Kirche" deutlicher zum Ausdruck bringt, erfüllt? Jedenfalls hat der Päpstliche Rat für die Gesetzestexte, wohl im Einvernehmen mit den Kongregationen für die Glaubenslehre und für den Gottesdienst und die Sakramente, mit dieser Erklärung eine Entscheidung gefällt, die eine sehr differenzierte theologische Diskussion und verantwortungsvolle pastorale Bemühungen in einem Ausmaß trifft (oder gar abschließt?), wie dies in der Geschichte dieses Rates sicher einmalig ist.

Das Problem scheint rechtlich gelöst, die große Sorge bleibt

Das Ringen um die rechte Pastoral für wieder verheiratete Geschiedene ist wirklich dramatisch. Es leiden viele Betroffene, die in einer zweiten Verbindung leben, aus der sie oft gar nicht mehr

[293] Erklärung n. 1
[294] Erklärung n. 4

herauskönnen, zeitlebens unter schwerer Gewissensbelastung. Es leiden die Seelsorger. Sie sollen den Betroffenen „in fürsorglicher Liebe“ klar machen, dass auch für sie die Kirche eine „barmherzige Mutter“ ist, müssen ihnen aber gleichzeitig verschiedene Dienste und Ehrenämter und die Sakramente verweigern. Es leidet die Kirche insgesamt, die offenbar für ein so großes Problem der heutigen Seelsorge noch nicht jene Lösung fand, die „die pastorale Barmherzigkeit noch umfassender“ erleben lässt.
Die oberrheinischen Bischöfe sehen die Dramatik noch tiefer gehend. Das gespannte Verhältnis zwischen allgemein gültiger objektiver Norm und persönlicher Gewissensentscheidung belastet nicht nur die Geschiedenenpastoral. Sie meinen vielmehr: „Dieses Kernproblem einer Pastoral wieder verheirateter Geschiedner ist auch der Schlüssel für viele andere Konflikte der gegenwärtigen Pastoral.“ Und mit Berufung auf Papst Paul VI. wünschen sie für die Zukunft bei umstrittenen Lehrmeinungen eine neue Form der Vorgangsweise. „Papst Paul VI. hat in anderem Zusammenhang darauf hingewiesen, dass das kirchliche Lehramt umstrittene Lehrmeinungen nicht nur negativ-defensiv zurückweisen soll, sondern die in Frage gestellte Sache selbst positiv entfalten muss.“[295]

Ausführlich wurde nun das dramatische Ringen um die rechte Pastoral für wieder verheiratete Geschiedene dargestellt und auch der letzte Stand der Diskussion. Aus der bisherigen Diskussion lassen sich drei Schlüsse ziehen, die dennoch in die Zukunft weisen:

1. Die oberrheinischen Bischöfe haben versprochen, sich auch *weiterhin* „mit anderen Bischöfen und mit dem Apostolischen Stuhl um konsensfähige, theologische und pastoral verantwortbare Antworten zu bemühen“. Diesem Vorbild und dieser Einladung, offenbar über Diözesan- und Ländergrenzen hinaus gemeinsam noch bessere Lösungen zu suchen, sollten viele Bischöfe folgen. Die oberrheinische Initiative hat noch an Ge-

[295] Zweiter Brief, Nr. 6, dok. bei Schneider, 410. Die Bischöfe beziehen sich auf das Apostol. Schreiben Pauls VI. „Integrae servandae“, in: AAS 57, 1965, S. 952–955, bes. 953.

wicht gewonnen, seit die Bischöfe Karl Lehmann und Walter Kasper Kardinäle wurden. Das hat einerseits das große Vertrauen des Papstes gegenüber diesen Theologen im Bischofsamt gezeigt, andererseits ihnen aber die Möglichkeit gegeben, auf gesamtkirchlicher Ebene nun noch stärker Einfluss zu nehmen.

2. In den künftigen Bemühungen sollte noch deutlicher unterschieden werden zwischen den lehrhaften Positionen über die Unauflöslichkeit der Ehe und Fragen der pastoralen Praxis in besonders gelagerten Einzelfällen. In diesem Zusammenhang müsste auch noch weiter an der besseren Lösung der Spannung zwischen objektiven Gegebenheiten und subjektiver Verfasstheit gearbeitet werden.
3. Seit *„Familiaris consortio"* werden in allen lehrhaften römischen Schreiben Bischöfe und Seelsorger gemahnt, die Betroffenen „die Liebe Christi und die menschliche Nähe der Kirche spüren zu lassen". Dementsprechend wird noch großzügiger zu überlegen sein, zu welcher Art des Mitlebens in den Gemeinden sie eingeladen werden können und was ihnen tatsächlich, weil mit dem göttlichen Recht nicht mehr vereinbar, verwehrt bleiben muss. Vor allem aber dürfen sie nicht den Eindruck bekommen, sie würden allein auf Grund ihres jetzigen Lebensstandes als „öffentliche Sünder" angesehen. Vielmehr sollte man sie ermutigen, aus der jetzigen Situation das Bestmögliche zu machen (was menschliche Beziehung und religiöses Leben anlangt), um sich so der Gnade immer mehr zu öffnen.

Zum Thema wurde von mir publiziert: H. Krätzl, Seelsorge an wieder verheirateten Geschiedenen. Derzeitiger Stand der Diskussion. Referat vor dem Wiener Priesterrat, hrsg. v. Pastoralamt der Erzdiözese Wien mit Druckerlaubnis vom 20. März 1979. Ders.: Thesen zur Pastoral an wiederverheirateten Geschiedenen. In: ThPQu 129 (1981), 143–154. Ferner schrieb ich mehrmals Glossen zum Thema in der Wochenzeitschrift „Die Furche" im Jahr 1988 und danach. Vier davon sind publiziert in: H. Krätzl, Kirche im Zeitgespräch. Salzburg 1996, 99–104.

„Dominus Jesus" – war das Konzil in der Ökumene nicht schon weiter?

Das römische Dokument „Dominus Iesus" erregte in Österreich großes Aufsehen und rief in der Ökumene eine beträchtliche Irritation hervor. Da ich in der österreichischen Bischofskonferenz gemeinsam mit Kardinal Schönborn für die Ökumene zuständig bin, bezog ich mehrfach in der Öffentlichkeit dazu Stellung. In einer Sonderveranstaltung der Wiener Theologischen Kurse hielt ich am 26. Jänner 2001 ein Referat, das ich hier etwas verkürzt wiedergebe.

Am 6. August 2000, am Fest der Verklärung des Herrn, erschien in Rom von der Kongregation für die Glaubenslehre eine Erklärung „Dominus Jesus" (DJ). Der Papst hatte sie in einer Audienz am 16. Juni „mit sicherem Wissen und kraft seiner apostolischen Autorität bestätigt und bekräftigt und deren Veröffentlichung angeordnet".[296] Der Inhalt der Erklärung ist darum, so fügte Kardinal Ratzinger bei der Aussendung hinzu, „gemäß dem Willen des Hl. Vaters von der ganzen Kirche festzuhalten".[297] Anlass für diese Erklärung seien „irrige oder unklare Auffassungen" gewesen über die Einzigkeit und die Einheit der Kirche, die sich in Kreisen der Kirche und der Theologie ausbreiten, besonders bezüglich der Interpretation der Lehre des „subsistit in" nach LG 8.

Der Aufbau des Dokumentes

Das Dokument hat 6 Kapitel mit 23 Artikeln. Sie beschäftigen sich vornehmlich mit dem Thema der Einzigartigkeit Jesu Christi und seiner universalen Heilsmittlerschaft, wie schon die Überschriften

---

[296] Kongregation für die Glaubenslehre, Erklärung ‚Dominus Jesus'. Über die Einzigartigkeit und die Heilsuniversalität Jesu Christi und der Kirche, 6. Aug. 2000

[297] Kardinal Joseph Ratzinger, Brief an die Hochwürdigsten Vorsitzenden der Bischofskonferenzen, 28. Juli 2000

der Kapitel zeigen: I. Fülle und Endgültigkeit der Offenbarung Jesu Christi. II. Der fleischgewordene Logos und der Heilige Geist im Heilswerk. III. Einzigkeit und Universalität des Heilsmysteriums Jesu Christi. IV. Einzigkeit und Einheit der Kirche. V. Kirche, Reich Gottes und Reich Christi. VI. Die Kirche und die Religionen im Hinblick auf das Heil.

Daraus wird schon die wichtigste Absicht des Dokumentes klar. Es geht vor allem darum, relativierende Tendenzen bezüglich des Glaubens an die einzigartige Bedeutung Jesu Christi für das Heil aller Menschen zurückzuweisen. Kardinal Kasper nannte es vor wenigen Tagen in Wien die „postmoderne Relativierungstendenz" im interreligiösen Gespräch.[298] Solche Tendenzen sind vor allem im angelsächsischen Raum verbreitet, werden aber „in ihren vulgarisierten Formen auch in unserem Kulturkreis plausibler".[299] So gesehen wollte es gar kein „ökumenisches Dokument sein" und wäre auch nie als solches aufgefasst worden, wenn nicht im 4. Kapitel (in bloß zwei Artikeln) in einer sehr lehrhaft-doktrinären und keineswegs zur Einheit einladenden Sprache „die theologische Einzigartigkeit der katholischen Kirche hervorgehoben" würde. Dadurch aber erweckte das Schreiben den Eindruck, es ziele „auf Abstand und Abgrenzung zu den anderen (Kirchen)" hin.[300]

Während also der Hauptteil der Erklärung alle christlichen Kirchen betrifft, ja sogar zu noch gemeinsameren theologischen Überlegungen hinsichtlich des interreligiösen Gespräches anregt und so ökumenisch sogar verbindend hätte sein können, rief das 4. Kapitel tiefe Bestürzung bei den anderen Kirchen hervor.

Ich möchte heute auf beide Aspekte eingehen, zuerst auf das Christusbekenntnis im Gespräch mit anderen Religionen, dann aber auf Aussagen und Kritik zum Kapitel vier.

---

298 Kardinal W. Kasper an einem „Runden Tisch" am 22. Jänner 2001 bei Kardinal Schönborn in Wien mit Vertretern der Ökumene

299 M. Kehl, Die eine Kirche und die vielen Kirchen. In: StdZ 2001/1, S. 3

300 Kehl, 5

Das Christusbekenntnis im Gespräch mit den anderen Religionen

Seit Beginn der 80er Jahre hat sich eine sog. „pluralistische Theologie" oder „pluralistische Religionstheorie" herausgebildet. Hauptvertreter sind John Hick[301] und Paul F. Knitter. Es wird die Auffassung vertreten, dass alle Religionen theologisch gleichwertige, komplementär einander ergänzende Heilswege seien, dass Jesus Christus als ein Religionsstifter oder Heilbringer neben anderen gilt, dass die Kirche nicht das von Jesus Christus herkommende und sein Heil vergegenwärtigende „universale Sakrament des Heils" ist und dass die Zugehörigkeit zur Kirche (in irgendeiner Form) keine wesentliche Bedeutung für das ewige Heil habe.[302] Demgegenüber betont das vorliegende Dokument ganz im Einklang mit dem II. Vatikanum, dass es zwar durchaus von Gott geschenktes Heil für die Menschen außerhalb der sichtbar verfassten Kirche gibt, gerade auch in anderen Religionen und mit deren Hilfe, aber dass es dieses Heil nicht einfach ohne Christus und seinen Leib, die Kirche, gibt, nicht einfach unabhängig von der Selbstoffenbarung Gottes in Jesus Christus. „Alles Heil von Gott her hat – in welcher konkreten religiösen Form immer – zutiefst Anteil an dem von Jesus Christus gebrachten und von der Kirche verkündeten Heil."[303]

Diese Konzentration auf das Christusbekenntnis fand eigentlich im Wesentlichen in der ganzen Ökumene Zustimmung. Ein Beispiel dafür ist die Stellungnahme des Ratsvorsitzenden der EKD (Evangelische Kirche in Deutschland), Präses Manfred Kock, oder auch des Tübinger Theologen Eberhard Jüngel. Dennoch sind auch schon bei dieser Grundaussage des ganzen Dokumentes Fragen angemeldet worden.

301 J. Hick/P. Knitter (Hg.), The Myth of Christian Uniqueness. New York 1987. Näheres darüber bei J. Werbick, Heil durch Christus allein? In: Der einzige Weg zum Heil? Freiburg-Basel-Wien 1993 (QD 143), 11–61

302 So beschreibt sie Kehl, 3f.

303 Kehl, 4

Kommt Gottes Heil tatsächlich nur „über Jesus Christus“?

Zunächst kann man wohl fragen: „Was ist mit Israel?”[304] Das ganze Thema Israel und die Kirche ist ausgespart. Vermutlich, weil dies ein sehr komplexes Thema ist und es andererseits dazu in den letzten Jahren sehr angeregte theologische Diskussionen gab. Dabei war das Ergebnis, dass Israel und das jetzige Judentum viel enger mit der Kirche zusammen zu sehen sind als mit den übrigen Religionen und daher nicht in die allgemeine Frage Kirche und Weltreligionen zu subsumieren seien. Hat man in DJ diesen Fragestand daher bewusst ausgeklammert, hätte das wenigstens erwähnt werden müssen. Jedenfalls gab es Reaktionen von jüdischer Seite, die den vorliegenden Wortlaut nicht gutgeheißen haben.
Das Missionswissenschaftliche Institut Missio (MWI) in Aachen hat im Oktober 2000 eine eigene Erklärung zu DJ abgegeben.[305] Als Hauptproblem wird genannt, ob die große Vielfalt theologischer und methodologischer Ansätze der letzten Jahrzehnte noch als legitimer Ausdruck der mit dem II. Vatikanum bewusst gewordenen Entwicklung zur einen Weltkirche angesehen werden könne oder ob mit diesem Dokument dies gleichsam widerrufen wurde. Man vermisst im Dokument den Hinweis auf die fundamentale Option für die Armen, die doch in den letzten Jahrzehnten so stark die theologische Reflexion und das konkrete Handeln der Kirche in der Dritten Welt bestimmte. Unberücksichtigt ist auch der Ansatz in der asiatischen Theologie, sich der göttlichen Offenbarung auch durch den Sinn für das Heilige, die Ehrfurcht bei der Begegnung mit dem göttlichen Geheimnis und die Achtung vor dem Wirken des Hl. Geistes, wie er sich in den heiligen Schriften, den Riten und Traditionen anderer Religionen manifestiert, zu nähern. Können diese Formen der Offenbarung Gottes wirklich nur im Hinblick auf Jesus Christus gesehen wer-

[304] Vgl. dazu Kehl, 7
[305] Dokumentiert in Orientierung 64 (2000) Nr. 20, 213–215

den? Das Aachener Institut fragt, ob nicht eine Gefahr eines neuen Ritenstreits drohe?[306]

Der Wiener Physiker Reinhard Kögerler hinterfragt den hier gestellten Absolutheitsanspruch des Christlichen für die göttliche Wahrheit anhand einer geschichtlichen Betrachtung. Das Christentum hat eine Geschichte von 2000 Jahren gegenüber einer Menschheitsgeschichte von ein bis zwei Millionen Jahren. „Das heißt, 500 bis 1000 Mal mehr Menschengenerationen als christliche Generationen haben ihre Erfahrungen mit dem Heiligen unabhängig vom Christentum gemacht, haben so ihre je individuelle Beziehung zum Göttlichen gelebt und entfaltet, haben diese in verschiedensten Religionen gesellschaftlich institutionalisiert und diese Religionen gegeneinander verteidigt. Dabei gibt es aber auch noch den fundamentalen Glaubenssatz vom allgemeinen Heilswillen Gottes allen Menschen gegenüber."[307]

Stimmt es dann, was manche spöttisch über einen zu „versöhnlichen" interreligiösen Dialog sagen: Moslem, bleibe ein guter Moslem, Hindu, bleibe ein guter Hindu? Dazu hat Joseph Ratzinger schon 1969 in seinem Buch „Das neue Volk Gottes" geschrieben: „Nicht das System und das Einhalten eines Systems retten den Menschen, sondern ihn rettet, was mehr ist als alle Systeme und was die Öffnung aller Systeme darstellt: die Liebe und der Glaube, die das eigentliche Ende des Egoismus und der selbstzerstörerischen Hybris sind. Die Religionen helfen so weit zum Heil, soweit sie in diese Haltung hineinführen; sie sind Heilshindernisse, soweit sie den Menschen an dieser Haltung hindern."[308]

Diesen Darlegungen widerspricht DJ nicht. Aber anders als in den Konzilstexten werden hier besonders die Unterschiede betont, zu wenig aber die positiven Werte der anderen Religionen, wie sie Ratzinger im eben erwähnten Zitat ja selbst erwähnte.

---

306 Orientierung, 214

307 R. Kögerler, Die Wahrheit muss auch verstehbar sein. In: Die Furche v. 11. Jänner 2001, 6. Vgl. dazu auch P. Wess, Absolute oder relativ beste Wahrheit? In: Die Furche v. 25. Jänner 2001, 7

308 J. Ratzinger, Das neue Volk Gottes. Düsseldorf 1969, 356

Zu Kapitel IV: Einzigkeit und Einheit der Kirche

Dieses kurze Kapitel, 4 Seiten, 2 Artikel, hat große Aufregung weltweit und auch in der Ökumene von Österreich hervorgerufen. Es geht in diesem Kapitel darum, wieweit die *eine* Kirche Jesu Christi deckungsgleich ist mit der röm.-kath. Kirche. In eher schroffen Worten werden die anderen christlichen Kirchen wieder in solche unterschieden, die „echte Teilkirchen" sind und solche, die nur „kirchliche Gemeinschaften" bilden, es wird von „gültiger Eucharistie" und von der nicht bewahrten „ursprünglichen und vollständigen Wirklichkeit des eucharistischen Mysteriums" gesprochen.[309]
In Österreich folgte eine fast protesthafte Antwort in zwei Erklärungen der jeweiligen Synoden, die am Reformationstag am 31. Okt. 2000 in allen lutherischen und reformierten Kirchen zu verlesen waren.[310] Der Protest richtete sich vor allem gegen die hier vorgenommene Einschränkung des Begriffes „Kirche". Daraus wurde sogar gefolgert, dass nun das „ökumenische Gespräch auf eine neue Grundlage gestellt werden muss".[311]
Gegen Proteste, die es weltweit gab, verteidigte sich Rom, nur die Aussagen des II. Vatikanischen Konzils, vor allem jene aus LG wiederholt zu haben. Die innerkatholische Kritik vieler Theologen wollte aber gerade nachweisen, dass weder die Absicht des Konzils wiedergegeben sei, noch die zahlreichen nachkonziliaren ökumenischen Äußerungen beachtet worden wären.

Ökumene vor dem Konzil[312]

Von alters her (genauer seit Bellarmin) konstituiert ein dreifaches Band die Zugehörigkeit zur Kirche Jesu Christi: 1. Empfang der

---

[309] DJ, n. 17

[310] Die Evangelische Kirche A.B. in Österreich und die Zukunft der Ökumene. Erklärung der Synode der Evangelischen Kirche A.B. in Österreich vom 24. Okt. 2000 – Kritik an der römisch-katholischen Kirche, aber Fortsetzung der ökumenischen Arbeit. Erklärung der Synode H.B. (ohne Datum)

[311] Erklärung der Synode der Evangelischen Kirche AB in Österreich

[312] Vgl. zum Folgenden vor allem: P. Neuner, Belastungsprobe für die Ökumene. In: StdZ 11/2000, 723–737

Taufe. 2. Bekenntnis des rechten Glaubens. 3. Unterwerfung unter die hierarchische Leitung der Kirche. So formuliert noch Pius XII. in „Mystici Corporis“: „Zu den Gliedern der Kirche sind aber in Wirklichkeit (reapse) nur die zu zählen, die das Bad der Wiedergeburt empfangen haben und den wahren Glauben bekennen, die sich nicht selbst beklagenswerterweise vom Gefüge des Leibes getrennt haben oder wegen schwerer Vergehen von der rechtmäßigen Autorität abgesondert wurden.“ Unter Berufung auf Mt 18,17 wurde gefolgert: „Deshalb ist, wer sich weigert, die Kirche zu hören, auf Geheiß des Herrn als Heide und öffentlicher Sünder anzusehen.“[313] Das wurde 1943, also 20 Jahre vor dem II. Vatikanum noch geschrieben.
Schon in den Jahren vor dem Konzil versuchten katholische Theologen eine „gestufte Kirchengliedschaft“ zu umschreiben. Es gab zwei Modelle: eine nach der Theorie eines „votum ecclesiae“, also von einer subjektiven inneren Sehnsucht her zur katholischen Kirche zu gehören; eine zweite, bei den anderen Religionen „vestigia“, also „elementa ecclesiae“ anzuerkennen. Letztlich aber, so sagte man, gehören diese Fragmente oder Elemente der katholischen Kirche an, von der sie ja auch ausgehen. So tendiert dieses Modell doch auf eine „einbahnige“ Wiedervereinigung hin.

Lehre des II. Vatikanischen Konzils

Anstelle des Bildes vom Leib Christi wird am Konzil das Bild vom Volk Gottes bevorzugt. Im Bild vom Leib liegt die einzige Alternative nahe: Gliedschaft oder abgefallenes Glied. Das Bild vom Volk Gottes ermöglicht eine *gestufte Zugehörigkeit.* In einer heilsgeschichtlichen Darlegung zeigt LG, wie im göttlichen Heilsplan die Kirche als Volk Gottes aus dem Werk des einen und einzigen Mittlers Jesus Christus hervorgegangen ist. *Wo* konkret diese Kirche sei, beantwortet das Konzil wie folgt: „Diese Kirche, in der Welt als Gesellschaft verfasst und geordnet, ist verwirklicht (subsistit) in der katholischen Kirche, die vom Nachfolger Petri und von den Bischöfen in Gemeinschaft mit ihm geleitet wird.“[314] Mit

[313] DH 3802
[314] LG 8

diesem Ausdruck wurde die völlige Deckungsgleichheit Kirche Jesu Christi – röm.-kath. Kirche, wie sie in „Mystici Corporis" durch ein *est* klar gemacht worden war, aufgegeben. Damit erhebt die röm.-kath. Kirche wohl den Anspruch, dass in ihr die Kirche Christi verwirklicht ist, aber das wird wohl jede Konfession auch tun, wenn sie sich nicht selbst für illegitim erklären will.[315] „Aber daraus wird nun nicht mehr gefolgert, dass es gegebenenfalls nicht auch andere Subsistenzen der Kirche Jesu Christi geben kann."[316] Nach dem Urteil des späteren Kardinals Alois Grillmeier hat diese kleine sprachliche Veränderung (*subsistit* anstelle von *est*) in der Bewertung der nicht katholischen Gemeinschaften eine Entwicklung „von unabsehbarer Tragweite möglich" gemacht.[317] Ich gehe nun auf kritische Fragen ein, die uns im Gespräch mit Vertretern der anderen christlichen Kirchen immer wieder gestellt worden sind.

Wichtige Aussagen von DJ, die die Ökumene besonders belasten

Wie interpretiert man „subsistit" nach dem Dokument DJ?

Das Dokument interpretiert so: „Mit dem Ausdruck ‚subsistit in' wollte das II. Vatikanische Konzil zwei Lehrsätze miteinander in Einklang bringen: auf der einen Seite, dass die Kirche Christi trotz der Spaltungen der Christen voll nur in der katholischen Kirche weiterbesteht, und auf der anderen Seite, dass außerhalb ihres sichtbaren Gefüges vielfältige Elemente der Heiligung und der Wahrheit zu finden sind, nämlich in den Kirchen und kirchlichen Gemeinschaften, die nicht in voller Gemeinschaft mit der katholischen Kirche stehen."[318]

Diese Deutung ist nicht die einzig mögliche des Konzilstextes.[319] Mit dem Wort „voll (plene) nur in der katholischen Kirche", so meint Medard Kehl, ist der genaue Sinn des Konzils nicht getrof-

[315] Vgl. Neuner, 729
[316] Neuner, ebd.
[317] So im Kommentar im LThK, Erg.-Bd. I, 174
[318] DJ 16,3
[319] Vgl. dazu M. Kehl, Die eine Kirche und die vielen Kirchen. In: StdZ 2001/1, 9

fen, die Feststellung ist zu pauschal. Es geht dem Konzil bei der Deutung des besonderen Verhältnisses der katholischen Kirche zur Kirche Jesu Christi nicht einfachhin um die „volle" Verwirklichung der Kirche Jesu Christi „nur" in der katholischen Kirche; dazu gehören eben doch vor und in allen strukturellen Merkmalen die existentielle Dimension, nämlich das Erfülltsein vom Heiligen Geist und damit das Gründen im gemeinsamen Geschenk von Glaube, Hoffnung und Liebe, welches unzweifelbar bei allen großen christlichen Kirchen gegeben ist und das sich auch bei ihnen in bestimmten grundlegenden ekklesialen Formen ausdrückt. „Nein, es geht primär um die ‚Vollständigkeit' der sakramentalen Struktur der Kirche Jesu Christi als vermittelndes Sakrament des Heils. Und diese Vollständigkeit ist nach Auffassung des Konzils und der gesamten katholischen Theologie so nur in der katholischen Kirche gegeben, was sich ja auch schon rein historisch nicht leugnen lässt. *Dass* aber die sakramentalen Strukturen eine so hohe Bedeutung für die reale Existenz der Kirche Jesu Christi haben, ist ein Spezifikum des katholischen Kirchenverständnisses, das sich von der altkirchlichen Communio-Ekklesiologie, die eben primär eucharistisch und bischöflich geprägt war, herleitet. Dennoch folgt aus dieser so hohen Bewertung der sakramentalen Einheitszeichen nicht, dass deswegen anderen ‚Kirchen und kirchlichen Gemeinschaften' das ‚Kirchesein' einfachhin abgesprochen werden kann."[320]

Leonardo Boff gibt zur Interpretation von „subsistit" einen interessanten Beitrag.[321] Boff übersetzt „subsistit" mit anderen Theologen nicht mit „ist verwirklicht in", sondern mit „konkretisiert sich, gewinnt konkrete Gestalt, tritt zu Tage" in der katholischen Kirche.[322] Medard Kehl kommt dieser Übersetzung nahe[323]: Er

---

[320] Kehl, 11

[321] L. Boff, Was wollte das Konzil? Eine historisch-theologische Studie zu Dominus Jesus. In: Orientierung 64 (2000) Nr. 23/24, 262–264

[322] L. Boff, Charisma und Macht. Studien zu einer streitbaren Ekklesiologie. Düsseldorf 1985

[323] Kehl 10, wo er schreibt: „Die Kirche Christi ist – auf der sakramental-strukturellen Ebene, also auf der Ebene der ‚Heilsmittel' – in der kath. Kirche konkret verwirklicht." Vgl. auch ders., Die Kirche. Würzburg 1994, 419–430

weiß sich damit eins mit Walter Kasper, der ebenfalls von der Konkretion und Identifizierbarkeit der einen und wahren Kirche in der katholischen Kirche spricht.[324] Boff versucht seine Position aus den Acta Synodalia zu beweisen. Er findet dort, dass die Theologische Kommission des Konzils nirgends den genauen Sinn von „subsistit" angibt. Er sieht aber zwei Hinweise für seine Auslegung. In der Erklärung zu LG 8 sagt die Kommission, „die Kirche Christi könne auf dieser Erde konkret angetroffen werden (concrete inveniri) in der katholischen Kirche". Und kurz darauf hält sie fest: „Sie ist in der katholischen Kirche gegenwärtig (adest)." Offensichtlich versteht die Kommission also auch „konkret angetroffen werden, gegenwärtig sein" als Synonym zu „subsistere". Das hieße aber mit anderen Worten: „Die Kirche Christi gewinnt greifbare Gestalt und konkretisiert sich in der katholischen Kirche, doch erschöpft sie sich nicht in dieser konkreten Gestalt, finden sich doch Elemente von Kirche auch in anderen Kirchen und christlichen Gemeinschaften, und vor allem hat sie doch auch ihre geschichtlichen Grenzen und zwar wegen der Sünder, die sie ja auch in ihrem Schoße trägt" (LG 8 c).[325] Mit dieser Meinung trifft sich Boff wohl noch mit vielen Theologen. Er zieht aber dann einen viel zu weit gehenden Schluss. „Alle Kirchen und christlichen Gemeinden bilden in Gemeinschaft miteinander die eine Kirche Christi."[326] Für diese Folgerung findet er keinen Konsens unter katholischen Theologen. Diese Position mag auch der Hauptgrund für seine Maßregelung durch die Glaubenskongregation 1985 gewesen sein. Vielleicht war dies auch ein wichtiger Grund für die so einengende Aussage in DJ. Boff und die Notificatio von 1985 gegen ihn werden nämlich ausdrücklich in der Fußnote 56 von DJ erwähnt.[327]

Viele Elemente – oder „lediglich" Elemente?

Auch hier hat eine Textdiskrepanz Verletzungen in der Ökumene

[324] W. Kasper, in: LThK, Bd. 5, 1469
[325] Boff, Was wollte das Konzil? 263
[326] Boff, a.a.O. 263
[327] Vgl. Art. 16, Anm. 56 und Art. 17,3

gebracht. Das Konzil spricht „von *vielfältigen* Elementen der Heiligung und der Wahrheit", die außerhalb des Gefüges der katholischen Kirche zu finden seien. Das klingt eigentlich wieder nach der überkommenen Elementen-Ekklesiologie. Eine Verdeutlichung brachte schon das Votum des italienischen Bischofs Andrea Pangrazio. Er bemängelte, die Wertung „Elemente" sei zu quantitativ. „Ich glaube aber, dass noch ein Band notwendig ist, das diese verschiedenen Elemente zu einer Einheit zusammenfasst ... Dieses Band und Zentrum ist Christus selbst, den alle Christen als Herrn der Kirche anerkennen, dem die Christen aller Gemeinschaften zweifellos aus gläubigem Herzen dienen wollen und der in seiner Gnade durch seine tätige Gegenwart im Heiligen Geist so wunderbare Dinge auch bei getrennten Gemeinschaften vollbringt – nicht aufgrund menschlicher Verdienste, sondern allein durch sein Gnadenwirken."[328]

30 Jahre nach dem Konzil spricht Johannes Paul II. in der Ökumene-Enzyklika „Ut unum sint" sogar davon, dass in den anderen Gemeinschaften „gewisse Aspekte des christlichen Geheimnisses bisweilen sogar wirkungsvoller zutage treten".[329]

Damit ist also der Ausdruck „*vielfältige* Elemente der Heiligung und der Wahrheit" auch in seiner Tendenz hinreichend gezeigt. DJ zitiert den Wortlaut des Konzils „*vielfältige* Elemente der Heiligung und der Wahrheit" korrekt. In der Fußnote aber heißt es zur großen Überraschung: „Das Konzil hingegen hatte das Wort ‚subsistit' gerade deshalb gewählt, um klarzustellen, dass nur eine einzige ‚Subsistenz' der wahren Kirche besteht, während es außerhalb ihres sichtbaren Gefüges *lediglich* „Elemente des Kircheseins" gibt, die – da sie Elemente derselben Kirche sind – zur katholischen Kirche tendieren und hinführen." (Dieser Wortlaut ist übrigens aus der Notifikation gegen Boff aus dem Jahr 1985 genommen.) „*Vielfältige* Elemente der Heiligung und der Wahrheit" aus dem Konzil stehen hier also der so kargen Formulierung „*lediglich* Elemente des Kircheseins" gegenüber.

[328] Zit. bei G. Baum, Die ekklesiale Wirklichkeit der anderen Kirchen, in: Concilium 1 (1965), 297f.

[329] Johannes Paul II., Enz. „Ut unum sint" v. 25. Mai 1995, n. 14

Gerade diese gegenüber dem Konzilstext veränderte Formulierung hat zusätzliche Kritik in der Ökumene ausgelöst.

Kirchen und kirchliche Gemeinschaften

Im ersten Textentwurf zur Kirchenkonstitution wurde die Unterscheidung von Kirche des Ostens und Gemeinschaften aus der Reformation gemacht. Grund war die fehlende Amtssukzession, jedenfalls nach dem herkömmlichen Verständnis.[330] Gegen diese Unterscheidung erhoben sich Bedenken. Besonders die Anglikaner drängten darauf, als Kirche im theologischen Sinn betrachtet zu werden. Bei der Eröffnungsrede zur zweiten Session sprach Paul VI. ohne weitere Spezifizierung von Gemeinschaften, „die sich mit dem Namen Kirche schmücken".[331] Kardinal Bea scheint seither in seinen Ansprachen an die Konzilsbeobachter nicht mehr eindeutig zwischen Kirchen und Gemeinschaften unterschieden zu haben.[332] Und bei der Eröffnungsrede zur dritten Session wandte sich Paul VI. mehrfach an die Vertreter der getrennten christlichen Kirchen mit der Formulierung „O Ecclesiae".[333] Im Konzil hieß es dann später „*kirchliche* Gemeinschaften".[334] Eine Gruppe von 30 indonesischen Bischöfen ging noch weiter und forderte den Titel „Kirche" nicht nur für die orientalischen Kirchen, „weil auch die anderen als Gemeinschaft getaufter Christgläubiger untereinander und mit uns durch das Band des Glaubens, der Hoffnung und der Liebe, durch die Verkündigung und das Bekenntnis des göttlichen Wortes und durch Gottesdienst verbunden sind".[335] In Wahrheit waren sich die Kommentatoren nach dem Konzil einig, dass das Konzil mit dieser Unterscheidung keine endgültige Entscheidung treffen wollte. So sagte Kardinal Jäger: „Die unter den Theologen disputierten Fragen über die Art der Anwendung der Bezeichnung ‚Kirche' auf die einzelnen christlichen Bekenntnisse bleibt der

[330] Neuner, 731. Vgl. dazu auch Kehl, 10
[331] Vgl. dazu P. Bläser, Die Kirche und die Kirchen, in: Catholica 18 (1964), 96
[332] Neuner, 732
[333] Darauf verweist J. Feiner in seinem Kommentar im LThK, Erg.-Bd. II, 55f.
[334] Diesen Vorschlag brachte Kardinal König ein, wie Neuner 732 belegt.
[335] Quellenangabe bei Neuner 732, Anm. 29

weiteren Forschung überlassen."[336] Ähnlich äußerte sich Karl Lehmann.[337] Damit hat das II. Vatikanum in guter konziliarer Tradition eine amtlich nicht entscheidungsreife Frage der weiteren theologischen Diskussion überlassen.[338] DJ aber zitiert wieder nur den Wortlaut des Konzilstextes, ohne auf solche Überlegungen einzugehen. Man muss den Eindruck gewinnen, dass damit eigentlich eine Frage, die doch ganz öffentlich weitergedacht hätte werden sollen, nun als schon entschieden angesehen wird.

Kirchen, aber nicht im eigentlichen Sinn (sensu proprio)

Jene eben angesprochene Offenheit, wer als Kirche bezeichnet wird oder nicht, und warum, teilt nun DJ nicht mehr. Das Dokument behauptet[339]: „Die kirchlichen Gemeinschaften hingegen, die den gültigen Episkopat und die ursprüngliche und vollständige Wirklichkeit des eucharistischen Mysteriums nicht bewahrt haben, *sind nicht Kirchen im eigentlichen Sinn*; die in diesen Gemeinschaften Getauften sind aber durch die Taufe Christus eingegliedert und stehen deshalb in einer gewissen, wenn auch nicht vollkommenen Gemeinschaft mit der *Kirche*." Im entsprechenden Konzilstext UR 3 heißt es bezeichnenderweise: „mit der *katholischen* Kirche", also nicht einfachhin mit der Kirche Jesu Christi. „Die verschärfende (und auch verletzende) Folgerung ‚sind nicht Kirchen im eigentlichen Sinn' zieht das Konzil gerade nicht. Es belässt es bei der Feststellung bestimmter ‚Mängel' auf der strukturell-sakramentalen Ebene."[340]

Zusammenfassung: Die mangelnde Rezeption der Konzilsaussagen in „Dominus Jesus"[341]

Es dominiert in DJ der Leib-Christi-Begriff, jener vom „Volk Gottes" taucht nicht auf.

---

336 L. Jäger, Das Konzilsdekret „Über den Ökumenismus", Paderborn 1968, 150
337 K. Lehmann, Neuer Mut zum Kirchesein. Freiburg-Basel-Wien ^{3}1985, 36 u. 44f.
338 Neuner, 733
339 DJ 17,2
340 Kehl, 12, der es in der ausführlichen Anmerkung 6 noch zusätzlich belegt
341 Vgl. dazu besonders Neuner, 733f.

Das Wort von der Sakramentalität der Kirche ist wieder ersetzt durch die Konzeption der Kirche als fortlebender Christus. Das „subsistit in" ist im Sinn der Elementen-Ekklesiologie interpretiert und als diese Elemente erscheinen allein die „vollständige Wirklichkeit des eucharistischen Mysteriums" und der „gültige Episkopat", der die Kontinuität der Kirche mit der Stiftung Jesu Christi gewährleistet. „Von diesen Elementen *(vollständige Wirklichkeit des eucharistischen Mysteriums; gültiger Episkopat)* heißt es, sie seien in der katholischen Kirche in ihrer Fülle, in den kirchlichen Gemeinschaften aber nicht verwirklicht. All das hat das II. Vatikanum jedenfalls in dieser Einlinigkeit nicht gelehrt."[342]
Die Amtsfrage war schon am Konzil in Diskussion und ist heute eine ganz entscheidende Frage in der Ökumene. In UR 22 ist die Rede von kirchlichen Gemeinschaften, „die wegen des Fehlens (defectus) des Weihesakramentes die ursprüngliche und vollständige Wirklichkeit (substantia) des eucharistischen Mysteriums nicht bewahrt haben". Doch die Behauptung, die Gemeinschaften mit Amt seien Kirchen, jene ohne gültiges Amt jedoch nur „kirchliche Gemeinschaften", kann sich nicht auf das Konzil berufen.[343] „Die Kirchenkonstitution versteht die Kirche als Mysterium und als Volk Gottes. Dieses lebt vom Wort Gottes, der Antwort im Glauben und der Feier des Gottesdienstes, es verwirklicht sich in den Sakramenten und in Werken der Nächstenliebe. Dies alles auf das Amt zu reduzieren, bedeutet einen Rückfall in ein hierarchologisches Kirchenbild, dem das Konzil den Abschied erklärt hat."[344]
Wegen der großen Bedeutung von Herrenmahl und Amt hat das II. Vatikanum diese Themen der theologischen Weiterarbeit empfohlen. Die Theologie hat sich dem gestellt. Gerade im Hinblick auf Amt und Herrenmahl sind seither zentrale Übereinstimmungen und Gemeinsamkeiten aufgezeigt worden in einer Fülle von Konvergenz- oder Konsenstexten. Z. B. das Lima-Papier des ÖRK, die Texte „Das Herrenmahl" und „Das geistliche Amt in der

[342] Neuner, 733
[343] Neuner, 734
[344] Neuner, 734

Kirche" und vor allem die Lehrverwerfungsstudie über Rechtfertigung, Sakrament und Amt. Zur Frage der Rechtfertigung wurde am 31. Okt. 1999 eine gemeinsame Erklärung in Augsburg unterzeichnet. Zum Thema Herrenmahl haben der Päpstliche Rat zur Förderung der Einheit der Christen und die Deutsche Bischofskonferenz übereinstimmend erklärt, dass noch verbleibende Differenzen die Kirchentrennung nicht mehr rechtfertigen. Auch in der Amtsfrage wurden entscheidende Fortschritte konstatiert. Und wenn es auch zu Herrenmahl und Amt gesamtkirchlich keine verbindlichen Übereinkommen gibt, ist das noch kein Grund, den evangelischen Kirchen deshalb das Kirchesein abzusprechen. „Alle diese Aufbrüche werden in den Aussagen von ‚Dominus Jesus' im 4. Kap. über Einheit und Einzigkeit der Kirche nicht fruchtbar. Das Dokument bleibt einer höchst restriktiven Interpretation der Konzilsaussagen verhaftet, die weder die Öffnungen zur Kenntnis nimmt, die in den Konzilstexten vorgezeichnet sind, noch die ökumenischen Fortschritte der Jahre seit 1965." [345]

Negative und positive Folgen

Die erste Reaktion auf DJ war eine große Betroffenheit. Es ist schwer verständlich, warum solch heikle Dokumente in einem Ton verabschiedet werden, den sogar Kardinal Kasper am „runden Tisch" in Wien bedauerte. Trotz allem – was vermieden hätte werden sollen – gibt es neben den negativen auch positive Folgen.

Negativa

- Das Vertrauen vieler in die Ökumene wurde verletzt.
- Hoffnungsvolle Ansätze in der Ökumene sind nun wieder gefährdet. Man spricht von der Notwendigkeit, die Ökumene neu zu überdenken, wie Vertreter der anderen christlichen Kirchen in Österreich ausdrücklich forderten.
- Gegner der Ökumene – und zwar auf beiden Seiten – fühlen sich bestätigt.

[345] Neuner, 735f.

– Die Verdrossenheit an der Basis wird zu unklugen Reaktionen führen. Die einen sistieren ökumenische Treffen, die anderen gehen noch pragmatischer vor.

Positiva

Diese wurden auch am „runden Tisch“ am 22. Jänner 2001 bei Kardinal Schönborn in Anwesenheit von Kardinal Kasper sehr eingehend diskutiert.

– Die Ökumene ist nun zu noch besserer theologischer Auseinandersetzung gezwungen.
– Die vom Konzil offenen Fragen müssen endlich angegangen werden. Z. B. was war mit „subsistit“ wirklich gemeint? – Was mit „defectus ordinis“ in den westlichen Kirchen? – Wie geht man künftig mit der am Konzil offensichtlich vorschnell gefassten Entscheidung um, manche nur „kirchliche Gemeinschaften“ zu nennen?
– Die Fragen der Ekklesiologie drängen. Geht es um Kirchen „anderer Art“? Um Kirchen gemäß unserem jeweiligen Verständnis? Meinen wir dasselbe mit dem Wort „Kirche“? Was ist mit jenen Gemeinschaften aus der Reformation, die das Wort Kirche gar nicht gebrauchen?
– Die Frage des Amtes: Was bedeutet uns Weihe und was ist „Ordination“?
– Es steht zur Debatte, was Ökumene eigentlich will: nur gegenseitige Anerkennung des Status quo oder doch noch mehr Gemeinsamkeit in wichtigen Fragen und gleichzeitig Anerkennung anderer Fragen, die uns aber nicht mehr trennen? Konsensökumene, differenzierte Konsensökumene oder Differenzökumene?
– Die so qualifizierte innerkatholische Kritik von Theologen und Bischöfen zeigt die wachsende „Mitverantwortung“ und fordert Rom zu präziserer Formulierung heraus.
– Die Ökumene (zumindest in Österreich) ist so gewachsen, dass wir uns versprochen haben, sie auch dadurch nicht stören zu lassen. Vielleicht wird sie dadurch sogar gestärkt.

Peter Neuner schließt seine Kritik mit den Worten: „Doch viel-

leicht kann dieser Text und die Unruhe, die er hervorgerufen hat, als Stachel wirken, dass wieder mit Erschrecken bewusst wird, wie es um die Einheit der Kirche tatsächlich bestellt ist. Was hier mit harten Worten und in einer imperativischen Sprache dargelegt wird, ist nichts anderes als die noch immer bestehende Kirchentrennung. Mit ihr dürfen wir uns nicht abfinden, weil sie dem Willen Jesu und dem Wesen der Kirche widerspricht. Die Betonung der Einheit und Einzigkeit der Kirche, die das Dokument vorträgt, müsste die ökumenische Verpflichtung neu bewusst machen. Es ist zweifellos ein Verdienst des Dokumentes, dass es offenkundig macht, dass wir uns mit dem Status quo, der sich zwischen den Kirchen eingespielt hat, nicht zufrieden geben dürfen. Es kann eben nicht genügen, freundlich miteinander umzugehen, aber überall dort, wo es an den Kern geht, nach wie vor an überkommenen ‚Exkommunikationen' festzuhalten."[346]
Ich möchte noch ein anderes Wort abschließend zitieren. Bernd Jochen Hilberath, Professor für Dogmengeschichte und Direktor des Institutes für Ökumenische Forschung an der kath.-theol. Fakultät der Universität in Tübingen, analysiert im Freiburger Anzeiger den gegenwärtigen Stand der Ökumene. Er sieht dabei die Ökumene auf drei Ebenen: Kirchenleitung – Theologenzunft – Ortskirche als „Basis-Ökumene"[347] und er fragt:

„Wo steht also die Ökumene?

1. Sie ist viel, viel weiter, als engagierte Christenmenschen sich das am Vorabend des II. Vatikanischen Konzils hätten träumen lassen.
2. Sie ist aber noch nicht sehr viel weiter gekommen auf dem Weg, den das II. Vatikanische Konzil grundsätzlich gespurt hat, jedenfalls nicht in der Hinsicht, dass die römisch-katholische Kirche nun auch die Reformationskirchen als Kirchen Jesu Christi ohne Umschweife anerkennen würde. Die theologische Ökumene ist allerdings so weit voran und eine Reihe von Bewegungen

346 Neuner, 736
347 B. J. Hilberath, Ökumenische Bewegung im Rückwärtsgang? In: Anzeiger für die Seelsorge, 2001/2, 5–9

an der Basis auch, dass – zumal angesichts der Herausforderungen unserer globalisierten Weltgesellschaft, in der zugleich die Marginalisierungen zunehmen – die ökumenische Bewegung wachsen wird im Sinne einer Vernetzung, eines ökumenischen Netzwerkes. Gerade auch Papst Johannes Paul II. spürt, dass es nicht mehr allzu lange dauern darf, bis die christlichen Kirchen sich im Sinne einer Einheit in versöhnter Verschiedenheit anerkennen und im Stande sind, gemeinsam Zeugnis zu geben vor der Welt."[348]

Das Referat wurde inzwischen im Bulletin der Theologischen Kurse „Theologie Aktuell" 16 (2000/2001), Heft 4 publiziert.

[348] Hilberath, 9

IV.

Kirche für die Zukunft

Die Jahrhundertwende hat Hoffnungen geweckt, aber auch Sorgen laut werden lassen. Christen und Nicht-Christen haben unter vielem anderen auch nach der Zukunft der Kirche(n) gefragt. Es schien mir, dass viele der Kirche in der sich so rasch verändernden Gesellschaft eine ganz neue Rolle zuschreiben. Vor allem aber will man ihre Erfahrung und ihre Lebensdeutung gerade in einer unsicheren Zukunft nicht vermissen. Freilich wurde gleichzeitig auch die Frage gestellt, wie eine Kirche in ihrem Leben und in ihrer Verkündigung sein müsste, um auf diesem „Weltmarkt" der Meinungen glaubwürdig und überzeugend sein zu können.

In den letzten Jahren wurde ich häufig eingeladen, über diese Themen zu sprechen. Ich tat dies in Österreich, in der Schweiz, in Deutschland, in Prag und an der Päpstlichen Theologischen Akademie in Krakau. Am Neujahrstag 1999 hielt ich darüber eine Meditation im Bayerischen Rundfunk, die ein großes Echo fand. Aus den vielen Vorträgen möchte ich fünf Themen herausgreifen, die mir für das künftige Wirken der Kirche besonders wichtig erscheinen. Sie reichen von einer „Vision" einer Kirche der Zukunft bis hin zu ihrem unverzichtbaren Einsatz für eine Humanisierung der Globalisierung.

Eine Kirche, die Zukunft hat

Die Programme der Bildungseinrichtungen weisen meist jene Themen aus, die gerade besonders gefragt sind. In den letzten Jahren standen weit vorne die Fragen: „Was ist los mit der Kirche?“ – „Kirche, wohin gehst du?“ – „Hat die Kirche eine Zukunft?“ – „Was heißt Christsein an der Schwelle zum 3. Jahrtausend?“ – „Welche Aufgabe hat die Kirche für die Gesellschaft von morgen?“ – Ich selbst habe darüber in den letzten fünf Jahren in vielen kirchlichen Bildungswerken und Bildungshäusern in ganz Österreich gesprochen, aber auch vor Lehrern, christlichen Gewerkschaftern, in Rotary-Clubs und in der neutralen „Schnupperhochschule“ im Kunsthaus in Mürzzuschlag. Die Kernaussagen waren meist folgende:

„Hat die Kirche Zukunft?“, das fragen heute viele. Jene, die die Kirche lieben, tun dies ängstlich besorgt, andere, die die Kirche für entbehrlich, ja für überholt halten, hämisch. Aus dem christlichen Glauben heraus könnte man sofort antworten: In ihrer Gesamtheit hat sie sicher Zukunft. „Die Mächte der Unterwelt werden sie nicht überwältigen“ (Mt 16,18). Es geht aber darum, in welcher Form die Kirche im nun begonnenen Jahrtausend erscheint und welche Kraft sie in der Gestaltung von Gesellschaft und Welt haben wird. Das bewegt besonders die Älteren, die in dieser Kirche groß geworden sind und sie oft wesentlich mitgeprägt haben, das ist aber auch ganz wichtig für die heranwachsende Jugend. Sie will keine Kirche, die in der Defensive ist, sich ständig verteidigen muss, sondern eine Kirche, die geschätzt wird, weil man sie „braucht“. Drei Szenarien zeichnen sich zur Zeit für die Kirche von morgen ab, die Besorgnis erregend sind. Eine Kirche, die Zukunft hat, müsste andere Wege gehen.

Welche Entwicklungen von Kirche sind möglich?

Die Kirche scheint sich derzeit in drei verschiedene Richtungen zu bewegen, die auseinander führen. Die Gefährlichkeit dieser Entwicklung wird oft zu wenig realistisch gesehen.

1. Kirche wird zu einer elitären Gruppe im Getto

Diese Entwicklung kann restaurative, aber auch sog. fortschrittliche Triebkräfte haben. Restaurativ Denkende wollen Erneuerungen rückgängig machen, da sie ja, wie sie meinen, dem Einfluss der Kirche nur geschadet haben. Solche Tendenzen werden stärker. Man zieht sich lieber zurück, „genügt sich selbst", spielt „Spiritualität" gegen Aktion aus, will die „Vertikale" in der Kirche, das „Fromme" so betonen, dass das „Horizontale", also der Weltdienst, zweitrangig wird. Dann bleiben aber nur mehr kleine Gruppen, die ihren Glauben „ungestört" leben wollen. Gesellschaftspolitisch würde das die Kirche zu einem „privaten Verein" degradieren. Vielleicht wird man sie dann noch als eine zu schützende Minderheit vergangener Traditionen achten.
Aber auch so genannte Fortschrittliche wollen elitäre Gruppen bilden. Sie meinen, gelebter Glaube müsse so radikale Auswirkungen haben, dass man sich in der jeweiligen Gemeinde (Pfarr- oder Personalgemeinde) total engagiert, auch mit der ganzen Familie. Das künftige Modell der Kirche wäre also eine „exklusive Gemeindekirche". Die Reste einer „Volkskirche" seien zu vernachlässigen, da dort vielfach die glaubensmäßigen Voraussetzungen für die würdige Feier der Sakramente fehlten und ein zeugnishaftes Vorleben des Christentums für die Welt gar nicht möglich sei. Geht die Kirche in diese Richtung, dann lässt man viele in ihren oft rudimentären religiösen Bedürfnissen allein, nützt aber auch nicht mehr die pastorale Chance, in diesen Menschen die oft kümmerlichen Reste des Glaubens wiederzuentdecken und zur Entfaltung zu bringen.

2. Eine Kirche, die sich billig anpasst

Um Mitglieder zu halten oder auch aus einer falsch verstandenen Öffnung der Kirche zur Welt versuchen manche Kreise in der Kirche, sich allen gängigen Vorstellungen in der Gesellschaft anzupassen und wagen es nicht mehr, Forderungen zu stellen oder Ideale zu nennen. Wenn der christliche Glaube, so sagte einmal Peter L. Berger, der deutsch-amerikanische Soziologe, jede Anpassung mitmacht, die angeblich von der modernen Kultur verlangt wird, bleibt ihm am Ende nichts Eigenes mehr übrig, ist er sozusagen identisch geworden mit dem Selbstverständnis der Moderne – und daher eigentlich überflüssig. Solche Selbstsäkularisierung bedeute somit das geschichtliche Ende des Christentums.[349]

3. Eine sich spaltende katholische Kirche

Damit ist nicht gemeint, dass eine Gruppe, etwa das „Kirchenvolks-Begehren", die Kirche spaltet. Die Gefahr der Spaltung geht tiefer. Nebeneinander stehen ein einseitig hierarchisches Kirchenbild und das Bild vom Volk Gottes. Die Spannung zwischen Lehramt und theologischer Forschung wächst. Die Meinung zu sog. ‚heißen Eisen' wie Empfängnisverhütung, Pastoral an wieder verheirateten Geschiedenen, über erweiterte Zugänge zum Priesteramt wird geradezu als Test für die ‚Rechtgläubigkeit' angesehen, obwohl sie gar nicht an letzte Glaubenswahrheiten rühren. Wer die „heißen Eisen" verteidigt, muss alsbald hören, er gehöre eigentlich nicht mehr recht zur Kirche.
– Der Ansatz des Religionsunterrichts ist trotz vieler grundsätzlicher Überlegungen noch immer umstritten. – Die Meinungen über das Wirken der Kirche nach außen sind nicht einheitlich, wie es sich etwa in Deutschland im Streit über den Weiterbestand kirchlicher Beratungsstellen für Schwangere gezeigt hat. Solche Diskrepanzen lähmen das innerkirchliche Leben, hemmen notwendige Erneuerungen, machen vor allem die Kirche nach außen unglaubwürdig. Wenn diese unterschiedlichen Meinungen nicht offiziell ausgetragen werden, dann wird es tatsächlich zu einer Spaltung kommen, zumindest zwischen der Praxis der Pastoral und der Autorität der Kirche in ihren offiziellen Lehraussagen.
Welche Kirche wird nun Zukunft haben? Eine, die die Gesellschaft „braucht". Und damit ist keine billige Anpassung gemeint, sondern, dass die Kirche ihre eigentliche Sendung in der Welt wahrnimmt, nämlich ihr zu dienen und zum vollen Leben zu ver-

---

[349] P. L. Berger vor der Synode der Ev. Kirche in der BRD. Zit. in: Christ in der Gegenwart 47 (1995), 9, 67

helfen. Das wird sogar zum Existenzproblem der Kirche selbst. Denn eine Kirche „die nicht dient, dient zu nichts".[350]

Die Kirche in ihrer Dienst an der Menschheitsfamilie

Kirche hat eine verkündigende, gleichzeitig aber auch eine diakonische Funktion an der Menschheitsfamilie. Sehr konkret geht auf diesen Dienst das Konzil in der Pastoralkonstitution „Die Kirche in der Welt von heute" ein. Die Kirche habe dem heutigen Menschen Hilfe zu leisten zur volleren Entwicklung seiner Persönlichkeit[351] und der Gesellschaft, zu einer Einheit zu kommen, die aus der Gesinnung und den Herzen erwächst.[352] Kirche will für die Menschen zu einem Zeichen werden, nicht auf sich hin, sondern auf Gott. Es ist ein Dienst, der nicht „von oben herab", sondern im Dialog angeboten wird. Ein Dienst, den jeder Christ, nach Maßgabe seiner Begabung und Berufung, aus seinem Glauben heraus zu erfüllen hat.[353] Aber braucht die Gesellschaft diesen Dienst? Ist sie nicht längst selbständig genug, hat sie sich nicht bewusst emanzipiert von kirchlichen, religiösen Zielstellungen und Hilfeleistungen?

Die hoffnungsvollen Triebe von Humanität in der rein säkularen Gesellschaft sind in Gefahr zu verdorren

Ein Blick in die Geschichte zeigt dies. Was ist etwa aus den so bedeutsamen Prinzipien und Utopien der Frz. Revolution „Freiheit, Gleichheit, Brüderlichkeit" geworden? Der Papst hat in zwei Besuchen in Frankreich 1981 und 1983 sehr bewegend darüber gesprochen.[354] Sie sind nicht nur Erbe der Aufklärung, sondern auch „vernachlässigtes Erbteil des Evangeliums". Die Kirche hat in ihrer pauschalen Abwehrhaltung gegen die Aufklärung ver-

---

[350] Vgl. J. Gaillot, Eine Kirche, die nicht dient, dient zu nichts. Erfahrungen eines Bischofs. Freiburg i. Br. 1990

[351] GS 41

[352] GS 42

[353] Vgl. GS 43

[354] Vgl. dazu J. M. Lustiger, Die geistliche Dimension Europas. In: Kirche in Europa. Hg. F. Kardinal Wetter, Düsseldorf 1989, 12ff.

säumt, an der Vertiefung dieser Utopien mitzuarbeiten, und deshalb sind sie wohl auch verkommen.
Was ist aus den Desideraten einer 68er-Generation geworden, die im Protest gegen eine fast nur auf Leistung ausgerichtete Gesellschaft von neuer Lust am Leben träumte, von mehr Freiheit, von Geschwisterlichkeit, von einer anderen Art der Liebe? Was wird konkret aus einer Charta der Menschenrechte? Wohin führte bis jetzt das stolz propagierte „Weltethos" oder eine neue „Weltordnung", wie sie nach dem Golfkrieg angekündigt worden war? Was richten die vielen internationalen Organisationen bewusstseinsändernd aus? Was veränderten tatsächlich verschiedene Weltgipfel über Bevölkerungsfragen und soziale Fragen? Die immer zahlreichere Teilnahme von NGOs, also privaten Organisationen, zeigt schon, dass Politik allein zu schwach ist und anderwärts Hilfe sucht. Wie wurde die unerwartet geschenkte Freiheit nach dem Jahr der Wende 1989 genützt? Wie werden die reichen Staaten des Westens mit ihrem Wohlstand fertig? Stehen wir nicht alle unter dem erschreckenden Eindruck einer wachsenden Entsolidarisierung, einer Zunahme von Egoismen individuell und kollektiv, einer Radikalisierung von Nationalismen bis hin zum Terror? Von wo sollen taugliche Hilfen zu einer Humanisierung der Globalisierung kommen, die derzeit fast ausschließlich von den Geld- und Produktionsmärkten vorangetrieben wird? Das alles sind Herausforderungen für die Kirche. Aber woher kommt ihr der Mut, sie anzunehmen? Aus welchen Quellen kann sie schöpfen?

Christliche Utopien als Hilfe für scheinbar unlösbare Probleme der Gesellschaft

Die Kirche in Österreich und wohl auch in den meisten anderen europäischen Ländern existiert übrigens gar nicht in einer total säkularisierten Welt, wie manche allzu pessimistisch glauben. Diese ist nur zum Teil säkularisiert und durch die vielen Reste eines Volkskirchentums doch noch gewissermaßen christlich orientiert. Aber welche Ideale und Werte sind nun heute und für morgen unverzichtbar, „damit das orientierungslos dahinschippernde Schiff der Postmoderne wieder Richtung und Halt findet?"[355]

Offenbar geht es um ein Ziel, das dieses Schiff anzusteuern hat, eines, das hinter dem oft zu eng gezogenen irdischen Horizont liegt. Der kämpferische evangelische Theologe und Pfarrer Friedrich Schorlemmer nennt dieses Ziel „christliche Utopien“ und er versucht mit Leidenschaft zu begründen, warum unsere Gesellschaft sie braucht und woher die Kirche sie ansteuern kann. Er meint, sie wären in der Vaterunser-Bitte „Dein Reich komme“ zu finden. „Weil wir auf das Reich Gottes hoffen, behält die Welt ihren Sinn. Dieser Sinn besteht eben darin, dass sie auf das Werden dieses Reiches und seiner Gerechtigkeit angelegt ist. Dieses Reich und seine Gerechtigkeit werden zum höchsten Wert, der alle anderen Werte relativiert. Wer, wenn nicht wir Christen, muss zu denen gehören, die aus Hoffnung Widerstand machen gegen neue Ungerechtigkeit, da wir die alte gerade überwunden haben? Wer, wenn nicht wir, sollte eine Alternativ- und Kontrastgesellschaft sein, die der Atomisierung und der Herrschaft des Eigen-Sinns vor dem Gemeinsinn entgegenwirkt? Wer, wenn nicht wir, die wir auf das Reich Gottes warten, kann auch darauf verzichten, alles für die Sicherung der Kirche zu tun? Wer, wenn nicht wir, sollte eine stabile und dynamische Gemeinschaft sein, während der innere Zerfall der Institutionen unablässig weitergeht, die Werte zerbröseln und jeder für sich allein dahinresigniert oder voll damit beschäftigt ist, sein kleines Glück zu organisieren? Das Reich, das wir im Vaterunser erbitten, ist eine Gemeinschaft, die Menschen in einem bestimmten Geist zusammenführt. Hier ist ein konstruktiver Widerstand durch die Erfahrung von Gemeinschaft in Hoffnung zu organisieren.“[356]

Damit wird in einer fast leidenschaftlichen und komprimierten Weise eine wesentliche Aufgabe der Kirche für die Gesellschaft angesprochen, mit einem Appell, sich dieser Aufgabe auch zu stellen.

---

355 M. Plate, „Ohne Buß- und Bettag?“ in: Christ in der Gegenwart 47 (1995), 9, 67

356 F. Schorlemmer, Das Schicksal der Utopie am Kadaver einer Idee. In: Die Flügel nicht stutzen. W. Teichert, E. v. Wedel (Hg.), Düsseldorf 1994, 50f.

Konkrete Hilfen, die die Gesellschaft dringend von der Kirche braucht

Manfred Plate, früher Chefredakteur von „Christ in der Gegenwart", hat 1995 in einem Artikel drei Dimensionen angegeben, in denen unsere Gesellschaft dringend die Kirche braucht. Es sind dies: die ethische, die soziale und die sakrale Dimension.[357]

Die Hilfe der Kirche im ethischen Bereich

Der Ruf der Gesellschaft nach ethischen Normen ist groß. Lehrstühle für Ethik werden an technischen Hochschulen, Wirtschaftsuniversitäten, medizinischen Fakultäten eingerichtet. Das sind Zeichen, dass eine Not auf dem Gebiet sittlicher Verantwortung erkannt wird. Und die Moral geht in vielen Bereichen der Gesellschaft erschreckend zurück. Manche machen der Kirche den Vorwurf, sie sei mitschuldig, weil sie nicht mehr wie früher die Sünden beim „Namen" nenne und viel zu wenig von der vergeltenden Gerechtigkeit Gottes spreche. Hilfe der Kirche im ethischen Bereich darf sich nicht in der Verkündigung von Normen erschöpfen, sondern sollte darin bestehen, den Menschen zu bestimmten Grundhaltungen zu befähigen, ohne die die Gesellschaft ihre Probleme nicht bewältigen kann. Einige seien genannt:

Zu mehr Verantwortung motivieren: Die Bereitschaft, Verantwortung zu übernehmen, ist in unserer Gesellschaft geschwunden, Verantwortung wird leichtfertig abgeschoben. Freiheit wird oft eher als frei *von* Verantwortung denn als frei *aus* Verantwortung verstanden. Das Hinwegdiskutieren von Schuld und Sünde stellt Verantwortung an sich in Frage. Kirche soll Hilfe leisten, Verantwortung wieder zu erkennen und dazu motivieren, sie auch zu übernehmen. Verantwortung vor sich selbst, vor der Gemeinschaft, auch vor der nachkommenden Generation, Verantwortung vor einer höheren Instanz und im Hinblick auf eine Lebensbilanz,

---

[357] M. Plate, a.a.O. 67

die schlussendlich nicht mehr korrigiert oder verfälscht werden kann. In diesem Sinn sollte dann auch wieder deutlicher von Schuld gesprochen werden: nicht moralisierend, anklagend, sondern im Hinweis auf ihre zerstörerische Wirkung für den Einzelnen und das Zusammenleben.
Zu mehr Mut zur Verantwortung sollte die Kirche schon in ihren eigenen Reihen motivieren. Es geschieht dort, wo sie selbst mehr Mitverantwortung zulässt. Etwa mehr Mitverantwortung in Gremien, die sich eben nicht nur auf „Beratung" beschränken darf. Freilich kann die Mehrheit nicht über Glaubensfragen entscheiden, aber zuallermeist geht es um praktische Fragen des Lebens der Gemeinde. Und sogar wo es um Fragen kirchlicher Lehre geht (gemeint sind nicht die feierlich definierten Wahrheiten), kann Mitsprache notwendig sein, wo sonst konkrete Erfahrungen aus dem Leben und die Erkenntnisse der Humanwissenschaften noch zu wenig beachtet worden sind.

Gewissen wecken und bilden: Es „ist die verborgenste Mitte und das Heiligtum im Menschen, wo er allein ist mit Gott, dessen Stimme in diesem seinem Innersten zu hören ist", sagt das Konzil. Also nur etwas für gläubige Menschen? „Durch die Treue zum Gewissen sind die Christen mit den übrigen Menschen verbunden im Suchen nach der Wahrheit und zur wahrheitsgemäßen Lösung all der vielen moralischen Probleme, die im Leben der Einzelnen wie im gesellschaftlichen Zusammenleben entstehen."[358] Aber haben sie nicht alle nach ihrem Gewissen gehandelt, ein Jägerstätter und Neururer genauso wie ein Himmler und ein Hitler? Gerade hier wird klar, dass zur Gewissensbildung die stete Konfrontation mit der Meinung anderer gehört und letztlich die Unterstellung unter ein höheres Gesetz, eine alles Irdische überragende Instanz, wie sie gerade in der Reichgotteshoffnung und in der Gerechtigkeit dieses Reiches angesagt wird.
Den Menschen zu mehr „Gewissenhaftigkeit" zu verhelfen, kann wohl nur eine Kirche, die selbst den Gewissensentscheid der ei-

---

[358] GS 16

genen Glieder sehr ernst nimmt. Die also die Sittlichkeit des Handelns nicht so sehr von den äußeren Fakten ableitet, sondern von der inneren Haltung. Gewissensbildung beginnt aber dort, wo Christen schon von klein auf zu Selbständigkeit erzogen werden. Das setzt aber kritisches Denken voraus, Selbstkritik, um die eigenen Handlungsmotive zu „entlarven", aber auch die Zusammenhänge offen zu legen, in denen heute Menschen in einer Medien- und Massengesellschaft leben. Und Jugendlichen darf man nicht so sehr Verhaltenskataloge vorhalten, sondern man soll ihnen helfen, das Gewissen zu bilden.

Enthaltsamkeit und Mäßigkeit sinnvoll begründen: In einer Konsumgesellschaft, in einer Marktgesellschaft, in der Produktionssteigerung ein ehernes Gesetz zu sein scheint, wird „Völlerei", so meinte einst der Philosoph Hans Jonas[359], zur sozialökonomischen Tugend, ja zur Pflicht. In einem Zwang zum Konsum aufgewachsen, nimmt es nicht Wunder, dass sich eine Konsumsüchtigkeit auf viele Bereiche erstreckt, auf materielle Güter, auf maßlosen Gelderwerb, auf das schamlose Ausnützen aller nur irgendwie erreichbaren Sozialleistungen, vielleicht sogar auf den „Konsum" von Menschen in Machtansprüchen über sie oder in sexueller „Aneignung". Die Jugend wurde von Eltern der Wohlstandsgesellschaft bewusst oder unbewusst dahingehend erzogen. Demgegenüber wäre zu mehr Maßhalten zu motivieren, nicht nur für die persönliche „Vollkommenheit", sondern „im Weitblick auf die Erhaltung des weltweiten Gesamthaushaltes".[360] Genügsamkeit ist also eine Facette der Ethik der Zukunftsverantwortung. Gerade das wird die Jugend in ihrer berechtigten Angst um die Zukunft „ihrer" Welt verstehen.
Kirche sollte endlich lernen, zum Verzicht zu motivieren, ohne sich dabei auf falsche Opfertheorien oder auf eine allgemeine Ächtung des Irdischen zu berufen. Gerade aus der Freude am

---

359 H. Jonas/D. Mieth, Was für morgen lebenswichtig ist. Freiburg-Basel-Wien 1982, 22f.
360 Jonas, 22f.

Irdischen käme mehr Achtung vor der Schöpfung. Jugend hat Freude am Leben und kann nur verzichten, wenn das dem Leben gut tut. Und zu sinnvollem Verzicht wird die Kirche dann am glaubwürdigsten verhelfen können, wenn sie das so peinlich wirkende Image ablegt, es gehe ihr selbst so oft um das Geld, sogar bei heiligen Dingen.

Die Hilfe der Kirche im sozialen Bereich

Gerade in Opposition gegen die Kirche hat man „sozial" und „Sozialismus" in der Geschichte auf die Kampfesfahnen geschrieben. Es scheint sich aber heute drastischer denn je zu erweisen, dass „sozial", „gemeinschaftlich", „einer für den anderen" ohne jene christliche Utopie einer fast „unvernünftigen" Nächstenliebe nicht verwirklicht werden kann.

Keine Solidarität ohne Nächstenliebe: Wir leben in einer „postsolidarischen" Gesellschaft. Das zeigt sich in den harten Auseinandersetzungen der Interessensgruppen in der Innenpolitik, weltweit im Aufkommen kämpferischer Nationalismen und einem eiskalten, wirtschaftlichen Konkurrenzkampf. Auf der Strecke bleiben immer die Schwachen, die keine Lobby haben. Die kirchliche Verkündigung hat immer die „Liebe" zum Hauptthema gemacht. Man wird in der modernen Gesellschaft die Glaubwürdigkeit der Kirche daran prüfen, wie sehr „Liebe" in ihr selbst gelebt wird, einmal untereinander, aber dann besonders in Solidarität mit den Armen, den Entrechteten, den Ausländern und den vielfach Marginalisierten. Kirche wird sich fragen lassen müssen, wie sie mit solchen umgeht, die etwa in der Ehe „gescheitert" sind, wie sie sich zu Andersgläubigen oder gar Mitgliedern anderer Religionen verhält.
Es ist erstaunlich, welch soziales Gespür oft gerade junge Menschen gegenüber Behinderten oder Ausländern haben. Mit zunehmendem Alter scheinen sie aber von einer allzu ichsüchtigen Umwelt „verdorben" zu werden. Woher soll eine Gesinnungsänderung kommen, wenn nicht aus christlichen Motiven? Und politische Parteien, die sich auf christliche Grundsätze verpflich-

ten wollen, müssen sich die Frage gefallen lassen, was sie darunter verstehen und ob sie bereit sind, diese auch im umfassenden, radikalen Sinn Christi durchzusetzen, selbst gegen den Widerstand vieler in ihren eigenen Reihen. (Van der Bellen, der Bundessprecher der Grünen in Österreich, sagte einmal, er könne sich eine Zusammenarbeit mit der ÖVP vorstellen, wenn diese wieder zu ihren christlichsozialen Grundsätzen zurückfindet! – Politischer Gag oder doch berechtigter Vorwurf?)

Hilfe zum besseren Gelingen partnerschaftlicher Beziehungen: Woher soll Hilfe zum besseren Gelingen kommen, wenn nicht aus einer „christlichen Utopie" der Ehe? Die Kirche sollte ihre einmaligen Möglichkeiten, auf Ehe und Familie vorzubereiten, noch viel intensiver nützen. Das setzt voraus, dass sie das in den letzten Jahren auf dem Gebiet der Sexualmoral verlorene Vertrauen wiedergewinnt. Gerade aus der gläubigen Sicht der Schöpfung und damit auch des Leiblichen könnte die Kirche eine so positive Haltung zur Sexualität vermitteln, nicht, um dem „Zeitgeist" nachzugeben, sondern um einer Gesellschaft, die es aus sich offenbar nicht schafft, zu einem humaneren Umgang mit Sexualität und zum besseren Gelingen ehelicher Partnerschaften zu verhelfen.

Hilfe zur Versöhnung: Die Kirche beschreibt sich im Konzil selbst als „Zeichen und Werkzeug für die innigste Vereinigung mit Gott wie für die Einheit der ganzen Menschheit".[361] Wichtige Voraussetzung für Versöhnung aber ist Vergebung. Im politischen Großmaßstab scheint Vergebung keine Chance zu haben. Und selbst wo sie beginnt, haben sich fast immer Rückschläge, meist durch radikale Gruppen erzwungen, eingestellt. Zur christlichen Utopie gehört es zu glauben, dass dennoch auch unter Parteiungen, Volksgruppen, ja ganzen Völkern Versöhnung möglich ist. Dafür muss aber zuerst ein Resonanzboden geschaffen werden, „in dem ein solcher Gedanke seinen Wohlklang entfaltet. Christen können

---

[361] LG 1

und müssen damit anfangen, durch das ansteckende Zeugnis ihrer Vergebungsbereitschaft und gelingenden Versöhnung, einen solchen Resonanzboden zu bauen."[362]
Kirche, um hilfreich sein zu können, müsste alles daransetzen, um die vielen Unversöhnlichkeiten auch in den eigenen Reihen zu beheben, zwischen verschiedenen Gruppierungen, zwischen sog. Konservativen und Progressiven. Versöhnung müsste vorgelebt werden zwischen dem sehr aktiven Innensegment der Gemeinden und den nur mehr lose verbundenen Randgruppen einer „Volkskirche", vor allem aber auch in der Ökumene, die geradezu zu einem Vorbild „versöhnter Verschiedenheit" werden soll.

Die Hilfe der Kirche zur Wiedergewinnung des Sakralen

In einer vom praktischen Materialismus geprägten Welt scheint das Sakrale keinen Platz mehr zu haben. Aber wenn dem Menschen nichts mehr „heilig" ist, wovor wird er dann noch Ehrfurcht haben? Wie kann die Kirche das Sakrale zurückzugewinnen?

Die Ehrfurcht wieder entdecken: Gerhard Marschütz, Assistent am Institut für Moraltheologie an der kath.-theol. Universität Wien, meint in seiner Dissertation unter dem Titel „Die verlorene Ehrfurcht"[363], dass in unserer Zeit Ehrfurcht weithin verloren gegangen sei. „Damit ist nicht bloß ein ‚rätselhaftes, missverständliches Wort' aus unserem alltäglichen Sprachgebrauch verschwunden, sondern vor allem ein bestimmtes Verständnis von Wirklichkeit, das in der Ehrfurcht zum Ausdruck kommt und nur in ihr realisiert wird: die letztlich unverfügbare, weil vorgegebene Geheimnishaftigkeit aller Wirklichkeit."[364] Die Kirche leistet der Gesellschaft einen unverzichtbaren Dienst, wenn sie sie wieder die Ehrfurcht lehrt. Ehrfurcht vor der einmaligen Würde jedes Menschen, der Schöpfung, dem Geheimnis der Liebe. Der wirkungsvollste

---

[362] O. H. Pesch, Christliche Lebenspraxis heute und hier, Würzburg 1994, 158
[363] G. Marschütz, Die verlorene Ehrfurcht. Würzburg 1992
[364] Marschütz, a.a.O. 1 u. 3

Ort für diesen Dienst ist die Liturgie und die Feier der Sakramente. Man wirft der nachkonziliaren Kirche vor, sie habe die „Mystik“ verloren. Wenn man damit die vielen Unverständlichkeiten früherer Liturgie, was Sprache und Zeichen anlangte, meint, ist Mystik gründlich missverstanden. Was aber oft wirklich fehlt, ist die erlebbare Ehrfurcht in den Gottesdiensten. Die Liturgie muss neue Formen finden, eine neue Sprache und moderne Symbole, die gerade auch die Jugend so ansprechen, dass sie das „Heilige“ erahnen können.

Der „säkularen Welt“ den Blick auf Gott hin öffnen: Der moderne Mensch meinte in seiner Fortschrittseuphorie leicht, ohne Gott auskommen zu können. Bei allem sozialen und politischen Engagement darf die Kirche ihre ureigenste Aufgabe nicht vergessen, der Welt die Kunde von Gott zu bringen. Viele wenden sich heute von der Kirche ab, nicht weil sie Gott nicht suchen, sondern weil sie ihn gerade in den Kirchen nicht zu finden glauben. Wir sind der Welt eine neue Art über Gott zu reden schuldig. Über einen Gott, der in die Freiheit führt, der dem Leben neue Perspektiven setzt, es mit Ziel und Sinn erfüllt. Und dieser Gott ist nicht abstrakt zu verkünden, sondern soll erfahrbar werden: im Gebet, in der gemeinsamen Feier, im Umgang mit den Menschen und mit der Schöpfung.

Die existentielle Frage wach halten: „Was kommt danach?“ – Alle irdische Hoffnung, von der auch Philosophen reden, überschreitet nicht das Sichtbare, Voraussehbare. Der Mensch ist aber angelegt, sich darüber hinauszusehnen. Da ihn die Antworten der Kirche nicht mehr befriedigen, gibt er sich mit möglichen Formen der Reinkarnation zufrieden, ohne zu merken, dass es bei dieser Vorstellung doch keine endgültige Erlösung gibt. Früher hat die Kirche zu viel vom Jenseits geredet, auf seine ausgleichende Gerechtigkeit vertröstet. Jetzt scheint sie eher in Gefahr zu sein, zu viel vom Diesseits und seiner Veränderung zu reden. Damit aber bliebe sie die allerwichtigste Antwort den Menschen schuldig: Was ist der Tod? Was kommt danach? Welche Verantwortung lade ich heute hier auf mich, wenn ich an das Danach denke? Aber auch: Welche Kraft gibt mir ein Jenseitsglaube, mich hier und jetzt schon ganz einzusetzen, so dass etwas vom kommenden Reich Gottes schon erlebbar wird?

Wie eine Kirche sein müsste, die für den notwendigen Dienst der Erneuerung gerüstet ist

- Eine Kirche, die sich ihrer religiösen Sendung voll bewusst ist und doch weiß, dass ihr gerade aus dieser religiösen Sendung Auftrag und Kraft zukommt, der Welt auch beim Aufbau und der Festigung der menschlichen Gemeinschaft nach göttlichem Gesetz zu helfen.[365]
- Eine Kirche, die in der Feier der Sakramente etwas von der Gegenwart Gottes in der Gemeinde und von seinem unverbrüchlichen Ja zum Menschen erlebbar macht.
- Eine Kirche, die zur Anwältin und Fürsprecherin jener wird, die für die Gesellschaft keine Bedeutung haben.
- Eine Kirche, die in ihren Reihen all das vorzuleben versucht, was sie der Gesellschaft als menschenwürdig und lebenswichtig zu tun rät.
- Eine Kirche, die sich vorurteilslos dem Dialog mit der Welt stellt; einer Welt, der sie viel zu bieten hat, der sie aber auch selbst viel verdankt.[366]
- Eine Kirche, die manche alte (auch politische) Bindungen aufgibt und dafür Allianzen schließt mit allen Menschen guten Willens.
- Eine röm.-kath. Kirche, die wegen der Glaubwürdigkeit ihres Zeugnisses für den versöhnenden und einigenden Christus alles nur Erdenkliche unternimmt für die wachsende Einheit aller Christen.
- Eine Kirche, die sich noch viel deutlicher zur gemeinsamen Wurzel ihres Glaubens mit dem Judentum bekennt und bereit

---

[365] Vgl. GS 42
[366] GS 36 u. 44

ist, zusammen mit den monotheistischen Religionen Zeugnis für den einen, wahren, barmherzigen, friedfertigen und einmal alle richtenden Gott abzulegen.
- Eine Kirche, die die Welt nicht beherrschen, sondern ihr dienen will. Die dann zu ihrem Wesen zurückfindet, wenn sie wie Salz und Sauerteig sich in die menschliche Gemeinschaft mengt und zu einem Licht in aller Dunkelheit wird.

Eine Kirche der Zukunft wird unablässig beten: „Dein Reich komme"

„Wer so bittet", meint Schorlemmer, „hält die Augen offen und sieht, welche ermutigenden Lebenszeichen aufleuchten, und behält den Mut, sich zu bewegen, statt gebannt auf heraufziehende Katastrophen zu starren und zu erstarren. Beten ist Offensein und Offenbleiben. Beten führt zusammen, wo alles auseinander läuft und wo alles verläuft. Wer betet, hört auch auf, seine Verdrossenheit vor sich her zu tragen. Er weiß um das Wofür und ein Wohin. Wer aber das Wofür verloren hat, sieht auch kein Wohin mehr. Wer kein Wohin mehr hat, weiß auch nicht mehr das Wie."[367]
Für eine Kirche, die Zukunft hat, trägt jeder von uns Verantwortung. Die Kirche ist nicht nur ein wunderbares Geschenk, sondern auch eine große Aufgabe. Der Blick in die Zukunft braucht uns nicht zu ängstigen, wenn wir uns dieser Aufgabe in gläubiger Zuversicht stellen.

Zum selben Thema wurde publiziert: H. Krätzl, Was ist aus der Kirche geworden? In: Anzeiger für die Seelsorge 1994, Heft 9, 409–417.

---
[367] Schorlemmer, a.a.O. 53

Kirche kann in der Zukunft nicht auf die Jugend verzichten

1993 wurde ich zu meinem großen Erstaunen von der Diözese St. Gallen in der Schweiz zu einem Diözesanen Forum für kirchliche Jugendarbeit eingeladen. Ich war auf diesem Gebiet sicher kein Experte. Aber ich war 20 Jahre lang „Schulbischof" in der Österreichischen Bischofskonferenz und hatte als solcher viele Kontakte zum Deutschen und auch zum Schweizer Katechetenverein. Besonders gut war ich mit dem Schweizer „Schulbischof" Othmar Mäder befreundet, der damals Diözesanbischof in St. Gallen war. Vermutlich hat er mir dieses Vertrauen geschenkt. Es war eine sehr spannende Tagung mit haupt- und ehrenamtlichen Verantwortlichen in der Jugendarbeit. Ich erinnere mich noch, wie eine ganz junge Jugendführerin nach dem Vortrag sehr offen zu mir sagte: „Ich wundere mich, dass ein alter Mann (ich war damals 65) sich noch so in die Jugend hineinversetzen kann." Das mahnte mich an mein vorgerücktes Alter, machte mich aber auch ein wenig stolz. Dass ich trotz meines Alters mit den Problemen der Jugend ein wenig vertraut bin, führte ich auf meine Kontakte mit Firmlingen zurück. In meinen Bischofsjahren habe ich ca. 17.000 junge Menschen gefirmt. In den letzten Jahren erbitte ich von den Kandidaten vorher einen Brief. Ich habe viele hundert bekommen und mit großem Interesse, aber auch nicht ohne manche Sorge gelesen. Der „gute Ruf" meines Referates in St. Gallen muss sich verbreitet haben, jedenfalls wurde ich dann 1995 zum 1. Aargauer Jugendseelsorgeforum (Diözese Basel) eingeladen, 1997 zu einer ähnlichen Veranstaltung nach Zürich (Diözese Chur) und nach Weinfelden (Diözese Basel). Ich sprach später auch in Österreich mehrfach über „Kirche und Jugend", zuletzt am 28. 10. 2000 bei einem Symposium der Salesianer Don Boscos in ihrem Jugendzentrum in Wien, das unter dem Motto stand „Festhalten statt verhindern". Die Hauptaussagen, die ich in den Vorträgen jeweils machte, möchte ich hier zusammenfassen.

„Die Beziehung zwischen Jugend und Kirche befindet sich in der nachkatastrophalen Ära." Mit diesen Worten schreckte Norbert Copray, Kirchensoziologe und Mitarbeiter der Zeitschrift „Publik-Forum" in Deutschland im Jänner 1997 in Wien auf einer Seelsorgertagung über Jugendfragen die Zuhörer auf.[368] „Das Schiff, das sich Gemeinde nennt, ist zerbrochen. Wir versammeln Schiffbrüchige, ihre an Land gebliebenen Angehörigen und Kinder, sowie neugierige Landbewohner, die die Atmosphäre genießen, wenn Überlebende erzählen ... Die Twens und Thirtys sind in der Kirche nicht mehr zu sehen. Wo sie auftauchen, werden sie Vorführobjekte und Funktionäre. Junge Menschen haben mit der Kirche nichts mehr am Hut. Ihre Kultur ist postchristlich und antivolkskirchlich."

Die Analyse von Copray ist sicher einseitig. „*Die* Jugend" gibt es nicht, denn die Jugendkultur ist überaus vielschichtig. Zum anderen gibt es durchaus Jugendliche, die sich in kirchlichen Gruppierungen versammeln oder sich sogar in solche flüchten. Aber insgesamt haben „Christentum und Kirche bis in zentrale Aspekte hinein ihre Plausibilität verloren".[369] Am unmittelbarsten erleben wir das in der Pfarrarbeit. Die Folge ist, dass viele Pfarren auf Jugendarbeit verzichten, weil sie sich nicht mehr „lohnt". Man legt das Schwergewicht eher auf Erwachsenenseelsorge oder auf kleine Gruppen, die „pflegeleicht" sind. Vor allem die Seniorenarbeit, die ja auch wirklich wichtig ist, boomt. Aber wie stellt man sich dann die Zukunft der Kirche vor? Gerade die Sorge um junge Menschen müsste „ein bevorzugter Auftrag der Kirche" sein. Will man die Pfarren – und über diese erleben Jugendliche ja zuerst und unmittelbar „Kirche" – wieder für sie anziehend machen, muss man sich zuerst fragen, warum sich Jugendliche dort nicht mehr zu Hause fühlen und wie Pfarren in Zukunft sein müssten, um das Vertrauen Jugendlicher wiederzugewinnen.

368 N. Copray, Jugendliche pfeifen auf das Christentum. Referat auf der Seelsorgertagung in Wien. 2.–4. Jänner 1997; Manuskript

369 Copray, 4, der sich auf eine Studie von Emnid (Bielefeld) 1996 beruft

Warum Jugendliche sich heute in den Pfarren nicht beheimatet fühlen

Ein Grund liegt darin, dass Jugendliche und Gemeinde je unterschiedliche Erwartungen haben, die nicht auf einen Nenner zu bringen sind.

Was Pfarrgemeinden (Seelsorger) oft von Jugendlichen (immer noch) erwarten

Die Jugendlichen müssen für das Pfarrleben gleichsam eine „Eintrittskarte", eine Legitimation mitbringen, die ungefähr Folgendes aufweisen sollte:

- Möglichst regelmäßiger Besuch der Gottesdienste.
- Bereitschaft zu verschiedenen Diensten in der Pfarre: in Liturgie, im geselligen Pfarrleben, im Sozialen. Jugend soll zum „Herzeigen" da sein.
- Bestimmte Erwartungen an den Lebensstil: was die Kleidung anlangt, die Höflichkeit, den Umgang mit dem anderen Geschlecht bei beginnender Partnersuche usw.
- Jugend wird nach den Werten der älteren Generation beurteilt. Bejaht die Jugend diese nicht, heißt es, „sie habe eben keine Werte mehr", ohne zu fragen, ob sie nicht nur eine andere Werteskala hat.
- Man erwartet von den Jugendlichen, dass sie „fertige, reife Christen" seien. Die Ansprüche an sie sind oft höher als jene an die übrigen Gemeindemitglieder.
- Oder aber man erwartet gar nichts mehr, lässt sie spielen und klagt nur, wie anders die Jugend heute eben ist und wie früher alles besser war.

Was Jugendliche an der Kirche (Pfarrgemeinde) stört

- Die Kirche genießt keinen „Vertrauensvorschuss" mehr wie früher. Sie wird nach ihrer „Nützlichkeit" für das Leben eingeschätzt. Und religiöser Glaube muss nach dem Gefühl der Jugend (nur der Jugend?) keinesfalls kirchlich gebunden sein.

- Die Einschätzung der Kirche hängt vom jeweiligen Image in der Öffentlichkeit ab. Dort gilt sie aber eher als rückständig, nicht immer glaubwürdig, nicht zeitgemäß, innerlich zerstritten, am aktuellen gesellschaftlich-politischen Leben kaum beteiligt.
- „Die Pfarre will uns nicht so, wie wir sind, sondern wie wir nach einem (überholten) Klischee der ‚Hierarchie' und der ‚Frommen' sein sollen."
- Zu enge Bindung an die Pfarre macht das eigene Leben nicht reicher, sondern durch Vorschriften, Gebote, Vorwürfe und Mahnungen eher enger.
- Die Gottesdienste sind „unendlich langweilig" und geben uns nichts.
- „Mit unseren Problemen hinsichtlich Gesellschaft, Politik, Umwelt, Frieden, Gewaltlosigkeit setzen wir uns nicht durch." Wer sich gar protesthaft äußert, gilt als „links", jedenfalls liegt ein solches Engagement weitab vom eigentlich „Religiösen".
- „Über Sexualität reden und denken wir ganz anders (oder zumindest offener) als die vor uns und das hat auch Konsequenzen für unser Verhalten." Die Kirche hingegen ist weiterhin leibfeindlich, sieht Sexualität gleich im Zusammenhang mit Sünde, kontrolliert sogar die Intimsphäre. Dagegen werden wirklich schwere Sünden wie soziale Ungerechtigkeit, Ausbeutung der Schöpfung, Formen nationaler Auseinandersetzungen, Ausländerhass toleriert, ja bagatellisiert.

Solche Urteile sind nicht von Vorurteilen frei. Aber viele Anlässe, sogar offizielle Aussagen der Kirche und verzerrte Mediendarstellungen nähren sie und machen sie verständlich.

Was die Jugend heute sucht und braucht

Kirche kann Jugendliche nicht mehr durch äußere Zwänge an sich binden – und das ist gut so –, darf sie aber auch nicht mit billigen Werbemethoden ködern, etwa mit Pop- und Rockmusik, die sie nicht selber aufführen, oder mit „geilen Diskomessen". Ist die Jugend wirklich „bevorzugter Auftrag der Kirche", dann muss sich diese fragen, was Jugend „braucht". Sie bewältigt ihre Lebensaufgaben pragmatisch, merkt aber doch, dass ihr vieles fehlt. Oft fehlt ihr noch viel mehr, als sie wahrhaben will. Allgemein scheint es um folgende Werte zu gehen:

Suche nach dem eigenen Ich[370]

Manche sehen in „Selbstverwirklichung“ ausschließlich eine Form von wachsendem Egoismus. Andererseits ist das Hauptproblem der Persönlichkeitsbildung heute eine Ich-Schwäche. Viele junge Menschen haben nie zu sich selbst gefunden, weil ihnen in der Kindheit die nötige Akzeptanz in der Familie fehlte. Soziale Stützen und der Wertekonsens einer eher geschlossenen Gesellschaft sind gefallen. Sie müssen den eigenen Standpunkt, ihre Identität finden, oder sie werden von der Masse und den Massenmedien widerstandslos mitgerissen. Symptome fehlender Identität sind: persönliche Angst, fehlender Einsatzmut, Intoleranz, Anfälligkeit für autoritäre Führergestalten und Systeme, Herden- und Anpassungsmentalität. Das frühzeitige Ausbrechen aus dem Familienverband, Versuche „auszusteigen“, manche Art von Opposition, Provokation, Drohgebärden oder auch Passivität sind wie Hilferufe nach mehr eigener Identität.

Suche nach einem Du

Da heute in den Familien oft eine bedrohliche Beziehungslosigkeit herrscht, flüchten Jugendliche allzu bald in Zweierbeziehungen, um endlich Annahme zu erleben. Für junge Menschen sind heute viele Formen des Zusammenseins denkbar und lebbar. Der Sexualverkehr hat oft einen geringeren Stellenwert, als Erwachsene argwöhnen. Allerdings wird er auch nicht als tiefste Form der Vereinigung nach sorgfältiger Partnerwahl angesehen, sondern eher als eine der üblichen Formen der Kommunikation. Mit Sünde, so empfinden viele Jugendliche, hat das nichts zu tun.

---

370 Vgl. dazu Ch. Friesl, Tausend Leben könnt' ich leben. In: Heiliger Dienst, 49 (1995), Nr. 1, bes. 13f.

Suche nach Gemeinschaft

„Die Bindungsfähigkeit sinkt, das Bedürfnis nach Bindung steigt." Jugendliche fürchten sich vor Gruppen, die verwaltet werden. Eher wollen sie eine „Clique", in der sie frei unter sich sind. Sie suchen „Kuschelräume" zur Absicherung vor den ständigen Forderungen der „großen" Welt, die etwas Bedrohliches an sich hat. Zu Recht hält man ihnen vor, dass man eben von einer Gemeinschaft nicht nur etwas erwarten darf, sondern in sie auch etwas investieren muss. Aber ist das in diesem Entwicklungsstadium (etwa zwischen 14 und 16 Jahren) nicht noch zu früh? Braucht es nicht, gerade als Ersatz für fehlende Familiengeborgenheit, zuerst eine bergende Gemeinschaft, in der man sich finden, bewähren, in der man auch (ungestraft) Fehler begehen kann?

Suche nach Sicherheit

Es fällt auf, dass Jugendliche heute weniger risikobereit sind. Heute ist auch das Gesamtrisiko viel größer geworden. „Jugendliche sind im Hinblick auf ihre Lebensführung sowie ihre Lebensentwürfe mehr denn je auf sich selbst gestellt, d. h. Jugendliche müssen heute die ‚Dinge des Lebens' gleichsam auf eigene Faust entscheiden und gestalten."[371] Dabei geraten sie in ein Dilemma: Einerseits wird ihnen zugestanden, ihr Leben nach eigenen Grundsätzen und Vorstellungen zu gestalten, andererseits scheitern sie (oder fürchten es) an gesellschaftlichen Gesamtbedingungen, denen gegenüber sie sich ohnmächtig fühlen. Es kommt zu Politikverdrossenheit, auch zu Kirchenverdrossenheit.[372]

Suche nach Sinn

Jugendliche sind sehr realistisch. Das heute oft gehörte Wort: „das gibt mir nichts ..." darf nicht nur konsumorientiert verstanden

---

371 Arbeitspapier des Diözesanrates München aus 1992

372 Vgl. dazu Friesl, a.a.O. 11. Ders. weist in der Jugendwertestudie 1990–2000 aus, dass nur 11% der 14–24-Jährigen sich sehr stark für Politik interessieren, 34% „etwas" und der Rest, also die Mehrheit, kaum oder gar nicht.

werden. Jugendliche sehen als Wert an, was „gut ist fürs Leben". „Wahr ist, was hilft." Alle Untersuchungen zeigen, dass Jugendliche auch heute gelungene Beziehungen auf Dauer anstreben. Wichtig sind ihnen Freundschaft, aber auch Ehe und Familie (trotz gegenläufiger Trends in der Gesellschaft)[373], die Privatsphäre, für die sie viel einzusetzen bereit sind, der künftige Beruf, eine lebbare Umwelt, ein friedliches Zusammenleben. Andererseits erfahren sie aber ein Umfeld, in dem Beziehungen ständig in Brüche gehen, Berufe gewechselt werden (müssen), die Umwelt brutal zerstört wird. Vieles erscheint ihnen sinnlos, was in der Gesellschaft geschieht und ihre Zukunft sichtlich bedroht.

Suche nach Gott

Viele glauben zwar an einen Gott, aber nicht, wie er seitens der Kirchen verkündet wird. Dabei spielt Jesus eine Rolle als vorbildlicher Mensch – ähnlich wie Gandhi –, nicht aber als Sohn Gottes. Konfessionelle Anbindung wird von vielen Jugendlichen abgelehnt, weil Kirche oft überhaupt nicht mehr positiv und glaubwürdig erlebt wird. Mit anderen Worten: Die geheime Sehnsucht nach Gott wird innerhalb der kirchlichen Gemeinschaften kaum gestillt. Jugendliche erleben die bergende Nähe Gottes weder in der Verkündigung noch im Gottesdienst. Sie vernehmen eher ein abstraktes, theologisches Gottesbild, einen Gott, der vor allem fordert und richtet, eine Gottesverehrung, die zu einem Ritual geworden ist und mit dem Leben wenig zu tun hat. Ihre Begeisterung für Jesus findet in der Kirche keine adäquate Korrespondenz. Sie vermissen Vorbilder einer radikalen Jesusnachfolge. Die Helden unserer Tage (wir würden sagen: die Heiligen) finden sie eher außerhalb der Reihen der Kirche.

Suche nach Freiheit

Der Freiheitsdrang ist groß. Jugendliche haben das Gefühl, vielfältig gegängelt zu werden. Andererseits merken sie nicht, wie sehr sie neuen Zwängen verfallen. Sie sind z. B. für die Wirtschaft

---

[373] Vgl. Friesl, 10

leicht zu bewerbende Kunden. Man verfolge nur die Vorliebe für die gleichen Tonträger, Videofilme und -spiele, Fast Food, Coca-Cola, Markenjeans und T-Shirts, immer neue Erfindungen der Wirtschaft in Sportgeräten und Spielen. Sie lehnen überkommene Normen ab, unterwerfen sich aber Verhaltensmustern, wie sie ihnen von ihren Gazetten und Idolen fast „zwingend" vorgestellt werden.

Suche nach einer besseren Welt

Sie suchen eine Welt in Frieden, mit mehr Gerechtigkeit und mehr Aufmerksamkeit für die Schöpfung. Eine Welt, vor allem auch eine Arbeitswelt, in der es mehr um den Menschen geht, in der man leben kann und nicht nur leisten muss. Manche (wie viele sind es noch?) suchen auch nach einer neuen Kirche, die solches achtet, vorlebt und mit allem ihrem Einsatz in der Welt zu verwirklichen sucht.

Was die Pfarre der Jugend schuldet

Es geht nicht darum, die Pfarre gleichsam im Sinne einer Werbung „attraktiv" für Jugend zu machen, sondern zu überlegen, welche Verantwortung Kirche der Jugend gegenüber hat und welchen unverzichtbaren Platz Jugend im Aufbau einer Gemeinde, im Leben einer Pfarre haben muss, damit dort der Auftrag Jesu erfüllt werden kann.

Jugend in der Pfarre ernst nehmen und ihre positiven Anliegen entdecken

Die Jugend muss ernst genommen werden, wie sie ist, und nicht, wie sie nach traditioneller Meinung sein sollte. Sie will vor allem ernst genommen werden mit ihren *Themen.* Das sind u. a.: Partnerschaft, Umwelt, Friede und Gewaltlosigkeit, Einfachheit (eine neue Art von Genügsamkeit), Dritte Welt, Selbstverwirklichung, Freiheit, persönliche Formen der Gottesbeziehung. Aber auch ihre *Mitarbeit* muss ernst genommen werden. Es genügt nicht ein Alibijugendlicher im Pfarrgemeinderat, über den man

„verlässlich" Aufträge oder Beschwerden an die Jugend weitergeben kann. Jugendliche müssen wirklich „Stimme" haben. Nicht nur, was die unmittelbare Jugendarbeit anlangt, sondern das Pfarrleben insgesamt. Sie sollten als Stimulans und Korrektiv gehört werden. „Das Gewissen der Jugendlichen als Entscheidungsinstanz anerkennen", verlangte einer unserer Jugendführer.

Räume zum Leben schaffen

Zunächst betrifft das Räume für jugendgerechte Begegnung mit der Möglichkeit eigener Ausgestaltung und Verwaltung. Ein „Heim" im wahrsten Sinn des Wortes. Noch wichtiger aber sind Freiräume zur Entfaltung der Persönlichkeit, Selbstfindung, Beziehungsfähigkeit, für soziale Haltungen, auch für künftige Partnerschaft. Entfaltung gelingt nur durch Einübung. Das bedeutet natürlich auch ein Risiko, das man bewusst eingehen muss. Auch das Erleben der eigenen Grenzen (Fehler) ist erzieherisch. Solche Freiräume zeigen sich nicht nur in großzügig zugelassenen Arbeitsmethoden, sondern noch mehr im Klima des Vertrauens, der Ehrlichkeit und im Respekt vor der Jugend.

Nicht Betreuung und Versorgung, sondern Herausforderung

Aus Angst, Jugend zu verlieren, werden Jugendliche heute eher unterfordert als überfordert. Man traut der Jugend kaum mehr zu, dass sie sich auch gegen die kirchlich oft beklagten -ismen, wie Konsumismus, Hedonismus, Säkularismus, Egoismus, Individualismus stellen könnte. (Vielleicht, weil es auch die Erwachsenen nicht mehr tun?) Wo Jugendliche herausgefordert werden, entdeckt man, dass sie trotz aller „Milieuschädigung" sich etwas natürlich Gutes bewahrt haben. Die Herausforderungen sollten sich vor allem auf Folgendes beziehen:
Herausforderung zur Kritik: Man wirft den Jugendlichen oft übertriebene Kritiksucht vor. Sie haben aber eine erstaunliche Fähigkeit, Haltungen und Motive anderer zu durchschauen. Ihre Protesthaltung gegen Überkommenes drängt die Gemeinde zur Überprüfung des allzu Gewohnten. Freilich gehört zur rechten Kritik auch Sachwissen, eine faire Art der Auseinandersetzung

und Selbstkritik. Kritik dieser Art zu erlernen wird überdies auch helfen, Scheindemokratie und vorgetäuschte Mitspracherechte in Kirche und Gesellschaft zu entlarven und zu einer echten Mitverantwortung zu erziehen.

Herausforderung zu mehr Selbständigkeit: Das gelingt am besten durch Übertragen eigener Verantwortung. Immer noch reift der Mensch am ehesten, wenn er für etwas verantwortlich ist. Das gelingt etwa in Projekten, die allerdings nicht diktiert werden dürfen, sondern aus dem Interessensgebiet der Jugend initiativ selber kommen sollen. Künftige Jugendarbeit wird überhaupt stark projektorientiert sein. Das birgt die Gefahr der Kurzfristigkeit in sich, spricht aber wiederum jeweils neue Schichten der Jugend an.

Anleitung, die Freiheit gebrauchen zu lernen: Freiheit in der Jugendarbeit ist zweifach bedroht: durch die Angst der Begleiter, es könnte etwas „passieren", oder aber durch die Versuchung der Erzieher, die absolute Gefolgschaft junger Leute zu „genießen". Vor Freizügigkeit müsste man warnen, zur verantworteten Freiheit aber motivieren, weil viele Jugendliche davor Angst haben. Frei sein heißt, Mut zur Verantwortung haben, eine Tugend, die heute rar geworden ist. Auch die moderne Psychologie ist nach einer Zeit zu starker Betonung ichkonzentrierter „Selbstverwirklichung" zur Tugend der Verantwortung zurückgekehrt. Schon auf dem Kongress der Deutschen Gesellschaft für Psychologie in Trier 1992 wurde eine Arbeitsgruppe gebildet, die sich um die „Psychologie der Verantwortung" bemühte.[374]

Möglichkeiten für ein anspruchsvolles religiöses Angebot: Jugendliche bleiben manchmal dem Pfarrleben fern, weil ihnen zu wenig „Spirituelles" geboten wird. In Wien kommen neuerdings Jugendliche aus „liberalen" Familien zu Exerzitien im Alltag (Thema: Gibt es Gott – wo ist er?), zu Firmgruppen in einem höheren Alter (16 und darüber). Die Frage nach Gott (eingebettet in die Frage nach dem Sinn) ist größer, als wir annehmen. Jugendvespern, Nachtgebete, Fußwallfahrten mit bestimmten Themen

[374] B. Grom, „Vom Egotrip zur Solidarität", in: Stimmen der Zeit 118 (1993), Nr. 3, 146

ziehen plötzlich ganz neue Kreise junger Menschen an. Der Freiraum für jugendgerecht gestaltete Gottesdienste sollte groß sein, aber auch begleitet werden.[375] In spirituellen Angeboten sollten die verschiedenen Gebets-, Meditations- und Gottesdienstmöglichkeiten ausgefaltet werden, aber jeweils eingestellt auf den Lebenskontext der Jugendlichen und ihre Art, sich zu äußern und zu feiern.

Der Jugend den Status des „Katechumenates" zugestehen

Gedacht ist an den Stand der Katechumenen in der alten Kirche. (Man sollte dabei nicht gleich an die neokatechumenale Bewegung denken.) Viele junge Menschen stehen ja auch, wie jene damals, am Anfang der Evangelisierung. An Katechumenen kann und muss man noch nicht alle Forderungen stellen, die zu den Pflichten eines reifen Christen gehören. Für sie hat die Kirche auch immer schon andere Formen des Gottesdienstes gekannt, um sie stufenweise in das volle Geheimnis einzuführen. Andererseits muss aber das Katechumenat einen Plan haben, ein Ziel, auf das je nach Voraussetzungen und sichtbarem Fortschritt zugegangen wird. Katechumenen brauchen Begleiter, „Paten", Führer, aber solche, die zur eigenen Entscheidung herausfordern, die Vorbild sind und doch auch gemeinsam Wege suchen. Aus den noch verbliebenen Resten des Volkskirchentums bieten sich hierfür vor allem drei Anlässe an: Vorbereitung zu Erstkommunion, Firmkatechumenat und Ehevorbereitung. Diese gestufte Hinführung fordert auch, dass es in jeder Pfarre eine „fortgeschrittene", überzeugende Kerngruppe gibt. Sie darf sich nicht besser fühlen als die anderen. Aber ihr einladendes Beispiel wird zum Nachdenken anregen. Die Verantwortung, die sie für andere trägt, wird sie selbst „unterwegs halten" und neu herausfordern. Vermittlung

[375] Vgl. dazu Dokumentation des Symposions „Jugendliche in der Liturgie"; veranstaltet von der Liturgischen Kommission für Österreich, 17. u. 18. 10. 1994, St. Virgil, Salzburg. Publiziert in: Heiliger Dienst 49 (1995), Nr. 1. Aus der Praxis: KAJ-Jugendgottesdienste. Wortgottesdienst und Eucharistiefeiern von Jugendlichen für Jugendliche. Schwerpunkt: Lehrlinge und Arbeiterjugendliche. Hg. Kath. Arbeiter- und Arbeiterinnenjugend Österreichs im Oktober 1994 (1010 Wien, Johannesgasse 16/1)

von Glauben geschieht immer durch Beziehungen und so auch in Gruppen.

Eine Kontaktperson für die Jugendlichen in der Pfarre

Jugendarbeit in der Pfarre steht und fällt mit einer Bezugsperson. Früher waren das die viel gerühmten Jugendkapläne, heute sind es ehrenamtliche Jugendführer und -führerinnen oder auch hauptamtliche Jugendleiter und Pastoralassistenten. Die Anforderungen an diese sind vielfältig und sehr hoch. Sie brauchen eine ekklesial anerkannte Zuständigkeitskompetenz und eine individuell erworbene Fähigkeitskompetenz.[376] Sie müssten einerseits in behutsamer Weise Jugendliche begleiten, ganz auf ihrer Seite stehen, ohne sich ihnen anzupassen, sie müssen andererseits auch Anwalt der Jugend der Pfarrgemeinde gegenüber sein. Sie werden verantwortlich gemacht für die Nutzung des Freiraumes, natürlich im Ernstfall auch für Pannen. Das Problem liegt in der Auswahl, in der Ausbildung. Solche Kontaktpersonen gehören „geschützt", man muss ihnen Vertrauen schenken und sie begleiten.

Eine „glaubwürdige" Pfarrgemeinde

Spannungen in einer Gemeinde zur Jugend hin sind ein heilvoller Anlass, zu prüfen, welches Bild von Kirche Jugendliche in ihrer Gemeinde alltags und sonntags bekommen. Die Wiener Diözesanjugendstelle hat dies einmal so ausgedrückt: „Junge Menschen sind ganz besonders sensibel für ein Auseinanderklaffen zwischen christlichem Auftrag einerseits und dem konkreten Leben einer Gemeinde andererseits. Es braucht daher eine glaubwürdige Gemeinde, die sich bemüht, z. B. nach den Grundregeln der Bergpredigt zu leben, um Jugendliche für die Gemeinde, für Jesus Christus und für das Reich Gottes begeistern zu können."[377]

---

[376] H. Stenger (Hg.), Eignung für die Berufe der Kirche. Freiburg-Basel-Wien 1990, bes. 34ff. und 47ff.

[377] Thesenpapier der Diözesanjugendstelle Wien 1990

Jugend müsste in der konkreten Kirchengemeinde etwas von einem „redemptiven"[378], erlösenden Milieu erleben.

Eine Kirche, zu der Jugendliche wieder gehören möchten

Die Gesamtstimmung in der Kirche ist heute vielfach deprimierend. Die Großwetterlage in der Kirche können wir nicht unmittelbar ändern (obwohl man nichts unversucht lassen sollte!). Aber Kirche am Ort können wir weitgehend selbst gestalten. Gerade um der Jugend willen ginge es darum, Pfarren zu einem Ort geschwisterlicher Gemeinschaft zu machen, wo sehr viele Platz haben, auch solche, die anders denken, eine andere Sprache sprechen, Randgruppen, Menschen in Krisen. Eine Gemeinschaft, die mehr das Gesetz Christi als eine kasuistische Moral zur Norm ihres Handelns macht. Die wenigstens dann und wann das Brot so miteinander bricht, dass einem die Augen aufgehen und man staunend spürt: „Der Herr ist da." Pfarren können mehr, als sie sich zutrauen.
Aber eine so erlebbare Kirche am Ort darf sich nicht als „Sonderkirche" fühlen, die besser ist als andere. Auch die Ortskirche ist nur Kirche im Zusammenhang mit der ganzen Kirche. Wir sollten uns den Blick auf die *Weltkirche* nicht durch unglückliche Vorkommnisse oder durch einseitige Medienberichte vermiesen lassen. Ohne alles hinnehmen zu müssen oder in falsch verstandener Loyalität beschönigen zu wollen, sollte man jungen Menschen die Augen öffnen für die prophetische Funktion, die die Kirche auch heute für die Welt hat. Denken wir nur an kirchliches Engagement für den Frieden, die deutliche Option für die Armen gerade in der Dritten Welt, an die so unmissverständliche Sprache der sich weiterentwickelnden Soziallehre. Man denke an die wachsende Rolle der Kirche(n) in Europa im Hinblick auf Migration, Asylanten, Flüchtlinge aller Art. Man beachte gerade den Mut der Christen zu multikultureller „Konvivialität"[379] und multireligiösem Zusammenleben. Dass die Medien diese positiven Leis-

[378] Stenger, a.a.O. 37
[379] J. B. Metz, Gottespassion, Freiburg-Basel-Wien 1991, 48ff.

tungen der Kirche nur selten hervorkehren, mag auch im schlechten Gewissen der Gesellschaft begründet sein. Solches zu loben hieße ja, sich selbst dazu verpflichtet zu fühlen.

Das Gesamtimage der Kirche und ihre Richtungsstreitigkeiten fordern die Kritik der Jugend heraus. Kann dies nicht auch positiv genützt werden? Führt das nicht auch zu mehr Selbstkritik, vor allem aber zur Frage, was ist nun Kirche ihrem Wesen nach wirklich? Was müsste sich noch alles ändern, dass ihr menschliches Kleid wieder mehr vom göttlichen Mysterium durchstrahlen lässt? Müssten wir nicht gerade der Jugend dankbar sein, dass sie uns oft schonungslos auf Veränderungsbedürftiges in der Kirche hinweist? Ich erwarte mir gerade von der Jugend eine regenerative Kraft in einer nach außen schon so alt wirkenden Kirche. Auf der Salzburger Delegiertentagung wurde formuliert: „Nur eine Kirche, die die Jugend versteht, versteht die Zeichen der Zeit."[380]

Jugend sucht eine Kirche, die im Aufbruch, nicht im Abbruch ist. Aufbrüche im Großen kann man nicht „machen", Aufbrüche aber kommen meistens „von unten". Ich wünsche mir eine Kirche, in der sich Pfarren, die die nachkonziliare Linie fortsetzen wollen, unterstützend zusammenschließen zur gemeinsamen Erneuerung. Ich wünsche mir eine Kirche, in der Bischöfe, die sich für Aufbrüche in der Kirche einsetzen, von möglichst vielen – Priestern wie Laien, auch Mitbischöfen – ermutigt werden. Ich wünsche mir eine Kirche, in der Bischofskonferenzen sich regional zusammenfinden, um neue Wege zu suchen und diese dann auch in Rom aus ihrer Verantwortlichkeit vertreten. Ich wünsche mir eine Kirche, die weniger in Angst vor dem Morgen, vor Vorgesetzten, vor den „anderen", vor der Welt lebt, sondern sich wieder mehr dem Geiste Gottes öffnet. Eine pfingstliche Kirche wäre eine, der auch die Jugend wieder, wie damals, gerne angehören würde. Darum sollen wir gemeinsam beten, aber auch jeder für sich das tun, was heute schon in seiner Möglichkeit steht.

---

[380] Dialog für Österreich. Dokumentation der Delegiertenversammlung vom 23. bis 26. Okt. 1998 in St. Virgil, Salzburg-Wien 1998, 38

Der Vortrag von St. Gallen wurde publiziert unter dem Titel: H. Krätzl, Jugendgerechte Pfarrarbeit. In: Anzeiger für die Seelsorge 1996, Heft 9, S. 423–430. Der Vortrag vom Symposium in Lainz unter: H. Krätzl, Der junge Mensch – Auftrag der Kirche. In: Ordensnachrichten 40 (2001) 2, 41–50. Gedanken zur Firmung, z. T. unter Verwertung der Briefe, wurden publiziert: H. Krätzl, „Du legst deine Hand auf mich", Wien-Mödling 1992. Der gleiche Inhalt, aber in neuer Aufmachung kam unter dem Titel „Begeisterung kennt keine Grenzen" im Jahr 2000 heraus.

Liturgie und Kirche auf dem Weg ins 3. Jahrtausend

Die Herausgeber der Zeitschrift „Bibel und Liturgie" nahmen die Rahmenordnung der deutschen Bischöfe vom Jänner 1999 „Zum gemeinsamen Dienst berufen. Die Leitung gottesdienstlicher Feiern" zum Anlass, darüber ein Diskussionsforum zu eröffnen. Ich wurde eingeladen, aus der Sicht eines Bischofs etwas über die Zukunft der Liturgie zu schreiben. Mir kam die Einladung zu diesem Artikel gelegen, da gerade zur gleichen Zeit das Buch von Kardinal Ratzinger „Der Geist der Liturgie" erschienen war, das ja auch eine neue Diskussion zu diesem Thema entfachen wollte. Ich ging in meinem Artikel der Frage nach, wie sehr auf Zukunft hin gerade die Liturgie das Erscheinungsbild der Kirche prägen und damit auch ihren Stellenwert in der „säkularen" Gesellschaft beeinflussen wird.

Es werden vielfache Prognosen gestellt, wie die Kirche im 3. Jahrtausend sein wird oder wie sie sich erneuern muss, um in dieser pluralen Gesellschaft noch einen Stellenwert zu haben. Sieht man von den sozialen Aktivitäten der Kirche(n) ab, so ist allemal die Liturgie jene „Erscheinungsform", die die meisten Menschen erreicht, auch Kirchendistanzierte. Der Weg der Kirche im dritten Jahrtausend wird daher wesentlich auch von der Art der Feier der Liturgie abhängen. Die Väter des II. Vatikanischen Konzils wussten, dass in der Liturgie das Wesen und das Leben der Kirche zum Ausdruck kommt. Daher war die Liturgiereform auch das Herzstück des Konzils. 25 Jahre nach dem Konzil betonte Papst Johannes Paul II. ausdrücklich: „Es besteht in der Tat eine sehr enge und organische Verbindung zwischen der Erneuerung der Liturgie und der Erneuerung des ganzen Lebens der Kirche."[381] Und der Liturgiewissenschaftler Klemens Richter aus Münster for-

[381] Johannes Paul II., Apostol. Schreiben „Vicesimus Quintus Annus" (anlässlich des 25. Jahrestages der Liturgiekonstitution), Nr. 2 u. 4

mulierte es noch schärfer: „Wenn die Liturgiereform nicht Teil einer Gesamtreform der Kirche ist – also der Verkündigung und der ihr zugrunde liegenden Theologie wie auch der kirchlichen Organisationsformen –, wird sie letztlich bloß Image-Kosmetik der Kirche bleiben."[382]
Welche Art der Liturgieerneuerung hat aber das Konzil gewollt? Wie weit ist sie vorangeschritten? Welche Formen bedürfen dringend einer weiteren Reform, um Menschen im 3. Jahrtausend überhaupt noch ansprechen zu können?

Liturgiereform - ein Grundanliegen des Konzils

Die erstrebte Reform der Liturgie ist in das Gesamtprogramm des Konzils hineingestellt. Schon die Einleitungsworte des Liturgieschemas machen das deutlich: „Das Heilige Konzil hat sich zum Ziel gesetzt, das christliche Leben unter den Gläubigen zu vertiefen, zu fördern, was immer zur Einheit aller, die an Christus glauben, beitragen kann und zu stärken, was immer helfen kann, alle in den Schoß der Kirche zu rufen."[383] Ein dreifaches Ziel also wurde mit der Erneuerung der Liturgie angestrebt: Erneuerung der Kirche von innen her, Förderung der Ökumene und eine Hilfe, dass der moderne Mensch etwas vom Heiligen, von der Nähe Gottes gerade in der Liturgie erfahren kann. Drei Anliegen also, an denen die Kirche und auch ihre Liturgie im 3. Jahrtausend gemessen werden wird.
In Erinnerung muss noch gerufen werden, dass das Konzil selbst für die Erneuerung der Liturgie nur die große Richtung angegeben hat. Was sich also nach dem Konzil in der Liturgieerneuerung – bisweilen über die Erwartung der Konzilsväter und sogar der Liturgiker hinaus – weiterentwickelte, steht noch im Auftrag des Konzils. Es geht ja noch immer darum, „das Heilige, dem sie (die Vollzüge der Liturgie) als Zeichen dienen, deutlicher zum Aus-

---

[382] K. Richter, Liturgiereform als Mitte der Erneuerung der Kirche, in: K. Richter (Hg.), Das Konzil war erst der Anfang. Die Bedeutung des Zweiten Vatikanums für Theologie und Kirche. Mainz 1991, 71
[383] SC 1

druck zu bringen, so dass das christliche Volk sie möglichst leicht erfassen und in voller, tätiger und gemeinschaftlicher Teilnahme mitfeiern kann."[384]

Eine Liturgiereform, die überraschend gut aufgenommen wurde

Die Liturgiereform war für viele eine der deutlichsten Früchte des Konzils. Es haben sich hernach, vor allem auch durch die verschiedenen Diözesansynoden angeregt, sehr erfreuliche Ansätze zur Erneuerung der Liturgie ergeben. Es kam weitgehend zu einem Übergang von einer einseitigen Klerusliturgie zu einer gemeinsamen Feier des Volkes. Zeichenhaft dafür war auch die Errichtung eines (Volks-)Altares, um den sich jetzt die Gemeinde mit dem Priester feiernd scharen kann. Die liturgischen „Rollen" werden nun vielfach verteilt ausgeübt.[385] Das Volk wird durch gemeinsame Akklamationen, Gebete und Lieder, aber auch verschiedene liturgische Vollzüge in das heilige Geschehen mit einbezogen. Vom „Anhören" der Messe, wie man das früher nannte, ist man zum „Mitfeiern" gekommen.

Vom Gebrauch der Muttersprache in der Liturgie hat das Konzil zunächst nur sehr zögernd gesprochen.[386] Sehr bald aber zeigte sich, dass Liturgie als höchste Form der Verkündigung doch auch in allen Teilen sprachlich verständlich sein müsste, und so wurde der Gebrauch der Muttersprache nach dem Konzil bald durchgängig möglich.

Der „Tisch des Wortes" wird jetzt reicher gedeckt. Auf die Verkündigung der Bibeltexte wird mehr Aufmerksamkeit gelegt, Predigten gehen viel öfter als früher von den Perikopen aus. Wo immer auch „Laien" predigen wollen, scheint dies nicht ein „Herandrängen" an priesterliche Funktionen zu sein, sondern dahinter steht eher der Gedanke, dass die Deutung des Gotteswortes von einem sehr breiten Erfahrungsbereich ausgehen soll.

---

384 SC 21
385 Vgl. SC 28
386 Vgl. SC 36

Eine Vielzahl von Gottesdienstformen wurde wieder entdeckt. Es konzentriert sich nicht mehr nur alles auf die Eucharistiefeier – wenngleich sie Quelle und Höhepunkt gemeindlichen Lebens ist –, sondern Wortgottesdienste aller Art werden gefeiert, das Stundengebet wird mit der Gemeinde gebetet, Meditationen werden abgehalten. Dabei kommen gerade von der Jugend kreative Modelle, die in ganz neuer Sprache und in neuen Ausdrucksformen Betrachtung, Gebet und Anbetung ermöglichen. Die Gottesdienste beziehen jetzt stärker als früher die ganze Wirklichkeit des Lebens ein. Es wird versucht, Schriftworte, Fürbitten, ja das sakramentale Geschehen insgesamt zu „aktualisieren“. In der erneuerten Liturgie gibt es auch nach den offiziellen Weisungen Platz für mehr Spontaneität. Was das Konzil mit der Liturgiereform in Gang setzen wollte, hat sich gut zu entwickeln begonnen, aber es bleibt noch vieles in der Zukunft zu tun übrig.

Die erfreulichen Ansätze rufen wie von selbst nach weiteren Erneuerungen

Zur Verwendung der Muttersprache wurden zunächst viele lateinische Texte mit altehrwürdiger Tradition ganz wörtlich übersetzt. Nun entspricht aber die klassische Kürze und Prägnanz lateinischer Orationen, werden diese nur einfach in die Muttersprache übertragen, oft nicht dem Sprachgefühl des modernen Menschen. Das ruft nach neuen Übersetzungen. Viele Gebetstexte sollten überhaupt neu geschaffen werden, um darin das veränderte Kirchenbild besser zum Ausdruck zu bringen und durch die Sprache die Aktualität des Feierns deutlicher zu machen. Dies gilt auch für die Hochgebete. Es werden heute manchmal auch solche verwendet, die keine offizielle Approbation haben. Dahinter steht nicht Disziplinlosigkeit, sondern eine ernste Sorge. Die wenigen Hochgebete, die bisher autorisiert wurden, lähmen durch allzu häufige Wiederholung die Aufmerksamkeit der Mitfeiernden. Sie geben aber auch den jeweiligen Festcharakter oder den aktuellen Anlass nur sehr begrenzt wieder. Es wäre also an der Zeit, ganz offiziell neue zuzulassen.
Die Hl. Schrift wird durch die Einführung verschiedener Lese-

reihen in der Liturgie nun viel ausführlicher verkündigt. Dennoch verlangen gerade die Bibliker, die Auswahl der Perikopen neu zu überprüfen, vor allem der alttestamentlichen Lesungen. Sie sind allzu oberflächlich nur als Typus im Hinblick auf das Evangelium ausgesucht worden. Damit verliert aber das Alte Testament – soweit es die Hebräische Bibel betrifft, ist es die Hl. Schrift, aus der Jesus selbst lebte und betete – seine bleibende Eigenständigkeit. Vielfach klagt man, dass die erneuerte Liturgie „ärmer" an Zeichen sei, gar etwas von ihrer früheren „Mystik" verloren hätte. Denkt man dabei vor allem an das Geheimnisvolle einer fremden (der lateinischen) Sprache oder an Geruch und Schwaden des Weihrauchs, hat das mit Mystik natürlich nichts zu tun. Vielleicht hat man sich aber nach dem Konzil aus dem Bemühen um mehr Sachlichkeit bisweilen wirklich dem allzu Schlichten, gar Banalen genähert. Solches wird zu Recht beklagt, wenn neue Volksaltäre sehr primitiv gestaltet sind, wenn dem „Ort des Wortes" die entsprechende Würde fehlt, oder schöne Paramente von billigen „Kultgewändern" abgelöst wurden. Es braucht wieder einen neuen Zug zum „Schönen" und „Feierlichen" in der Liturgie. Notwendig sind aber auch neue „Rituale" und Symbole, solche nämlich, die dem heutigen Menschen, gerade auch der Jugend, aus sich heraus verständlich sind und nicht erst langer historischer Erklärungen bedürfen.

In der Kirchenmusik gab es durch die Liturgiereform Irritationen, zum Teil auch einen Stillstand. Die klassischen lateinischen Messen schienen nicht mehr passend, ihre Aufführung wurde mangels geeigneter Chöre oder pfarreigener Orchester immer schwerer. Das Aufkommen rhythmischer Lieder brachte zuerst Begeisterung, bald aber erkannte man die musikalische Primitivität und auch die Oberflächlichkeit mancher Texte. Das reiche Angebot aus dem „Gotteslob" wurde nur selten ganz ausgeschöpft, es stieß sowohl bei der älteren Generation als auch bei der Jugend – aus unterschiedlichen Motiven – auf Widerstand. Inzwischen wurde von verschiedenen „Bewegungen" ein neues Liedgut erarbeitet, oft mit wertvollen Texten und anspruchsvoller Musik. Manche Pfarren haben daraus eigene Liederbücher verfertigt. Das wird aber künftig das gemeinsame Singen über die Gemeindegrenzen hinaus schwerer machen. Neue hochwertige Chor- und Instrumentalmusik gibt es kaum. Vor allem fehlen Kompositionen, bei denen es zu einem ausgewogenen Miteinander von Chor- und Volksgesang kommt. Mehr und mehr werden Anleihen von liturgischen Liedern aus anderen Sprachgebieten gemacht, vor allem aus dem französischen Bereich (Taizé) oder bei englischen Spirituals. Die Herausforderung, nun auch in deutscher Muttersprache und im Stile heimischer, moderner Musik Kirchenmusik zu schaffen, griffen noch zu wenige Komponisten auf. Auf die Erneuerung der Kirchenmusik als einem ganz wichtigen und integralen Teil der Liturgie wurde bisher leider auch von den Kirchenleitungen zu wenig Wert gelegt. All diese Versäumnisse haben tatsächlich an manchen Orten zu einer Verarmung des Feierns geführt und sollen Ansporn zu neuen Bemühungen sein.

Jugendgerechte liturgische Erneuerung

Die Klage der Jugend wird immer lauter, die Messgestaltung – bei ihr begegnen die Jugendlichen ja noch am ehesten der Liturgie – sei überaus langweilig, die Texte unverständlich, die Feier selbst habe kaum etwas mit (ihrem) Leben zu tun. Gerade für die Jugend kann aber ein Hinführen zum Geheimnis der Messe nur gelingen, wenn sie sich durch Wort und Musik angesprochen fühlt und wenn auch die „Zeichensprache" ihrem Empfinden entspricht. Wenngleich auch die Jugend bereit sein müsste, mit der großen Gemeinde und damit auch in einem ihr nicht ganz entsprechenden Stil mitzufeiern, ist ihr Verlangen nach einer jugendgerechten Liturgie berechtigt. Ja die Jugend ist für die Gemeinden ein heilsames Korrektiv, Liturgie immer lebensnäher und glaubwürdiger zu gestalten.
In erster Linie werden auch im Sinne der Jugend die Texte neu zu überprüfen sein. Die liturgische Sprache kann und darf sich nicht der momentanen Umgangssprache in ihrer Kurzlebigkeit anschließen. Dennoch muss sie – wenn auch in gehobener Form – die Sprache der Zeit „sprechen" und es vermeiden, durch eine

antiquierte, vom Leben abgehobene Formulierung, Liturgie und Verkündigung als etwas „Gestriges" erleben zu lassen. Manche ehrwürdigen alten Symbole und Riten muss man beibehalten, dann aber rechtzeitig auch zu erklären versuchen. Dennoch wird liturgische Erneuerung kreativ nach neuen Formen Ausschau halten. Jugendliche zeigen in ihren „Szenen", wie viel ihnen gemeinsame (Ab-)Zeichen, ja sogar Rituale bedeuten. Es wird behutsam zu prüfen sein, was man aus ihrer Lebenswelt in bestimmte Formen der Liturgie hereinnehmen kann, ohne dabei den Zugang zum Heiligen zu verbauen.
Liturgie jugendgerecht erneuern kann man nur im aufmerksamen Hinhören auf die Jugend selbst und in gemeinsamer Suche mit ihr. Es ist erstaunlich, welch lebendige Gestaltungen etwa heute in so genannten „Jugendvespern" zu finden sind. Beispielhaft war eine solche Vesper zum Thema „Tod und Auferstehung", zu der die Jugendführung Österreichs vor einigen Jahren die ganze Österreichische Bischofskonferenz eingeladen hat. Das Thema wurde in vielfacher Weise dargestellt und meditiert. Texte waren aus der Bibel und aus der modernen Literatur genommen, Ton und Bild wirkten zusammen, gemeinsames Gebet und meditative Stille wechselten ab, auch im Gespräch mit dem Nachbarn sollten existentielle eigene Erfahrungen eingebracht werden. Der ganze Mensch wurde auf diese Weise angesprochen. Man sollte die Jugend ermutigen, öfter solch neue Formen zu kreieren und auch einzuüben. Manches davon wird sich dann auch in Gemeindefeiern, selbst in eine Eucharistiefeier übernehmen lassen.
Dennoch bleibt die Frage offen, wie weit man die Jugend gerade durch die bei ihnen so beliebten – übrigens auch sehr rasch wechselnden – Musikformen für die Eucharistiefeier selbst gewinnen kann. Versuche mit Rock-Musik, Techno, dazu noch in Discolokalen wurden ja gemacht. Es scheint hier allzu bald die verantwortbare Grenze erreicht zu sein. Zur Mitfeier der Messe kann nicht auf diese Weise geworben, geradezu „geködert" werden. Müsste nicht in einer oft sehr säkularen Jugendszene erst der Zugang zum „Heiligen" vorbereitet werden? Setzt die Mitfeier der Eucharistie nicht mehr voraus, als wir heute, durch volkskirchli-

che Gewohnheit etwas abgestumpft, im Allgemeinen verlangen? Aber vielleicht regen gerade solche Überlegungen dazu an, künftig intensiver nach anderen Formen der Liturgie zu suchen, um auf diesem Weg Menschen schrittweise zu den Sakramenten hinzuführen.

Erneuerte Liturgie oder neue Liturgien für kirchlich Distanzierte

Die pastorale Frage wird sich immer mehr zuspitzen, wie und wann man künftig noch Sakramente für und mit Menschen feiern kann, die sonst dem Leben der Kirche entfremdet sind. Sie kommen gerade noch zu den großen Feiertagen, besonders zu Weihnachten, bringen ihre Kinder zur Taufe, auch wenn sie selbst aus der Kirche ausgetreten sind, machen Erstkommunion und Firmung zu einem „Familientreff". Gerade Gemeinden, die besonderen Wert auf liturgische Gestaltung legen, geraten mit Rücksicht auf so genannte „Fernstehende" in ein Dilemma. Versucht man möglichst die „Hochform" der Liturgie zu feiern, mit anspruchsvollen Liedern, mit vielfacher Beteiligung der versammelten Gemeinde, so fühlen sich die nur selten Kommenden überfordert. Soll man aber gerade deshalb dann nur auf eine sehr schlichte Form der Liturgie zurückgreifen? Rücksichtnahme auf jene, die nur fallweise kommen, ist eine Form behutsam differenzierter Pastoral. Wenn aber gerade die erneuerte Liturgie das Heilige so zum Ausdruck bringen soll, dass das christliche Volk die Zeichen dafür „möglichst leicht erfassen kann"[387], darf die Erneuerung der Liturgie nicht aus Rücksicht auf „Fernstehende" vernachlässigt werden. Vielmehr sollte die jeweils feiernde Gemeinde dies als eine besondere Herausforderung aufgreifen und die „Distanzierten" in einladender, entgegenkommender Weise für das Geheimnis zu öffnen suchen und sie bei der Feier „begleiten". Das braucht ein großes Einfühlungsvermögen, schön ge-

[387] Vgl. SC 21,2

staltete Unterlagen zur Mitfeier und mystagogische Erklärungen. So würde die Liturgie gerade für diese Menschen zu einer lebendigen Katechese, die ihre Gottesbeziehung wieder stärken und vertiefen könnte.

Erneuerung der Liturgie, in diesem Zusammenhang gesehen, kann aber auch bedeuten, *neue liturgische Feiern* zu schaffen, um durch sie erst auf die „Vollform" der Sakramentenfeier vorzubereiten. Vielfach wurde z. B. an eine Form der Kindersegnung bald nach der Geburt gedacht, die ein erster Schritt einer „Taufkatechese" für die Eltern und die ganze Familie sein könnte. In der Diözese Erfurt versuchte man, ungetaufte Jugendliche zu einer „Feier der Lebenswende" in den Dom einzuladen, um damit der noch immer geschätzten säkularen „Jugendweihe" etwas entgegenzusetzen und Jugendliche im Entwicklungsalter mit Religiösem vertraut zu machen. Im Lauf des Kirchenjahres wäre zu überlegen, ob nicht Gottesdienste eingeführt werden könnten, die ein neues, heute verständliches Brauchtum initiieren. Man weiß, dass gerade Rituale, die den ganzen Menschen sinnenhaft ansprechen, oder bei denen er selbst tätig werden kann, auch in der säkularen Gesellschaft eine erstaunliche Anziehungskraft haben. Das ist der Grund, worum so viele Menschen gerade bestimmte Riten schätzen, wie den Blasiussegen, das Aschenkreuz, die Palmenweihe, Formen von Prozessionen und Wallfahrten.

Auch in einer säkularen Gesellschaft wird immer noch häufig der Wunsch geäußert, Menschen in besonderen Situationen oder auch neu geschaffene Werke, Gebäude oder Einrichtungen zu segnen. Solche „Reste" religiöser Sehnsucht sollten aufgegriffen werden und es wäre gut, gemeinsam mit den Betroffenen neue Formen der Besinnung und des Gebetes zu finden, die ihr Leben und ihr Schaffen bewusst unter die Wirklichkeit Gottes stellen.

Die Liturgiereform scheint ins Stocken zu geraten

Obwohl das Konzil die Erneuerung der Liturgie als Maßstab der kirchlichen Erneuerung angesehen hat, gibt es heute bedauerliche Anzeichen, dass der Prozess der Erneuerung ins Stocken geraten ist oder sogar bewusst gebremst wird.[388] Dafür gibt es verschiedene Gründe. Einmal die Enttäuschung. Man hat die liturgische Erneuerung zunächst zuversichtlich begonnen, der erwartete Erfolg, dass nun viel mehr Menschen und diese mit größerem Verständnis an der Liturgie teilnehmen, stellte sich aber nicht sichtbar ein. Zum anderen aber kommt es in vielen Pfarren auch zu einer gewissen Müdigkeit. Die immer wieder gut vorbereitete Liturgie – und nur so kann sie lebendig bleiben und aktuell – verlangt viel Anstrengung, ja sogar liturgische Weiterbildung. Wahrscheinlich hat das manche Pfarre überfordert, man griff lieber wieder auf „Altgewohntes", Einfaches zurück. Dazu kam, dass der Kreis derer wuchs, die den Verlust früher gebräuchlicher Gottesdienstformen beklagen und gerade der Erneuerung der Liturgie die Schuld am Rückgang des Kirchenbesuches geben. Viel schwerer aber wiegt, dass die Kirchenleitungen selbst mit zu wenig Nachdruck die notwendigen Erneuerungen eingefordert haben, sondern sie eher duch einengende liturgische Normen bremsten. Zu einer intensiven Diskussion, was nun wirklich mit der Erneuerung der Liturgie durch das Konzil gemeint war, hat neuerdings das Buch von Kardinal Ratzinger „Der Geist der Liturgie"[389] angeregt. Darin wird zunächst sehr tiefsinnig über den Kult an sich gehandelt und wie sich darin der Mensch mit dem ganzen Kosmos zur Verehrung Gottes verbindet. Im zweiten Teil aber geht der Autor sehr konkret auf verschiedene Formen der liturgischen Erneuerung ein und spart nicht mit vehementer Kritik. Nicht wenigen, die bislang der liturgischen Erneuerung nicht viel Bedeutung beigemessen haben, dienen solche Aussagen als wertvolle Unterstützung ihrer ablehnenden Haltung. Ich bin in einer Rezension dieses Buches zum Schluss gekommen: „Kardinal Ratzinger will keine wirkliche Erneuerung, sondern nur Wiederentdeckung der alten Liturgie. Sie ist für ihn wie ein wertvolles Fresko, das im Lauf der Jahre übertüncht wurde und nun frei-

---

[388] Vgl. dazu: H. Krätzl, Im Sprung gehemmt. Was mir nach dem Konzil noch alles fehlt. Mödling ^{4}1999, bes. 38–42

[389] J. Ratzinger, Der Geist der Liturgie. Freiburg 2000

gelegt werden soll. Ob das aber dem Auftrag des Konzils, Liturgie neu zu ordnen, entspricht?"[390]
Wenn aber Liturgiereform tatsächlich untrennbar mit Kirchenreform verbunden ist drängt sich die besorgte Frage auf, ob all das nicht auch ein Signal dafür ist, dass Erneuerung der Kirche insgesamt wieder gestoppt werden soll.

Glaubwürdigkeit der Kirche im 3. Jahrtausend wird auch an der Liturgie gemessen

Das religiöse Bedürfnis des Menschen von heute nimmt zu, gleichzeitig wächst aber auch die Distanz zur Kirche (den Kirchen). Die Kirche muss in dieser pluralen Gesellschaft zeigen, dass sie einen Dienst anzubieten hat, den man anderswoher nicht erwarten kann. Ein ganz besonders wichtiger Dienst aber ist, die Sehnsucht des Menschen nach Transzendentem (Heiligen) zu erfüllen. Am ehestens aber wird dies erlebbar in der Liturgie. So muss die Liturgie in Zukunft eine noch viel unmittelbarere Verbindung zum Leben haben. Sie soll aber auch Welt und Schöpfung einbeziehen. Schließlich ist der tiefste Sinn der Liturgie, Gottes Da-Sein und Wirken zu vergegenwärtigen. An der Liturgie wird es liegen, wie den Menschen künftig die Sehnsucht nach Gott wach- und der Himmel offen gehalten wird. Der Schritt ins dritte Jahrtausend ist für die Kirche die große Herausforderung für eine tief greifende Erneuerung. Eine der wichtigsten Quellen dafür ist die Liturgie. An der Art, wie sie gefeiert wird, werden aber auch viele Menschen die Glaubwürdigkeit der Kirche messen.

Die Langfassung dieser Darlegungen wurde publiziert: H. Krätzl, Liturgie und Kirche auf dem Weg ins 3. Jahrtausend. In: Bibel und Liturgie 73 (2000) 2, 92–98.

[390] H. Krätzl, Liturgieerneuerung auf falschem Weg? In: Die Furche v. 3. Aug. 2000, 5

Europa braucht die Kirche(n)

Das Thema Europa hat mich immer schon brennend interessiert. Mir wurde klar, dass zum Bau des „Hauses Europa“ die Kirchen unerlässlich sind. Freilich sind dazu zwei Voraussetzungen notwendig: dass die Christen selbst die Angst vor einem geeinten und doch (auch religiös) so pluralen Europa verlieren, zum anderen aber, dass sich die Kirchen so verändern, dass sie als glaubwürdige Mitbauer dieses künftigen Europas angesehen werden.
1988 initiierte ich selbst ein ökumenisches Symposion in der Orthodoxen Akademie in Kolympari/Kreta zum Thema „Verantwortung der Kirche für Europa“. Das Symposion war hochrangig besetzt. Von orthodoxer Seite kamen der Metropolit von Austria und Ungarn, Michael Staikos, der Akademiedirektor Alexander Papaderos, der aus Kreta stammende Professor für Orthodoxe Theologie an der Universität Graz, Grigorios Larentzakis. Es war die Wissenschaft vertreten durch Dr. Linos Benakis (Byzantinische Philosophie an der Universität Kreta), den Kirchengeschichtler P. Dr. Isnard Frank OP, den Wiener Byzantinisten Dr. Johannes Koder, den Naturwissenschaftler Dr. Reinhard Kögerler, den Politologen Dr. Norbert Leser, den Experten für Osteuropäische Geschichte Dr. Richard Georg Plaschka, die Dogmatiker Dr. Johann Singer und Dr. Josef Weismayer. Aus der Politik nahm der damalige Vizebürgermeister von Wien und spätere Unterrichtsminister Dr. Erhard Busek teil. Aus dem Kreis der Journalisten möchte ich nur Frau Dr. Pia Maria Plechl erwähnen, die die Seele der Tagung war.
Später habe ich mich mit dem Europagedanken besonders im Hinblick auf die Schule befasst. Einmal weil das meine Zuständigkeit in der Bischofskonferenz war, zum anderen aber, weil ich überzeugt bin, dass die Kirche gerade durch ihre Bildungseinrichtungen eine Infrastruktur hat, die ihr besondere Möglichkeiten und damit auch Verantwortung überträgt. Auf einem Europaseminar des Religionspädagogischen Institutes der Diözese Graz hielt ich am 8. 1. 1997 unter diesem Aspekt einen Vortrag, den ich hier etwas verkürzt wiedergebe:

Das Zusammenwachsen Europas ist eine geschichtliche Notwendigkeit. Die Gefahr, dass es aber ein Europa „einzig der Händler und der Wirtschaft“[391] wird und bleibt, ist groß. Es bedarf der Sammlung aller Kräfte, um Europa lebensfähig zu erhalten, aber auch, damit Europa wie in der Vergangenheit Impulse für die übrige Welt geben kann. Unter diesen Kräften haben die christlichen Kirchen eine besondere Geschichte und eine unverzichtbare Mitverantwortung für die Zukunft.
Ich möchte kurz das Wertevakuum in Europa skizzieren (1) und dann aufzeigen, welche Werte die Kirche bei der Erneuerung Europas einbringen kann und soll (2). Dafür steht der Kirche ein reiches Instrumentarium zur Verfügung, vor allem Bildungseinrichtungen (3). Wie aber muss die Kirche (die Kirchen) selbst erneuert werden, um dies leisten zu können? (4)

Was Europa heute bewegt und was ihm fehlt

In erster Linie bewegt es wirtschaftliche Überlegungen. Diesen scheinen alle anderen Fragen untergeordnet zu sein. Die Eintrittskarte in den gemeinsamen Markt (in die gemeinsame Währung) ist die Ordnung der je eigenen wirtschaftlichen Situation, besonders gemessen am eigenen Budget. Das fordert strenge Sparmaßnahmen, die zu Lasten der Ärmeren gehen, der sozial Schwachen, das zieht auch die Wegrationalisierung von Arbeitsplätzen nach sich. Dem scheinbar unverrückbaren Dogma vom quantitativen Wirtschaftswachstum werden immer mehr Arbeitsplätze geopfert. Keinesfalls ist der Mensch „Urheber, Mittelpunkt und Ziel der Wirtschaft“, wie es die Pastoralkonstitution des II. Vatikanischen Konzils fordert[392], sondern er ist deren „Sklave“. Wirtschaftliche Konkurrenz bedroht die kleinen Betriebe. Noch schwerer aber scheint eine wachsende Pluralität der Wertvorstellungen zu wiegen. Sie führt zu einer persönlichen Verunsicherung, zu einem Schwinden des Konsenses auch in wichtigen

[391] A. Grosser, Katholische Kirche und Europa. In: F. Kard. Wetter (Hg.), Kirche in Europa. Schriften der Kath. Akademie Bayern. Düsseldorf 1989, 185
[392] GS 64

Wertfragen und zu einer Privatisierung des Ethos. Traditionelle Werte wie Ehe und Familie werden zugunsten anderer partnerschaftlicher (auch gleichgeschlechtlicher) Lebensformen relativiert. Ganz offen wird auch über das Problem der Euthanasie, der aktiven Sterbehilfe, diskutiert. Bildung und Forschung werden nach der Nützlichkeit für die Wirtschaft taxiert und auch dementsprechend subventioniert. Erschreckend wenig Beachtung findet das Jugendproblem. Am ehesten denkt man über eine „europareife“ Ausbildung nach, die wieder am Bedarf der Wirtschaft bemessen wird. Vor allem aber bleibt völlig offen, von welchen Werten die heranwachsende Generation geprägt wird. Religion wird toleriert, aber nicht bewusst gefördert. Das Überhandnehmen der Sekten und fundamentalistischer Strömungen hat zwar viele aufgeschreckt, Maßnahmen werden aber am ehesten dort getroffen, wo die Wirtschaft unerwünschten Einfluss fürchtet, wie etwa durch die Scientologen.[393]

„Der Einfluss und die Bedeutung der abendländischen Kirche und ihrer verschiedenen Abkömmlinge geht mehr und mehr zurück. An ihre Stelle treten kirchenlose christliche und nicht-christliche Kultur(en) und ein nach seiner Identität suchendes Europa. In diesem Prozess erscheinen die Kirchen verunsichert und gelähmt, weil das Christliche ohne kirchliche und kultische Institutionen gewissermaßen säkular existieren kann.“[394]

Bei dieser kritischen Sicht fallen einem die prophetischen Worte Jacques Delors' vor vielen Jahren ein: „Wenn es uns nicht gelingt, Europa in den nächsten Jahren eine Seele, eine Spiritualität zu beschaffen, werden wir das Spiel verloren haben. Mit juristischem Geschick oder wirtschaftlichem Know-how allein ist Europa zum Scheitern verurteilt. Ich habe über die Geschichte Europas viel gelesen, um herauszufinden, was die eigentliche Identität Europas ausmacht. Dabei wurde mir bewusst, welch einziger Bestandsfaktor für Europa in der Vergangenheit wie in der Zukunft das Christentum ist.“ Mit anderen Worten heißt das, dass die

---

393 Vgl. deren umfassende Machtansprüche, die sie besonders über den Einfluss in der Wirtschaft geltend machen wollen

394 L. Lies, Europa und die Kirchen. Innsbruck 1995, 13

Zukunft Europas nicht von den maßgebenden Gesetzen allein abhängt, sondern von der Grundhaltung seiner Bürger, also ihrer Persönlichkeitsbildung. Und darauf haben allemal die Kirchen noch den größten Einfluss. Den Zusammenhang der Bildung der Menschen als Voraussetzung der Lösung sozialer Fragen haben die österreichischen Bischöfe in ihrem Sozialhirtenbrief 1990 an einigen Beispielen sehr deutlich gemacht[395]:

- *Gesellschaftliche Einrichtungen* hängen in ihrem Entstehen und in ihrem Funktionieren wesentlich von der sittlichen Einstellung der Menschen ab. Der gute Mensch und ‚das größte Glück der größten Zahl' erwachsen nicht aus veränderten Strukturen allein. „Die sittliche Verantwortung des Menschen lässt sich durch technischen oder organisatorischen Fortschritt weder produzieren noch ersetzen."[396]
- Wachsende *Freiheit* fordert größere (mitmenschliche) Verantwortung. Voraussetzungen für Verantwortung sind Haltungen wie Verlässlichkeit, Treue, Pflichtbewusstsein, Toleranz, Sinn für Nächstenliebe.[397]
- Für das Erfassen und die *Lösung sozialer Probleme* sind Bewusstseins- und Gewissensbildung notwendig.[398] Die großen sozialen Probleme wie Arbeitslosigkeit, Sorge für Alte und Kranke, Beheimatung von Flüchtlingen und Zuwanderern, Entwicklungshilfe, Verantwortung für Schöpfung und Umwelt fordern ein soziales Umdenken, eine soziale ‚Umkehr' der Menschen.

Aus all dem wird klar, dass die Zukunft Europas von der Grundhaltung seiner Bürger abhängt, von ihren Fähigkeiten, miteinander umzugehen, also von ihrer Persönlichkeitsbildung, von ihrem Menschenbild, wohl auch von ihrer „Weltdeutung". All das kann aber ein Europaparlament nicht leisten, es kann aber die Möglichkeiten dafür schaffen und jene Institutionen gewähren

---

[395] Sozialhirtenbrief der katholischen Bischöfe Österreichs, 15. Mai 1990, abg. SHB
[396] SHB 120
[397] SHB 120
[398] SHB 127

lassen, ja animieren, die diesem Europa eine „Seele“ zu geben vermögen. Und da sind vor allem die Kirchen angesprochen.

Themen und Werte, die die Kirche zum geistigen Aufbau Europas einbringen soll[399]

Es seien hier einige Themen genannt, die in der christlichen Soziallehre besonders betont werden und für die gerade die Kirchen eine besondere Motivation geben können.

Gemeinwohl

Es ist ein Begriff, den man in den politischen Debatten eher selten hört, da hier meist Einzelinteressen im Vordergrund stehen. In der christlichen Soziallehre aber hat er seinen festen Platz. Das Konzil versteht darunter „die Summe aller jener Bedingungen gesellschaftlichen Lebens, die den Einzelnen, den Familien und gesellschaftlichen Gruppen ihre eigene Vervollkommnung voller und ungehinderter zu erreichen gestattet“.[400] Ja die politische Gemeinschaft besteht schlechthin um dieses Gemeinwohls willen. Das Konzil sieht auch in diesem Zusammenhang die heute immer notwendigeren großen, sogar weltweiten Zusammenhänge. D. h. dass das Gemeinwohl „heute mehr und mehr einen weltweiten Umfang annimmt und deshalb auch Rechte und Pflichten in sich begreift, die die ganze Menschheit betreffen“.[401] Dabei mitzuhelfen hat die Kirche nicht nur den Auftrag Christi, sondern bringt dafür durch ihre länderübergreifende Verbreitung einen besonderen Erfahrungsvorsprung mit. Sie muss sich daher gegen alle drohenden Egoismen, Nationalismen und Rassismen zum Anwalt eines so verstandenen Gemeinwohlbegriffes in Europa machen.

399 Vgl. dazu H. Langendörfer, Die Kirche und die Erneuerung Europas. In: HK 45 (1991), 90ff.
400 GS 74
401 GS 26

Solidarität

Es ist eine Haltung, die der heutigen Gesellschaft fremd geworden ist. Selbst sozialdemokratische Politiker sprechen offen von einer „postsolidarischen" Gesellschaft. Und wo man Solidarität beschwört, meint man eher einen Zusammenschluss im Kampf gegen politische Gegner. Christliche Soziallehre nimmt das Maß für „Solidarität" am Liebesgebot Jesu und an seiner vorbildlichen Haltung gegenüber den Armen, Entrechteten, Außenseitern. Das Konzil schärft die ausnahmslose Achtung vor dem Nächsten ein. Er soll als ein „anderes Ich" angesehen werden und der Christ ist verpflichtet, auf die notwendigen Voraussetzungen für ein menschenwürdiges Leben des anderen bedacht zu sein.[402] Eine Achtung, die sich auch auf jene zu erstrecken hat, „die in gesellschaftlichen, politischen oder auch religiösen Fragen anders denken oder handeln als wir".[403] Das schließt sowohl die Option für die Armen ein als auch den Appell respektvollen Zusammenlebens mit „Andersdenkenden". Die Kirche wird mit ihrem Solidaritätsbegriff in Europa auch zum Anwalt weltweiter Verantwortung und damit für Entwicklungshilfe.

Subsidiarität

Dieser klassische Begriff christlicher Soziallehre meint, dass der Einzelne und die kleineren Gemeinschaften in der Gesellschaft zuerst zuständig sind. Die größere Gemeinschaft (insbesondere der Staat) hat nur jene Aufgaben zu erledigen, die die kleineren Gemeinschaften nicht bewältigen können.[404] Von diesem Prinzip aus werden künftig so wichtige Fragen zu beurteilen sein, wie etwa: Wie viel Staat soll/darf es geben? Welches ist das rechte Verhältnis von großräumiger Einheit und Wahrung der Selbständigkeit der kleineren Einheit? Wann braucht es Zentralismus oder mehr Föderalismus? Wohin werden konsequente Globalisierung und allerlei Machtkonzentration führen? Das Prinzip der

[402] GS 27
[403] GS 28
[404] A. Klose, Die kath. Soziallehre. Graz 1979, 229

Subsidiarität schützt nicht nur die „Kleinen“, sondern garantiert auch Leben und Erneuerung gerade „von unten“.

Werte und Moral

Die Zukunft Europas wird davon abhängen, zu welcher Wertordnung man sich gemeinsam entschließt. Wahrscheinlich sind die Kirchen die einzige Kraft, die eine Wertediskussion überhaupt in Gang bringen können. Einmal weil der moderne freiheitliche Staat – und ebenso ein Zusammenschluss solcher Staaten zu einer Union – weder auf eine allgemein anerkannte soziale Wertebasis zurückgreifen noch eine solche totalitär verordnen kann. Zum anderen, weil Kirchen vom politischen Alltagserfolg unabhängig sind. Freilich wird dies nur gelingen, wenn deutlich wird, dass Kirchen nicht für sich Positionen beanspruchen, sondern Werte einmahnen, die dem Zusammenleben, auch ohne Rücksicht auf konfessionelle Zugehörigkeit nützen, ja sogar unerlässlich sind.

Wegweisung zur Transzendenz

Bischof Egon Kapellari, damals noch Bischof in Klagenfurt, hat im November 1990 auf einer Veranstaltung vom „Rat Europäischer Bischofskonferenzen“ die Evangelisierung als eine Hauptaufgabe der Kirche in Europa genannt.[405] Die geistige Bedrohung Europas sei heute die ‚Säkularisierung‘ bzw. die ‚Banalität der Lebenskultur‘. Der Weg heraus geht über die Evangelisierung. Auch der Papst spricht oft davon. Der Niedergang von Ideologien, das schwindende Vertrauen in die Tragfähigkeit gesellschaftlicher Strukturen und die Unzufriedenheit mit einem nur auf Vergänglichkeit gründenden Dasein rufen danach, so der Papst, „der modernen Gesellschaft … eine Seele zu geben“.[406] Freilich darf das nicht unter dem Anschein von Indoktrination oder einer zwanghaften Missionierung geschehen, sondern in Form eines Ange-

---

[405] E. Kapellari, Aufgaben des Christen in Europa heute. Vortrag beim CCEE-Treffen in St. Georgen am Längsee, Kärnten, Nov. 1990. Sonderpublikation der Kathpress 9/90

[406] Johannes Paul II., Neuevangelisierung Europas. Ansprache an die Teilnehmer am VI. Symposion der europäischen Bischöfe am 11. Okt. 1985, dok. in: Osservatore Romano, Nr. 43, 25. Okt. 1985, n. 13

botes, wohl auch in Konkurrenz mit anderen Lebens- und Weltdeutungsmodellen.

Das Instrumentarium der Kirche für solchen geistigen Einfluss auf Europa

Über ihren eigentlichen Verkündigungsauftrag hinaus haben die Kirchen zwei besonders wirksame Instrumente zur geistigen Beeinflussung: das (kirchliche) Schulwesen, insbesondere den Religionsunterricht, und die Erwachsenenbildung. Vorweggenommen sei, dass der Einfluss umso wirksamer wird, je mehr es der Kirche gelingt, Eigenwerbung zu vermeiden und glaubhaft ‚selbstlos' der Gesellschaft, dem ‚Gemeinwohl' zu dienen.

Der Beitrag des Religionsunterrichtes zum geistigen Aufbau Europas

Das Einflusspotential ist zunächst unabschätzbar groß. Nahezu in allen europäischen Ländern gibt es RU, sogar in den staatlichen Schulen, und wo nicht, gibt es zumindest Katechese in den Pfarren (wenngleich die Zahl der Teilnehmer dann viel geringer ist). D. h. dass nahezu alle Jugendlichen zwischen 7 und 15 Jahren, bzw. bis zu 18 Jahren, RU erhalten. Der RU ist das einzige Schulfach, das direkt Persönlichkeitsbildung anstrebt. Die deutschen Bischöfe haben am 27. September 1996 ein beachtliches Dokument über „Die bildende Kraft des RUs" herausgegeben.[407] Es überrascht, welch weiten Bildungsbegriff die Bischöfe dabei verwenden. Dadurch wird aber deutlich, wie gerade im RU Haltungen vermittelt werden, die für ein gelungenes Zusammenleben in Europa unerlässlich erscheinen. Sechs dieser Haltungen seien hier angeführt:

1. *Wirklichkeitsbejahung oder konkrete Existenz:* Im RU ist jener Grund zu legen, „der über alle Befürchtungen hinweg Zuversicht gibt, der zureicht für das Wagnis, andere Freiheit auch gegen sich aufkommen zu lassen, sie anzuerkennen, sich für sie

[407] Die deutschen Bischöfe, Die bildende Kraft des RUs. Zur Konfessionalität des kath. RUs. 27. Sept. 1996. Hg. Sekretariat der Dt. Bischofskonferenz, Nr. 56

verletzbar zu machen, sich ihr anzuvertrauen".[408] Es geht also um einen Lebensentwurf, der gerade in einer Zeit weit verbreiteter Angst Zuversicht verleiht und der die Freiheit erst dort gewahrt sieht, wo sie auch anderen zugestanden wird. Eine Grundhaltung also gegen allen Pessimismus, aber auch gegen einen falsch verstandenen, egozentrierten Freiheitsbegriff. Eine solche Grundhaltung kann nicht abstrakt vermittelt werden, sondern muss durch die Persönlichkeit des Religionslehrers bezeugt werden und durch den Verweis auf eine konkrete Glaubensgemeinschaft, die im Hinblick auf Jesus von Nazareth und in seiner Nachfolge begründet ist.

2. *Perspektivität:* Es geht um die Fähigkeit, seine eigene Perspektive als begrenzte zu erkennen und an den Perspektiven anderer teilzunehmen. Das klingt zunächst fremd für einen RU, der vielfach sehr „dogmatisch" war. Und doch gilt dies auch von der Perspektive des Glaubens. Glaubenslehre ist nicht für alles kompetent, begrenzt sich ja schon selbst durch den „eschatologischen Vorbehalt" und das unbegreifbare Geheimnis, das wir Gott nennen. Geradezu ein didaktischer Grundsatz des RUs wäre also, aus der Perspektive anderer sehen zu lernen und neue Perspektiven hinzuzugewinnen. Das gilt schon für die Vielzahl von Perspektiven unter den katholischen Schülern selbst, das wird aber noch angereichert durch kirchlich nicht gebundene Mitschüler, „die zu einem reifen Selbstverständnis der christlichen Klassenkameraden unerlässlich sind".[409] Was würde die Ausbildung einer solchen Sicht für das gegenseitige Verständnis, ja für die gegenseitige Bereicherung unterschiedlich Denkender auch in der Gesellschaft bedeuten.
3. *Selbständigkeit*[410]: Gerade große Vorbilder der Bibel und auch der Kirchengeschichte zeigen, wie Menschen unter dem Anruf Gottes ausbrechen aus ihrer Lebensgeschichte und ganz eigenwillige Entscheidungen treffen. Im Galaterbrief wird ja geradezu eine christliche Mündigkeitserklärung aus der Erlösungstat

[408] a.a.O. 61
[409] a.a.O. 62f.
[410] a.a.O. 63f.

Jesu heraus proklamiert.[411] Es fällt natürlich immer schon schwer, Menschen, noch dazu Jugendliche zu solcher Freiheit zu provozieren. Angst davor ist auch berechtigt, wo für diese ‚Freilassung' nicht gleichzeitig die notwendigen Hilfen geboten werden. Diese sind: kritische Selbstdistanz und Argumente seitens der Erzieher, um Normen verständlich zu machen und im reifen, verantwortlichen Umgang mit ihnen das Gewissen zu bilden und Verantwortlichkeit wachsen zu lassen. Es braucht ‚Weisheit', nämlich die Fähigkeit, umsichtig und weitsichtig eine Situation beurteilen zu können, aus eigener und anderer Erfahrung zu lernen und die unvermeidlichen Negativlasten (Nebenfolgen) jeder Entscheidung für sich und für andere ins Urteil mit einzubeziehen. Schließlich braucht es Rücksicht und Askese. Rücksicht, das eigene Handeln aus der Sicht und aus den Bedürfnissen anderer zu sehen; Askese, also die Fähigkeit, auf durchaus berechtigte Bedürfnisse um anderer, höherer Werte willen zu verzichten.

4. *Verbürgter Lebenssinn*[412]: In der pluralistischen Gesellschaft gibt es eine Vielzahl von Sinnmustern. Um sich für eines verbindlich zu entscheiden, braucht es ‚Bürgen'. Im Evangelium und in der kirchlichen Tradition gibt es zahlreiche Zeugen und Bürgen für ein gelungenes Leben. Im kirchlichen Leben in Gruppen, aber auch im konkret gelebten Evangelium, wie es heute in Afrika oder Lateinamerika versucht wird, gründet sich eine solche ‚Bürgschaft'.
5. *Für-andere-Sein:* Die heranwachsende Generation steht in der Welt der Konkurrenz unter dem Druck, sich selbst behaupten zu müssen. Das Erleben von Freundschaften, Gemeinschaften, kann diese Belastung lindern. Trotz aller berechtigten Kritik gibt es nirgendwo anders „so viel deutlich gelebte Standfestigkeit, Zuversicht, Hingabe an andere und so viel Widerstandswillen wie in der Kirche. Hier wird dem Kältestrom des Eigeninteresses ein Wärmestrom des ‚Für-andere-Seins' entgegengesetzt."[413]

[411] Gal 4,1–11
[412] a.a.O. 65
[413] a.a.O. 65

6. *Ich-Identität:* Gerade im vielfältigen und rigiden Erwartungsdruck (Rollenerwartungen), unter dem heute ein junger Mensch steht, braucht es eine ‚lebensgeschichtliche Kontinuität'. Fehlt sie, verliert der Mensch seine entscheidungsfähige Mitte, die Verantwortungs- und Schuldfähigkeit. Andererseits aber macht eine starre Fixierung auf die eigene Lebensgeschichte unbeweglich und kommunikationslos. „So gesehen bedeuten Sündenvergebung und Versöhnung einen befreienden Ausbruch aus dem Gefängnis starrer biographischer Kontinuität. Sündenvergebung entreißt dem individuellen Verhängnis".[414] Dazu kommt im christlichen Glauben, dass die so ‚angestrengte Diesseitigkeit', die so viele Konflikte verursacht, in der Bildungsperspektive der eschatologischen Bestimmung aller Wirklichkeit Entspannung findet.

Aus dem Gesagten geht hervor, welche Grundhaltungen der RU im Menschen ausbilden kann und wie gerade ein solcher für eine Humanisierung des Zusammenlebens in Europa notwendig wäre. Unter diesen Voraussetzungen könnte und müsste sogar die Forderung aufgestellt werden, in den staatlichen Schulen Europas den konfessionellen RU zu belassen oder gar erst einzuführen.
Auf einem Symposion vom 13.–15. April 1991 in Rom über den RU in Europa wurde folgende Resolution gefasst: „Durch die Vermittlung christlicher Werte an die Jugend leistet die Kirche einen unersetzbaren Dienst zum geistigen Wachstum und zur Bildung von guten Bürgern in einem gemeinsamen Europa."[415] Und der Papst hat in seiner Ansprache an die Symposionsteilnehmer ausdrücklich gesagt, der RU verdient „als ein erstrangiger Beitrag zum Aufbau eines Europas betrachtet zu werden, das sich auf das den Völkern in West- und Osteuropa gemeinsame Erbe christlicher Kultur gründet".

[414] a.a.O. 66
[415] Symposion über den RU in Europa, 13.–15. April 1991, Rom, Resolution n. 2

Die katholischen Privatschulen

Im eng gesteckten Rahmen dieser Darlegung sei hier nur stichwortartig auf die größer werdende Bedeutung katholischer Privatschulen im europäischen Bildungswesen hingewiesen.

- Gerade in einer pluralen Gesellschaft haben die Eltern vermehrt das Recht, die Bildungsinstitutionen für ihre Kinder frei zu wählen.
- Kirchliche Privatschulen haben in vielen Ländern lange Erfahrung und Tradition und ihre Leistungsfähigkeit erwiesen. Dazu kommt die oft weltweite Vernetzung mancher Ordensgemeinschaften.
- In katholischen Schulen wurden früher als in anderen Bildung und Erziehung ganzheitlich gesehen. Durch ihren weltanschaulichen Hintergrund und ein besonders motiviertes Lehrerpersonal haben sie mehr Voraussetzungen dafür als andere Schulen.
- Solche Schulen erziehen zum Engagement für die Welt und für Europa, nicht nur aus praktischen Überlegungen, sondern als Konsequenz christlich gelebten Glaubens.
- Man sollte diese Chancen, oder besser gesagt: diesen ihren unersetzbaren Beitrag für die Bildung der Jugend Europas, selbstbewusst und verantwortungsvoll sehen. (Es ist bedauerlich, dass gerade in dieser Zeit neuer Herausforderungen viele katholische Schulen durch den Mangel an Ordensberufen in ihrer Trägerschaft bedroht sind.)

Kirchliche Erwachsenenbildung

Braucht Europa zur Bewältigung seiner Probleme sozusagen einen „neuen Menschen“, einen tiefer gebildeten, dann genügt nicht nur die Ausbildung der Jugend, sondern ist die entsprechende Bildung von Erwachsenen notwendig. Die Bedeutung der EB wächst in einer Zeit der notwendigen Beweglichkeit hinsichtlich der Berufe (Befähigung für neue Berufe), der rasanten Entwicklung in den einzelnen Sparten der Technik und der Wissenschaften (Weiterbildung) und der immer größeren Wahlmöglichkeit an Lebensmodellen und Lebenszielen, die ohne eigene Reflexion zur Orientierungslosigkeit führt. Die Kirchen haben in der EB ein unschätzbares Erbe, das sie auf die heutigen Erfordernisse anpassen müssen. Dabei sollte der EB die gleiche Beachtung gelten, wie der katholischen Schule oder dem Religionsunterricht. Strukturell hat die kirchliche EB in Europa schon seit langem einen festen Platz. Seit 30 Jahren besteht eine Föderation für kath. EB in Europa, ‚Fédération européenne pour l'éducation catholique des adultes' (FEECA). Sie ist heute bemüht, die Anliegen der kath. EB bei den europäischen Organisationen und Gemeinschaften sowie in der europäischen Bischofskonferenz zu vertreten. In letzter Zeit bemüht sie sich, vor allem auch in den ehemaligen Ostblockstaaten EB-Einrichtungen aufzubauen und Verantwortliche zu schulen.

Welche Kirche/n braucht Europa?

Konkret soll das hier für die katholische Kirche gesagt werden, obwohl vieles auch für die anderen christlichen Kirchen gilt.

- Die katholische Kirche muss ihre Stellung in und zum pluralen Europa erst noch viel deutlicher finden. Sie darf für die Durchsetzung ihrer Grundsätze nicht auf Machtpositionen hoffen, sondern muss plausibel machen, dass sie zum Gelingen der Persönlichkeitsbildung und damit für das gedeihliche Zusammenleben etwas Unersetzbares anbietet. Die Kirche muss vom Wort Gottes beseelt sein, darf aber nicht auf dessen Autorität allein pochen, sondern auf die Kraft der Argumente. Ihre Überzeugungskraft hängt davon ab, ob sie glaubhaft macht, nicht ‚belehren' zu wollen, sondern zu dienen.
- Kirche weiß sich angesichts zahlreicher Meinungsbildner als *eine* Kraft, die nicht mehr privilegiert ist. Ihre Notwendigkeit wird sie dadurch erweisen, dass sie ‚Lebenshilfe' anbietet, wobei hier eine Hilfe gemeint ist, die über das materielle, leibliche, irdische Wohl hinausgeht.
- Kirche hat sich im Konzil zum Dialog bereit erklärt. Das bedeutet aber nicht, mit anderen so lange zu reden, bis diese derselben Meinung sind, sondern heißt, deren Meinung ernst zu nehmen und auch bereit zu sein, von anderen zu lernen.

- Kirche muss, was sie Europa anbietet, gleichzeitig in den eigenen Reihen exemplarisch zu verwirklichen versuchen. Das gilt vor allem für Grundsätze wie Solidarität, Subsidiarität, Mitspracherecht, Gleichberechtigung der Geschlechter, soziale Gerechtigkeit, gewährte Freiheit bis hin zur freien Meinungsäußerung, Schutz der Schwachen und Marginalisierten.
- Die Kirche muss auch in den eigenen Reihen erst mühsam klar machen, dass der Weltdienst nicht Aufgabe einiger ist, sondern Verpflichtung aus dem Glauben.
- Die christlichen Kirchen müssten noch zu viel mehr Einheit in der Vielfalt zusammenfinden. Einmal weil gerade die Kirchentrennung die Berufung auf das ehemalige ‚christliche Europa' so belastet. Zum anderen aber, weil nur dann die christlichen Kirchen glaubwürdig zu Gemeinsamkeit bei aller Vielfalt aufrufen können.
- Das Gespräch mit den Weltreligionen müsste noch viel intensiver geführt werden, um einem säkularisierten Europa zu zeigen, welche Konsequenzen für das öffentliche Leben der Gottesglaube hat. Freilich wird man andererseits beim Anspruch auf Aufnahme religiöser Vorstellungen in die jeweiligen Staatsgesetze äußerst behutsam sein. Zu begrüßen ist eine Trennung von Staat und Kirche, was die gesetzliche Autonomie anlangt, notwendig aber ist bewusste Zusammenarbeit, wo es der Dienst am Menschen fordert.
- Die Kirchen müssten zum besseren Dienst am Gesamten Allianzen mit anderen guten Willens schließen. Alle in Europa gegebenen geschichtlichen Kräfte sollten zu einem solidarischen Sprechen und Handeln aktiviert werden.

Der Blick auf Europa verleitet uns Christen entweder neuerdings Macht- und Privilegienansprüche zu stellen, oder aber sich verunsichert aus dem politischen Geschehen zurückzuziehen. Vor einigen Jahren las ich in „Christ in der Gegenwart" eine dazu passende Glosse. Dort hieß es am Schluss: „Im anbrechenden 3. Jahrtausend erinnert uns der Weg der Christen an den Weg des Paulus nach Europa – damals über Athen. Auf dem Areopag versuchte er, seinen Zuhörern den ‚unbekannten Gott' als den Gott Jesu zu deuten. Die Gottesrede, den Gottesglauben, die Gottesfrage neu zu wecken, zu entschlüsseln, bleibt aber auch heute die eigentliche und erste öffentliche Aufgabe der Christen – ob über Straßburg oder Brüssel. Als die Zuhörer von der ‚Auferstehung der Toten' hörten, spotteten die einen, andere aber sagten: Darüber wollen wir dich ein andermal hören. So ging Paulus aus ihrer Mitte weg. Einige aber schlossen sich ihm an und wurden gläubig."[416]

Und was ist schließlich weltweit daraus geworden? Europa ist der heutige Areopag. Die Zukunft Europas wird wesentlich von den Christen abhängen: Ob sie es mitgestalten oder sich ihrer historischen Verantwortung entziehen.

Dieser Vortrag wurde beim Europaseminar in Graz als Manuskript verteilt. Das Symposion in Kreta wurde publiziert: H. Krätzl, A. Papaderos, R. Plaschka, J. Weismayer (Hg.), Verantwortung der Kirche für Europa. Interdisziplinäres Gespräch zwischen Orthodoxen und Katholiken. Selbstverlag des Religionspädagogischen Institutes Wien, 1989.

[416] „Die Christen im Haus Europa", in: CiG 49 (1997), 1

Globalisierung und die Herausforderung der Christen

Bischöfe sollen nicht zu allen Themen reden, man nimmt sie sonst insgesamt nicht mehr ernst. Ich wäre nie auf die Idee gekommen, zu einem Thema wie „Globalisierung“ etwas zu sagen, weil das Problem viel zu komplex ist. Im Frühjahr 2000 wurde ich dennoch mit dieser Frage konfrontiert. Ing. Hans Penz, 3. Präsident des niederösterreichischen Landtages und Direktor des Nö. Bauernbundes, bereitete mit seiner Familie ein groß angelegtes Fest zu seinem 50. Geburtstag vor. Er rief mich an und bat, ich solle dabei etwas „Nachdenkliches“ über Globalisierung sagen. Mein Ehrgeiz war geweckt, das Interesse wuchs und ich sagte zu. Einen guten Teil des Urlaubs verwendete ich dazu, mich in die so heikle Materie einzulesen. Am 1. September 2000 hielt ich dann im noblen Reitstall des Schlosses Grafenegg in Niederösterreich den Vortrag. Ich war kaum je zuvor so aufgeregt. Einmal weil unter den 500 Ehrengästen höchste Prominenz aus Bundes- und Landesregierung saß und viele Granden der Wirtschaft, wie der Chef des Raiffeisenkonzerns Dr. Christian Konrad oder der Generaldirektor von EVN, Dr. Rudolf Gruber, zum anderen aber machte mich nervös, dass schon alles für das festliche Abendessen gedeckt war und dieses seine verheißungsvollen Gerüche bereits verbreitete. Ich kürzte den Vortrag wesentlich, bekam viel Lob und keinen Tadel. Ing. Penz aber sandte nachträglich allen Teilnehmern die Langfassung als Erinnerung an das Fest zu.

Über Globalisierung wird heute sehr viel gesprochen und geschrieben. Dabei begegnen einem Hoffnungen, aber auch Ängste und Aggressionen bis hin zu einer fatalistischen Resignation. Besonders interessiert haben mich die Darlegungen der sog. Gruppe von Lissabon, in der 22 prominente Ökonomen, Soziologen, Politiker, Journalisten aus Europa, den USA und Japan zusammenarbeiten.[417] Ihre Überlegungen geben sehr viel Informa-

[417] Überlegungen der „Gruppe von Lissabon“, zusammengefasst in: Grenzen des

tion, sachliche Kritik, aber auch einen durchaus positiven Ausblick für die Zukunft.

Die Globalisierung ist nicht mehr aufzuhalten

Technischer Fortschritt, vor allem in der Kommunikation, ermöglichte eine fast lückenlose Vernetzung der Welt. Die Wirtschaft hat diese Gegebenheiten besonders intensiv genützt und dominiert heute weitgehend den Globalisierungsprozess. Nach Globalisierung ruft aber viel mehr. Etwa das Bewusstsein, dass Probleme des Bevölkerungswachstums, der Armut, der noch verbleibenden Ressourcen, der Klimaveränderung, der gerade durch die Zivilisation bedrohten Umwelt künftig nur mehr weltweit zu lösen sind. Die Sorge um die Zukunft, vielleicht sogar um das Überleben machte gemeinsames Handeln zur Pflicht.
Die bisherige Dreiteilung der Welt (1., 2. und 3. Welt) ist verschwunden, seit sich auch asiatische Länder als Gravitationszentren der sich globalisierenden Wirtschaft und Gesellschaft etabliert haben.[418] Dafür entstand eine neue, alles beherrschende „Trias" der drei entwickeltsten Regionen der Welt, nämlich Japan und die neu industrialisierten Länder Süd- und Südostasiens, Westeuropa und Nordamerika. Beunruhigend ist, dass mit dem erasanten Tempo der Wirtschaft die institutionalisierten Formen einer weltweiten politischen Regelung nicht Schritt halten konnten, aber offenbar auch nicht die Entwicklung der moralischen und ethischen Kräfte der Menschen. Trotz allem, die technischen Möglichkeiten einerseits, die wachsenden gemeinsamen Probleme der Welt andererseits treiben die Globalisierung immer weiter. Jetzt wächst die Herausforderung, wie dieser Fortschritt nicht nur wenigen Reichen, sondern möglichst vielen dienen kann. Und auch den Christen kommt in diesem Prozess eine wesentliche Mitverantwortung zu.

Wettbewerbs. Die Globalisierung der Wirtschaft und die Zukunft der Menschheit. Originalausgabe „Limit of Competition", bei MIT Press, Cambridge, Mass. 1995. Dt. Übersetzung: München 1997. Zusammensetzung der Gruppe und Ziel, vgl. S. 26. Wird hier künftig zit. mit ‚Lissabon'.

418 Vgl. dazu Lissabon, 29

Globalisierung klingt eigentlich sehr christlich

Der Soziologe Franz Xaver Kaufmann hat mit Recht darauf hingewiesen, dass der älteste „Global Player" die katholische Kirche sei, „welche sich von alters her unabhängig von territorialen Grenzen definiert und mit einem weltweiten Auftrag verstanden hat"[419]. Dieses universale Selbstverständnis ist schon im Alten und Neuen Testament grundgelegt.[420] So wird Abraham verheißen, dass durch ihn alle Geschlechter der Erde Segen erlangen sollen.[421] Der Prophet Jesaja sieht in einer Vision Jerusalem als den Mittelpunkt des messianischen Reiches, zu dem alle Völker pilgern.[422] Und Jeremia schließlich spricht von einer besseren Zukunft, in der Jahwe die Völker versammeln wird.[423] Im Neuen Testament kommt die Universalität des in Jesus Christus geschenkten Heils immer wieder zum Ausdruck, besonders in der Aussendung seiner Jünger „zu allen Völkern"[424] und in der weltweiten Dimension der Kirche, die sie durch das Pfingstereignis bekommt. Pfingsten zielt nicht auf Uniformität, sondern auf Einheit in Verschiedenheit ab.

Freilich wird man einwenden, dass gerade die Kirchen auf Grund ihres geistlichen Auftrags einer rein irdisch verstandenen Universalität eher warnend gegenüberstehen. Das mag für manche Strömungen im Lauf der Kirchengeschichte stimmen. Aber schon Johannes XXIII. stellte Weichen für die Christen zur Globalisierung. So forderte er 1960 die Christen auf, „Bürger der Welt" zu werden. In seiner Enzyklika „Mater et Magistra" 1961 weitete er

---

419 F. X. Kaufmann, Globalisierung und Christentum, in: P. Hünermann (Hg.), Das II. Vatikanum – christlicher Glaube im Horizont globaler Modernisierung. Paderborn 1998, 21

420 Vgl. dazu M. Maier, Die Kirche als „Global Player" – Theologische Überlegungen zu einer menschengerechten Globalisierung. In: Jahrbuch für christliche Sozialwissenschaften, Bd. 41/2000, 130–146

421 Gen 12,5

422 Jes 2, 1ff. In diesem Zusammenhang steht auch die Skulptur vor dem Gebäude der Vereinten Nationen in New York, auf der das Bild vom Umschmieden von Schwertern in Pflugscharen aus Jes 2,4 zitiert wird.

423 Jer 3,14–17

424 Mt 28,18f.

das Blickfeld der katholischen Soziallehre auf die weltweite Dimension. Und die Friedensenzyklika „Pacem in terris“ 1963 richtete sich nicht mehr nur an die katholischen Christen, sondern an „alle Menschen guten Willens“. In ebendieser Enzyklika integriert die katholische Kirche auch die Menschenrechte in ihre Lehre, nachdem sie ja früher im 19. Jh. zunächst erbittert gegen die Menschenrechtsbewegungen Widerstand geleistet hatte.[425] So gesehen ist die Kirche eigentlich von ihrer Lehre her verpflichtet, sich mit allen gerade ihr zur Verfügung stehenden Mitteln für die menschliche Gesellschaft universal einzusetzen. Und für jene, die Kirche auf ihre rein religiöse Sendung zurückschrauben wollen, wird sie wenigstens als eine der vielen „nichtstaatlichen“ Organisationen gelten, die heute schon einen ganz wichtigen Einfluss auf die Globalisierung nehmen.

Gewinner und Verlierer der Globalisierung

In den letzten Jahren hat sich die freie Marktwirtschaft nicht zuletzt durch den Zusammenbruch des kommunistischen Systems weltweit ausgebreitet. Die Triebkraft der globalen Wirtschaft ist der Wettbewerb. Dieser Wettbewerb führt immer häufiger zu weltweiten Zusammenschlüssen der Kapitalmärkte und Produktionsstätten. Ihr Hauptziel ist eine Gewinnmaximierung. Mit diesem „gnadenlosen Wirtschaftskrieg“ können aber nur mehr die drei großen Regionen Japan, Nordamerika und Westeuropa mithalten. Gewinner also sind zunächst jene in der „Triade“.
Der Anteil der übrigen Länder, vor allem der ärmeren Entwicklungsländer Afrikas und Asiens, am internationalen Wirtschaftsgeschehen ist im vergangenen Jahrzehnt drastisch gesunken. Sie wurden von der wirtschaftlichen Entwicklung faktisch abgekoppelt[426] und verlieren allmählich ihre Verbindung zu den ökonomisch fortgeschrittensten Ländern und Regionen der Welt.[427] Die

[425] Näheres dazu bei Maier, a.a.O. 135f.
[426] Vgl. Lissabon, 54ff.
[427] Lissabon, 110 mit Zahlenangaben über den Anteil der ärmeren Länder am Warenaustausch, was hochgerechnet eine zunehmende Spaltung zwischen integrierter globaler Welt und dem ausgeschlossenen Teil der Erde ergibt.

Hoffnung, dass die Erhöhung des Lebensstandards in den reichen Ländern zeitlich verschoben auch den „armen“ Ländern zugute komme, ist trügerisch. Die Gewinner werden weiter zusammenhalten, die Verlierer werden in ihrer Lage allein gelassen. Damit entsteht, gleichzeitig mit der Globalisierung, eine neue Spaltung der Welt.[428] Die neue globale Wettbewerbswelt schafft aber auch in den reichen Ländern neue Probleme, ja scheint die Gesellschaft dort direkt zu „verändern“. Der Faszination der Globalisierung steht die Angst gegenüber, die lokale Selbständigkeit zu verlieren. Es kommt daher zur Konkurrenz von Eigeninteressen und Gemeinwohl, zu einer Zunahme von Chauvinismus, von Intoleranz und Ausgrenzung, zu einer wachsenden Abwehrhaltung gegenüber dem „Zusammenstoß“ mit anderen Kulturen, aber auch mit anderen Religionen. Dort liegen auch die Wurzeln für Fremdenfeindlichkeit und Fremdenhass. Es ergibt sich die Paradoxie, dass das „Kleinerwerden“ der Welt die Distanz zu den anderen in vielfacher Weise vergrößert.[429]
Mit Globalisierung wird heute aber noch viel mehr in Zusammenhang gebracht, was Angst macht und die Grenze zwischen Gewinnern und Verlierern unscharf werden lässt: z. B. die alle berührenden Folgen eines sehr unterschiedlichen Bevölkerungswachstums; Massenarbeitslosigkeit, die zu neuen Migrationsbewegungen (Wirtschaftsflüchtlinge) führt; Ausbreitung organisierter internationaler Kriminalität (Wirtschaftskriminalität und Drogenhandel); ethnische und religiöse Konflikte, ein Zusammenstoß der verschiedenen Kulturen[430] und die Ausbreitung von Krank-

---

428 Lissabon, 110

429 Vgl. dazu G. Schweppenhäuser/J. H. Gleiter (Hg.), Paradoxien der Globalisierung. Weimar 1999, worin Christoph Türcke vor allem auch auf die kulturelle Verarmung im Zuge der Globalisierung aufmerksam macht. 154–163

430 Samuel Huntington hat diesen „Clash of Civilization“ als die bedrohendste Gefahr der nächsten Zukunft hingestellt. Vgl. Samuel P. Huntington, „The Clash oft Civilization?“ Foreign Affairs, Bd. 72, Nr. 3, Sommer 1993. Siehe auch sein Buch: „Kampf der Kulturen“. Die Neugestaltung der Weltpolitik im 21. Jahrhundert. München 1996. Seine Thesen entkräftet aber eindrucksvoll Karl-Josef Kuschel, Weltreligionen und Weltethos, in: K. J. Kuschel, A. Pinzani, M. Zillinger (Hg.), Ein Ethos für eine Welt? Globalisierung als ethische Herausforderung. Frankfurt/New York 1999, 121f.

heiten wie Aids. Die Globalisierung bleibt in ihren Auswirkungen nicht an den Grenzen der Länder stehen, sondern beeinflusst, ja irritiert auch deren Innenpolitik. Wird diese nämlich einseitig von wirtschaftlichen Überlegungen bestimmt, um international wettbewerbsfähig zu bleiben, geht dies oft auf Kosten von Sozial-, Umwelt- und Bildungsprogrammen.[431] Die Lissaboner Gruppe sieht heute als das Bedrohlichste an, dass der Globalisierungsprozess, wird er nur vom wirtschaftlichen Wettbewerb gesteuert, keine Antworten geben kann auf die neu auftretenden sozio-ökonomischen Ungleichheiten innerhalb einer Nation und zwischen den Nationen, auf die Ausbeutung und Schädigung globaler Ökosysteme, auf die Machtkonzentrationen in der Hand kaum kontrollierbarer multinationaler und multi-territorialer Unternehmen und globaler Kommunikationsnetze. Es fehlen auf globaler Ebene institutionalisierte Formen sozial verantwortlicher und demokratisch kontrollierter politischer Macht.[432] So verlieren auch einzelne reiche Länder Selbständigkeit und die Möglichkeit, soziale Probleme zu lösen.

Die wirtschaftliche Globalisierung scheint auf der Gewinnerstraße zu sein. Die noch notwendigere Globalisierung sozialer und humanitärer Angelegenheiten bleibt weithin auf der Strecke und wird fast nur von den vergleichsweise schwachen Netzwerken engagierter Gruppen und Nichtregierungsorganisationen (NGOs) vorangetrieben. Wächst aber das „Gefälle" zwischen jenen, die dabei sind, und jenen, die ausgegrenzt wurden, dann hat das politisch „selbstzerstörerische Konsequenzen für alle, auch für die gegenwärtigen Gewinner, die sich vor den gewaltsamen Gerechtigkeitsforderungen der Ausgeschlossenen langfristig nicht werden abschotten können."[433] „Heute steht fest, dass die Implikatio-

[431] Bildung muss sich, wenn gespart werden muss, immer mehr am Nutzen für die Wirtschaft legitimieren. So schlug in Österreich Nationalratspräsident Thomas Prinzhorn vor, in den Schulen statt Musik, Latein und bildnerischer Erziehung „Wirtschaft" zu unterrichten. Vgl. Der Standard, 24. 8. 2000, S. 6

[432] Lissabon, 20

[433] I. Gabriel, Aktuelle soziale Entwicklungen als Herausforderung für eine christliche Ethik. In: W. Krieger, B. Sieberer (Hg.), Caritas – Dienst an Mensch und Gesellschaft. Würzburg 1999, S. 12

nen der Globalisierung reziproker Art sind und auf die Ursprungsländer und Initiatoren der Moderne zurückschlagen, deren Gesellschaftssysteme und den Begriff der Moderne selbst verändern."[434] Wer wird künftig also noch zu den Gewinnern gehören? Woher können Kräfte kommen, die in die rasante ökonomische Globalisierung noch jene Werte einbringen, die sie erst „menschlich" machen?

Von wo dennoch eine Humanisierung der Globalisierung zu erwarten ist

Die Gruppe von Lissabon sieht in der einseitigen Form der ökonomischen Globalisierung eine Übergangsform. Sie ist optimistisch genug, dass die Gesellschaft insgesamt Wege findet, die Globalisierung für viele, vielleicht sogar für alle, fruchtbar zu machen. Ihre Hoffnung setzt sie zuerst auf das Wachsen einer *„globalen Zivilgesellschaft"*. Diese ist eine komplizierte „Galaxie"[435] und setzt sich aus Tausenden organisierten Gruppen und Institutionen zusammen. Dazu gehören die Ökologie- und Umweltbewegungen, Vereinigungen, die zu Gewaltlosigkeit und Frieden mahnen, Gruppen, die eine neue Ethik in der Wirtschaft und bei technologischen Innovationen durchsetzen wollen, Institutionen, die sich für die supranationale Zusammenarbeit von Minderheiten und zum Schutz von Flüchtlingen und Migranten einsetzen, die den Dialog zwischen den Religionen fördern wollen. Sie sind sehr unterschiedlich organisiert, international, multinational oder auch lokal, mit hauptamtlichen oder ausschließlich ehrenamtlichen Mitarbeitern. Jedenfalls ist es ein sehr hoffnungsvolles Zeichen: „Die globale Zivilgesellschaft ist der Ausdruck der hohen moralischen und humanitären Standards, die viele Formen sozialen Engagements in der heutigen Welt auszeichnen."[436]

---

[434] Gerhard Schweppenhäuser in der Einleitung zu G. Schweppenhäuser/J. H. Gleiter (Hg.), Paradoxien der Globalisierung. Weimar 1999, 8
[435] Lissabon, 37
[436] Lissabon, 37

Leider sind diese Bewegungen heute oft stark zersplittert und unkoordiniert.
Aber dennoch spielen sie auch schon heute ein bedeutende Rolle.[437] Sie übernehmen z. B. die Funktion eines sich entwickelnden globalen Gewissens. Die globale Zivilgesellschaft ist der wichtigste Verfechter der moralischen Prinzipien der Allgemeinen Erklärung der Menschenrechte. Zweitens wird die globale Zivilgesellschaft zur Sprecherin der Weltbevölkerung in sozialen Fragen in Bezug auf den weltweiten Kampf gegen Hunger und Unterernährung, auf Verbesserung der Lebensbedingungen der Frauen in vielen Ländern, auf den Erhalt des ökologischen Gleichgewichts, den Abbau der Armut und der Intoleranz usw. Die Zivilgesellschaft war es, die auf Druck ihrer nationalen Regierungen die Rio-Konferenz durchsetzte, die zum Beschluss der sog. ‚Agenda 21' führte.[438] Drittens aber bietet die globale Zivilgesellschaft innovativen politischen Verhaltensweisen einen globalen Raum. „Durch ihre vielseitige Art zu handeln, trägt sie direkt zur Lösung von Problemen bei und nutzt Chancen zur Erarbeitung neuer institutioneller, ökonomischer und sozialer Ansätze."[439] Diese verschiedenen Organisationen und sozialen Gruppen sind ein machtvolles Instrument einer demokratischen Bewegung. „Sie können Probleme sichtbar machen, Verantwortlichkeit erzwingen, öffentliche Entscheidungsfindungen präzisieren und die eigentliche Basis für die Entstehung demokratischer Strukturen bilden."[440] Es fällt auf, dass die Lissaboner Gruppe, wenn sie von der „Gewissensfunktion" spricht, die Kirchen wohl erwähnt, ihnen aber offenbar viel weniger Bedeutung beimisst als nichtkirchlichen Vereinigungen. Das scheint ungerecht zu sein, ist andererseits aber auch eine wichtige Herausforderung, über die noch zu sprechen sein wird.

---

437 Mehr dazu bei Lissabon, 39f.

438 Die USA wollten z. B. zunächst gar nicht teilnehmen, taten dies erst, als ihre Verhandlungsziele akzeptiert worden waren. Weder multinationale Konzerne noch Gewerkschaften engagierten sich. Mehr bei Lissabon, 40

439 Beispiele dafür in Lissabon, 41

440 Lissabon, 170

Inmitten dieser Zivilgesellschaft setzt die Gruppe von Lissabon ihre Hoffnung auch auf eine sog. *„Globalisierungs-Elite"*.[441] Gemeint ist jene Generation von Industriellen, Topmanagern und leitenden Angestellten von Unternehmen, die mit humanistischen Zielen und Verantwortungsgefühl neue Strategien für den Weltmarkt entwickeln. Sie haben erkannt, dass quantitatives Wachstum nicht mehr das Hauptziel der Innovation sein kann. Sie wissen, dass eine neue Art von Wachstum erst noch entwickelt werden muss, wenn der Kampf gegen die wachsende Arbeitslosigkeit und gegen die wachsende weltweite Armut erfolgreich sein soll.[442]

Bei aller Wertschätzung der zivilen Gesellschaft weiß die Lissaboner Gruppe, dass die Hauptverantwortung für eine humane Weiterentwicklung hauptsächlich bei den *drei einflussreichsten Regionen* selbst liegt. Dort gibt es aber auch das notwendige Potential dazu. „Es ist die tiefe Überzeugung der Mitglieder der Gruppe von Lissabon, dass Japan, Nordamerika und Westeuropa ihre enormen Potentiale und Mittel in Wissenschaft und Technik sowie ihren wirtschaftlichen Reichtum mit dem Ziel nutzen müssen, eine neue globale Welt – zusammen mit den anderen Völkern und Ländern der Erde – zu entwickeln und zu verwirklichen, eine Welt, die ökonomische Effizienz, soziale Gerechtigkeit, eine ökologisch nachhaltige Entwicklung und politische Demokratie miteinander versöhnt, anstatt sie ausschließlich für ihre eigenen Interessen und den Kampf um globale Hegemonie zu nutzen."[443] Aber zur Verwirklichung braucht es globale, politische Strukturen. Dazu schlägt die Gruppe von Lissabon *vier weltweite Sozialverträge* vor: einen Grundbedürfnisvertrag, durch den die absolute Armut weltweit beseitigt werden könnte; einen Kulturvertrag, durch den Toleranz und interkulturelle Kontakte gefördert werden sollen; einen Demokratievertrag, der unter ande-

[441] Lissabon, 41ff.

[442] Als Beispiel für eine solch neue aufgeklärte Elite werden jene Industriellen, Manager und Experten aufgeführt, die dem von Stephan Schmidheiny gegründeten Schweizer Wirtschaftsrat für Nachhaltige Entwicklung angehören und die Zeitschrift „Kurswechsel" publizieren.

[443] Lissabon, 27f.

rem eine Vernetzung der demokratischen Kräfte auf Weltebene und eine internationale Bürgerversammlung vorsieht, und einen Erdvertrag, durch den eine nachhaltige Entwicklung weltweit gefördert werden soll.[444] Eine derartige Politik erscheint zunächst noch als Utopie. „Doch ihre Realisierung ist eine Überlebensfrage. Denn die Alternativen dazu sind eine globale Anarchie bzw. eine Hegemonie der Stärksten, die zu noch größeren Ungerechtigkeiten in der weltweiten Güterverteilung führen würde."[445] Der Erfolg kann aber – wie es scheint, wider alle Hoffnung – nur eintreten, wenn es zu einer weltweiten Gesinnungsänderung möglichst vieler kommt.

Notwendige Grundhaltungen für eine humane Weiterentwicklung der Globalisierung

Gesellschaftliche Verhaltensweisen basieren auf Grundeinstellungen und Werten. Humanität in der Gesellschaft setzt humane Grundeinstellung voraus, auch und besonders in einer demokratischen Gesellschaft. Und „die Hauptspielräume der Politik sind abhängig von den Einstellungen und Verhaltensweisen ihrer Bürgerinnen und Bürger."[446] Welche Grundeinstellungen braucht unsere Gesellschaft, dass Politiker jenen Spielraum für eine humanere Politik von ihren Wählern bekommen?

Der Mensch muss als Hauptziel von Wirtschaft und Politik gesehen werden

Das Ziel der Wirtschaft besteht „weder in der vermehrten Produktion als solcher, noch in der Erzielung von Gewinn oder Ausübung von Macht, sondern im Dienst am Menschen".[447] Je anonymer der Wirtschafts- und Finanzprozess wird, umso mehr

---

[444] Lissabon, 172–186. Ansätze für derartige Verträge gibt es auf verschiedenen Weltkonferenzen der letzten Jahre, vor allem auf dem Umweltgipfel von Rio 1992 und dem Sozialgipfel von Kopenhagen 1995.

[445] Gabriel, 13

[446] Gabriel, 17

[447] Konzilsdokument „Gaudium et Spes", 64. Vgl. dazu auch den Sozialhirtenbrief der kath. Bischöfe Österreichs vom 15. Mai 1990, bes. Nr. 17ff.

wächst die Gefahr, dass der Mensch auf der Strecke bleibt. Der wirkliche Wert der ökonomischen Globalisierung wird also daran zu messen sein, wie sie sich auf den Menschen auswirkt. Eine Studie der französischen Kommission von Justitia et Pax hat im März 1999 drei Kriterien genannt, an denen die Globalisierung in all ihren Aspekten geprüft werden muss: „Ist ihr vorrangiges Subjekt der Mensch und seine Entwicklung? Geht sie zum Nutzen von allen Menschen? Respektiert sie deren Vielfalt?“[448] Die christliche Soziallehre hat das Personalitätsprinzip immer besonders betont und Papst Johannes Paul II. wird nicht müde, in seinen Sozialenzykliken immer wieder den Menschen in den Mittelpunkt aller Entwicklung zu stellen. Und der frühere deutsche Bundespräsident Roman Herzog forderte in seiner Rede auf dem Weltwirtschaftsforum in Davos 1999 eine „weltweite soziale Ordnung mit dem Menschen im Mittelpunkt“.[449]

Es braucht eine neue Form von Solidarität

Obwohl die Welt immer „kleiner“ wird, schwindet erschreckend die solidarische Haltung. Solidarität wird meist nur mehr verstanden als Zusammenschluss bestimmter Interessengruppen gegen andere, auf unser Thema abgestellt, als Solidarität der Reichen gegen oder zumindest unter Außerachtlassung der Armen. Solidarität aber müsste sich gerade mit jenen zeigen, die in Not sind, müsste sich erweisen in einer konstruktiven Entwicklungshilfe, in Entschuldung der ärmsten Länder usw. Erstaunlich ist auch, dass die Gewerkschaften, sonst international angelegt, gerade diese weltweite Verantwortung kaum wahrnehmen. Sie kämpfen um den Erhalt des Arbeitsplatzes ihrer Mitglieder im eigenen Land, sogar um manche ihrer Privilegien, aber machen sich weltweit viel zu wenig stark gegen eine wachsende Arbeitslosigkeit. Für die Gewerkschaften wäre heute die Globalisierung eine ebenso neue, noch nicht bewältigte Herausforderung, wie es vor mehr als hundert Jahren die Industrialisierung war.

---

448 Maitriser la mondialisation. Document de la Commission Justice et Paix-France, in: La documentation catholique Nr. 2201 (1999), 333

449 R. Herzog, Für eine globale Verantwortungsgemeinschaft, in: FAZ, 29. 1. 1999

Trotz Welttourismus, trotz Surfen im weltweiten Internet, trotz Nachrichtenübertragungen aus dem kleinsten Winkel der Erde ist das Denken sehr kleinräumig geblieben. Zurzeit wachsen Egoismen aller Art und Nationalismen. Dahinter steht die Angst, die eigene Identität zu verlieren. Aber eigene Identität findet oder wahrt man nicht durch Abschottung, sondern indem man sich seiner eigenen Geschichte, der eigenen Kultur, der tradierten Religion bewusst wird und gerade dadurch auch seine je eigene Verantwortung für das größere Ganze erkennt.

Subsidiarität und Verantwortung

In unüberschaubaren, vernetzten, eben auch „globalen" Systemen wird Verantwortung leicht abgeschoben. Globalisierung darf nicht die Universalisierung einer einzigen Lebenswelt bedeuten, nicht in einen politischen, kulturellen und ökonomischen Imperialismus der reichen drei Regionen ausarten. Die Spannung zwischen Global und Lokal kann nur fruchtbar werden, wenn man bereit ist, im eigenen Bereich verantwortungsbewusst zu handeln, und sich aber dabei der gemeinsamen Verantwortung für Gegenwart und Zukunft bewusst wird. So wie das Subsidiaritätsprinzip mit dem Vertrag von Maastricht 1991 Eingang in das europäische Vertragswerk fand, muss es auch zu einem wesentlichen Prinzip einer menschengerechten Globalisierung werden.

Eine neue Form der „Enthaltsamkeit"

Auf dem Erdgipfel von Rio 1992 hat der damalige US-Präsident George Bush erklärt: „Unser Lebensstil steht nicht zur Debatte."[450] Kritisch wurde eingewandt: „Er muss zur Debatte stehen, weil er sein Umweltkonto auf Kosten anderer weit überzieht, daher ungerecht, unmoralisch und nicht zukunftsfähig ist."[451] Aber weni-

[450] Zit. G. Iben (Hg.), Demokratie und Ethik wohin? Antworten auf die Globalisierung. Münster 1997

[451] H. Kessler, Umwelt, Markt, Ethik und Religion. Wege zu einem globalen Umweltethos. In: Demokratie und Ethik wohin? 100

ger Konsum scheint ja geradezu „wirtschaftsfeindlich" zu sein. So meinte einmal der Philosoph Hans Jonas. In einer Gesellschaft, die vom Markt bestimmt ist, wird mit allen Werbemitteln zu einem steigenden Konsum aufgefordert. Gerade deshalb ist es wichtig, auch die guten, oft sogar notwendigen Gründe für mehr Bescheidenheit oder gar für Verzicht wieder zu nennen, nicht nur zum persönlichen Vorteil, sondern „im Weitblick auf die Erhaltung des terrestrischen Gesamthaushaltes. So ist also eine neue Form der ‚Enthaltsamkeit' eine Facette der Ethik der Zukunftsverantwortung."[452]

Entpolitisierung der Religionen und Bereitschaft zum Dialog

Die großen Weltreligionen, zumal die drei prophetischen Religionen Judentum, Christentum und Islam bekennen sich grundsätzlich zu einer Kultur des Friedens. Dennoch ist gerade der Beitrag dieser Religionen zu einer Humanisierung der Globalisierung durch politische Implikationen gestört. Das trifft vor allem zu, wo Religionen politische Herrschaftsansprüche stellen, wo religiöse Normen Staatsgesetz werden sollen und damit anderen in der pluralen Welt aufgezwungen werden. Der interreligiöse Dialog darf nicht an abstrakten theologischen Fragen oder Fragen der Geschichte hängen bleiben, sondern soll zur gegenseitigen Herausforderung werden, gerade im Sinne des einen Gottes auch zu mehr Einheit in der Welt beizutragen.

„Weltethos" als moralisches Reservoir für eine neue Weltordnung

Über die Gemeinsamkeit der monotheistischen Religionen hinaus ginge es heute um eine wachsende Allianz zwischen allen Menschen guten Willens. Vermutlich wäre das auch die so notwendige Klammer für die oft noch so gespaltene „Zivilgesellschaft". Gerade im Gegensatz zur These von Samuel P. Huntington vom „Zusammenprall der Kulturen" mahnt der Schweizer Theologe Hans Küng zu einem Dialog der Kulturen auf der

[452] H. Jonas/D. Mieth, Was für morgen lebenswichtig ist. Freiburg-Basel-Wien 1982, 22f.

Grundlage eines Weltethos.[453] Aus einem solchen Dialog könnten sich folgende gemeinsame Verpflichtungen ergeben[454]:

- Verpflichtung auf Gewaltlosigkeit und Ehrfurcht vor dem Leben
- Verpflichtung auf Solidarität und eine gerechte Wirtschaftsordnung
- Verpflichtung auf Toleranz und auf ein Leben in Wahrhaftigkeit
- Verpflichtung auf Gleichberechtigung und wirkliche Partnerschaft zwischen Mann und Frau.

Eine neue Weltordnung kann von keiner Supermacht verordnet werden, wie es der amerikanische Präsident nach dem Golfkrieg einst hybride ankündigte. Sie kann nur aus dem Gesinnungswandel der Menschen, einem gemeinsamen Ethos kommen.

Globalisierung, eine besondere Herausforderung für die Christen

Die Christen dürfen der Globalisierung nicht nur als kritische Beobachter gegenüberstehen, sondern von ihnen wird ihre Weiterentwicklung wesentlich abhängen. Was haben sie für diese Entwicklung einzubringen?

Humane Dimensionen und ethisch-moralische Prinzipien: Die katholische Kirche hat diese in einer erstaunlich modernen und aktuellen Form in vielen Sozialenzykliken der Päpste (besonders des regierenden Papstes) dargelegt. Sie schöpft dabei aus Optionen, die das Evangelium als unverzichtbar hinstellt, wie die Option für die Armen, das Gebot der Nächstenliebe und Solidarität, den Ruf nach Gerechtigkeit und Ehrfurcht vor der Schöpfung. Strukturell kommt der katholischen Kirche auch die diplomatische Infrastruktur zugute. Der Vatikan hat die Rechte eines souveränen Staates und ist daher in vielen Weltorganisationen und bei Weltkonferenzen vertreten.

[453] Dazu H. Küng, Menschenverantwortung für die Menschenrechte: Eine Herausforderung für die Vereinten Nationen. In: Ein Ethos für eine Welt? 27

[454] Vgl. dazu H. Schalück, Bleibt die Kirche im Dorf? – Globalisierung als Herausforderung an das kirchliche Selbstverständnis. In: Jahrbuch für christliche Sozialwissenschaften 41. Bd./2000, 147 – 159, bes. 156

Die Kirche muss die *Rolle einer unbequemen Mahnerin* übernehmen. Sie muss falsches Bewusstsein und das oft undurchschaubare Interessenspiel der Mächtigen aufdecken. „Dabei muss sie besonders für die Marginalisierten, die sich nicht auf der Sonnenseite des Lebens befinden und sich nicht selbst in die allgemeine Solidarität einbringen können (und das sind heute nicht nur Einzelne oder kleine Gruppen, sondern ganze Völker und Kontinente) eine Bresche schlagen und eine Anwaltschaft für die Armen und Ärmsten übernehmen."[455]

Bildung des Wissens und Appell an das Gewissen der Gläubigen: Kirchliche Bildungsarbeit sollte ihre vielen Möglichkeiten gerade auch zum besseren Verstehen des Problems der Globalisierung nützen. Und dieses rechte Wissen, ja auch der je mögliche Einsatz zu einer Humanisierung der Globalisierung ist nicht beliebig, sondern kommt aus einer Verpflichtung aus dem Glauben.

Die Kirche soll all ihre weltweiten Strukturen noch wirksamer zur *Mitarbeit an der Globalisierung* einsetzen. Die Christen sollen nach den Worten des Papstes „der Globalisierung des Profits und des Elends eine Globalisierung der Solidarität entgegenhalten".[456] Sie tun dies heute schon in vielen Hilfswerken in der Dritten Welt, durch Partnerschaften, durch Einsatz von Entwicklungshelfern. Auch die Form bisher üblicher Missionstätigkeit hat sich wesentlich ausgeweitet zu einer Form der Solidarität mit den Ärmsten. All diese Möglichkeiten wären noch besser zu nützen. Die Spannung zwischen Globalem und Lokalem fordert geradezu zu einer „*neuen Katholizität*" heraus.[457] Robert Schreiter, seit 1977 Professor für Systematische Theologie an der Catholic Theological Union von Chicago, stellt die Theologie in den Kontext des Globalisierungsprozesses. Ein neues erweitertes Verständnis von Katholizität im Sinne von Grenzen überschreitendem Austausch könnte eine ganz neue Herausforderung für die Theologie sein

---

455 W. Kasper, Kirchliche Entwicklungsarbeit im Zeichen universaler Solidarität, in: Stimmen der Zeit 12 (1996), 799, Anm. 7

456 Dies betonte der Papst bei seinem letzten Besuch in Österreich 1998 vor den Diplomaten in der Wiener Hofburg.

457 Diesem Gedanken geht nach: R. J. Schreiter, Die neue Katholizität. Globalisierung und die Theologie. Frankfurt 1997

und eine kreative, glaubwürdige Form von Kirche wie von Theologie befördern.

Christliche Ökumene und „alternative Globalisierung": Der Ökumenische Rat der Kirchen hat 1998 in Harare u.a. gesagt: „Die Vision hinter der Globalisierung ist eine Vision, die im Wettbewerb steht mit der christlichen Vision der Ökumene, der Einheit der Menschheit und der ganzen bewohnten Erde. Die einzelnen Christen und Kirchen sind dazu aufgerufen, die Herausforderung der Globalisierung als Sache des Glaubens zu begreifen, Widerstand gegen die zunehmende Dominanz wirtschaftlicher und kultureller Globalisierung zu leisten und nach Alternativen zum gegenwärtigen Wirtschaftssystem zu suchen."[458] Vielleicht wäre gerade die erkannte gemeinsame Verantwortung der Christen ein neuer Impuls für Ökumene insgesamt.

Die Herausforderung für den christlichen Politiker: Die Gestaltung der Strukturen auf nationaler und internationaler Ebene entscheidet wesentlich die Politik. Wenn schon den Christen insgesamt die Mitverantwortung für das Geschehen in der Welt aufgetragen ist, dann ist es unersetzlich, dass sich immer wieder Christen, die die Befähigung dazu haben, auch in die vorderste Front der Politik begeben. Die Politik braucht immer wieder neue Impulse gleichsam von unten, aus einer pluralen Zivilgesellschaft. Aber die Letztverantwortung liegt bei den Politikern selbst. Und dort dürfen christliche Politiker nicht fehlen. Sie sind nicht der verlängerte Arm der Kirchen, sondern aufgerufen, gerade aus ihrem Glauben, aus ihrer Sachkompetenz heraus im Geiste Jesu Christi einen Dienst an dieser Gesellschaft zu leisten.

Publiziert: H. Krätzl, Globalisierung – wo bleibt der Mensch? In: Impulse für die pastorale Arbeit, Nr. 29. Pastoralamt der Erzdiözese Wien, 2000.

[458] Zit. bei Schalück, 148

V.

„Alle meine Quellen entspringen in dir…“

Wer das Buch bis hierher gelesen hat, wird jetzt vielleicht enttäuscht fragen: „Hat der Titel ‚Neue Freude an der Kirche‘ nicht zu viel versprochen?“ Es war doch mehr von Sorgen und Kritik die Rede als von Freude. Ich möchte noch einmal zusammenfassen, wieso ich gerade in der wachsenden Sorge um die Kirche neue Freude an ihr gefunden habe. Erneuerungsbedürftig an der Kirche ist ihr äußeres Kleid, das im Lauf der Zeit durch Einwirkungen von außen und durch Verhaltensweisen innerhalb der Kirche zerrissen und zerschlissen wurde. Aber gerade angesichts dieser äußeren Erscheinungsform drängt es einen, intensiver nach dem Wesen zu fragen. Dieses besser zu erkennen, erzeugt tatsächlich neue Freude an der Kirche, macht wieder stolz, ihr Glied sein zu dürfen. Solches erlebte ich und wollte es in vielen Beispielen anderen zeigen. Ich möchte dieses Buch mit einem sehr persönlichen Bekenntnis zur Kirche beschließen, der ich die Liebe zu Gott und ein so erfülltes Leben verdanke.

Ein dankbares Bekenntnis zur Kirche

Wenn ich auf meine 70 Lebensjahre zurückschaue, auf 47 Priester- und 24 Bischofsjahre, dann erfüllt mich eine große Dankbarkeit gegenüber der Kirche. Mein ganzes Leben ist durch sie geprägt. In die Kirche wurde ich hineingetauft, in ihr bin ich groß geworden, von ihr habe ich so viel geschenkt bekommen, ihr durfte ich als Priester und als Bischof dienen. Das Psalmwort „Alle meine Quellen entspringen in dir ..." fasst dies für mich wunderbar zusammen und sooft ich diesen Vers bete, will ich damit erneut ein inniges und dankbares Bekenntnis zur Kirche ablegen.

Die Kirche, meine Heimat von Kindheit an

Schon meine Kindheit war eng mit Kirche, eigentlich mit zwei Kirchen verbunden, mit der Pfarrkirche St. Ulrich im 7. Wiener Gemeindebezirk und mit der ganz nahen Klosterkirche der Sionsschwestern. In dieser Klosterkirche durfte ich am 21. Juni 1936, also noch nicht ganz 5 Jahre alt, zur Frühkommunion gehen. Ich erinnere mich noch genau an dieses Ereignis, es war für mich der Beginn einer innigen Christusbeziehung. Hernach ging ich fast täglich zur Kommunion, zunächst an der Hand meiner frommen Mutter, später beim häufigen Ministrantendienst. Kirche erlebte ich damals vor allem in der Liturgie, die mich faszinierte. Und obwohl ich natürlich noch kein Latein konnte, gab ich dem Priester beim so genannten Stufengebet auf den Eingangsvers „Introibo ad altare Dei" voll Begeisterung zur Antwort: „Ad Deum, qui laetificat juventutem meam" (Ps 43,4). Ja, Gott hat meine Jugend wahrhaft froh gemacht!
In meiner Jugend- und ersten Schulzeit erlebte ich die Unterdrückung der Kirche durch das Naziregime. Die katholische Privatschule, in die ich ging, wurde gesperrt, zum Religionsunterricht in der öffentlichen Schule musste man sich anmelden, er fand dann aber doch nie statt. Ich war zu jung, um Widerstand leisten zu können, spürte aber schon etwas vom Heldenhaften

derer, die sich gegen das Regime aufbäumten. In unserer Familie war klar, dass die Kirche den Vorrang vor allen politischen Überlegungen und Ereignissen hat.

Nach dem Krieg bildete sich in unserer Pfarre eine überaus lebendige Jugendgruppe unter der Leitung hervorragender Priester aus dem Missionshaus St. Gabriel bei Wien. Freizeitgestaltung und Wanderungen, ausgedehnte Sommerlager, Jugendchor, aber auch jugendgerechte Liturgie (soweit dies damals möglich war) verbanden uns zu einer festen Gemeinschaft. So erlebten wir Kirche als Ort pulsierenden Lebens, die uns eine erfüllte und frohe Jugend schenkte. Aus dieser Pfarrgruppe gingen später 10 Priester hervor und 5 Ordensschwestern. Sehr viele fanden dort auch ihren künftigen Ehepartner und die meisten von diesen Ehen wurden aus dem Glauben gelebt und hielten vorbildlich. Die „Jugend" von damals trifft sich heute noch einmal im Jahr. Es war übrigens die Zeit, da Zur-Kirche-Gehören einen maßlos stolz machte und weite Kreise der Jugend davon erfasst wurden. Meine Absicht, Priester zu werden, die ich schon von klein auf hatte, wurde in dieser Zeit immer mehr bestärkt.

Nach der Matura ging ich sofort ins Wiener Priesterseminar. Bei aller Enge, die damals in einem solchen Seminar herrschte, war ich überglücklich. Ich möchte diese Seminarjahre nicht missen. Der Weg zum Priestertum war für mich nahezu ohne Bedenken und Schwierigkeiten. Als ich am 29. Juni 1954, im Marianischen Jahr, zum Priester geweiht wurde, war mein Lebenswunsch erfüllt.

Zwei Jahre war ich dann Kaplan in Baden bei Wien. Baden, eine alte Kurstadt, war damals zugleich das russische Hauptquartier mit 20.000 Offizieren, Soldaten und ihren Familien. Wie zum Kontrast lief daneben das kirchliche Leben ab. Die Gottesdienste waren voll, die Jugendgruppen überaus zahlreich. Aus den Jungschargruppen, die ich betreute, wurden später zwei Priester. Mir schien damals, dass eigentlich über kurz oder lang doch alle zur Kirche gehören müssten, weil hier die einzig gültige Antwort auf das Leben gegeben wird und die Quelle vollen Lebens zu schöpfen ist.

Nach zwei Kaplansjahren wurde ich 1956 Zeremoniär beim neu ernannten Erzbischof von Wien, Dr. Franz König, dem früheren Weihbischof von St. Pölten. Seine Ernennung für Wien kam überraschend und blieb nicht ohne Kritik. Man hatte viel eher mit dem damaligen Bischofskoadjutor Dr. Franz Jachym als Nachfolger von Kardinal Innitzer gerechnet. Da bekam ich die ersten Einblicke in „Kirchenpolitik“ und Machtverhältnisse, erlebte aber auch, wie ein neuer Erzbischof Fuß fasst in einer so großen Diözese. Es war eine Zeit, in der die Kirche in Österreich sehr hohes Ansehen genoss. Und von Kardinal König lernte ich, wie wichtig der Kontakt zu Politikern, Wissenschaftlern und Medienschaffenden ist. Mein Stolz, den ich immer schon auf die Kirche hatte, wuchs noch mehr. Auch die vielen, die nicht aktiv in der Kirche waren, respektierten sie, besonders wenn sie ihnen durch Personen wie Kardinal König repräsentiert wurde.

Nur wer „Rom“ kennt, versteht auch die „römisch“-katholische Kirche

Von 1960 bis 1963 war ich in Rom zu einem Zusatzstudium für Kirchenrecht. Was ich damals dort erlebte, hat mein Kirchenbild wesentlich erweitert. Zunächst öffnete sich mein Blick auf eine „Welt“-Kirche hin. An der päpstlichen Universität Gregoriana studierten Priesteramtskandidaten und schon geweihte Priester aus verschiedenen Kontinenten, Afrikaner und Asiaten, viele Amerikaner aus Nord und Süd und viele aus allen Ländern Europas. In den Pausen versuchten wir uns in den gängigen Weltsprachen zu unterhalten, die Vorlesungen waren alle noch in Latein und jeder konnte folgen. Ich bewunderte etwa die Afrikaner wegen ihres phänomenalen Gedächtnisses. Sie konnten in kurzer Zeit voluminöse Skripten auswendig lernen, verstanden aber oft nicht, was so viel Theorie und Systematik eigentlich mit dem Alltagsleben der Kirche zu tun haben sollte. Von ihrer Heimat, die oft weit weg war, brachten sie viele eigene, uns nicht so bekannte Probleme mit. Ich hatte allerdings den Eindruck, sie redeten zu wenig darüber aus einer fast kindlichen Ehrfurcht vor „Rom“, aber wohl

auch, weil sie Angst hatten, mit ihren Problemen vielleicht als rückständig, kulturell noch zu wenig entwickelt zu erscheinen. Jedenfalls war es für mich die Zeit, weit über Rom und Europa hinausschauen zu lernen. Ich war froh, dass die Kirche weltumspannend ist!
In meiner Romzeit lernte ich auch die kirchliche Zentralverwaltung kennen mit ihren erstaunlichen Leistungen, aber auch mit manchen irdischen Menschlichkeiten. Ich bewunderte, wie eine weltumspannende Kirche im Vergleich zu anderen internationalen Organisationen mit einem verhältnismäßig kleinen „Apparat" auskommt. Das ist nur möglich durch den rastlosen Einsatz vieler Frauen und Männer, Ordensschwestern und Priester, die aus Liebe zur Kirche rund um die Uhr arbeiten. Daneben erlebte ich aber auch manche „Menschlichkeiten" wie Geltungsdrang und Karrieresucht. Bei Empfängen und Begegnungen aller Art blühte der legendäre römische „Tratsch". Man erfuhr sehr viel Interessantes, konnte hinter die „Kulissen" schauen, musste das Gesagte bisweilen aber auch vorsichtig abwägen. Dennoch vermittelten mir gerade diese „menschlichen Schwächen" eine neue Liebe zur Kirche, die eben bei all ihrer inneren Heiligkeit zu jeder Zeit in einem „irdischen Kleid" einhergeht. Jedenfalls weiß ich seit damals Vorgänge in der Kirche besser zu beurteilen und Wesentliches vom Unwesentlichen zu unterscheiden.
Schließlich habe ich gelernt, dass man engen Kontakt zu Rom halten soll. Nicht um gleich immer zu fragen, was man tun dürfe, sondern um die Erfahrungen aus den Heimatdiözesen ganz persönlich vorzubringen. Wo das geschieht, wird das Bild der eigenen Diözese auch in Rom klarer gesehen und die Probleme an der Basis werden in der Zentrale unmittelbarer verstanden. Nur so kommt die Mitverantwortung der einzelnen Bischöfe für die Gesamtkirche zum Ausdruck, die ja auch gemeinsam mit den Verantwortlichen in Rom notwendige Neuerungen anbahnen müssen. Nur wer „Rom" kennt, kann vieles in der „römischen Kirche" verstehen, interpretieren und wenn nötig auch in Geduld ertragen.

Eine Kirche auf dem Weg zu Neuem

Als ich 1954 zum Priester geweiht wurde, ahnte ich nicht, wie sehr sich die Kirche im Lauf meines Priesterlebens verändern werde. Vielleicht war es gut so, weil ich von Natur aus ängstlich bin und in den ersten Priesterjahren Sicherheit, Stabilität, ja auch die so unbestrittene Akzeptanz der Kirche in der Öffentlichkeit zur eigenen Selbstbestätigung brauchte. Dann aber haben mich die vielen verschiedenen Aufgaben in der Kirche reifer gemacht und ich lernte die Kirche gerade in ihrem Erneuerungsprozess tiefer lieben.

Es macht mich heute froh, dass man die Erneuerung in der Kirche nicht (nur) von oben erwartet, sondern dass so viele Frauen und Männer, Priester und Laien, Gruppierungen und Basisgemeinden gerade aus Liebe zur Kirche sich darum sorgen und mahnend Vorschläge machen. Und wo immer um der Glaubwürdigkeit der Kirche willen mit Neuem eigenwillig experimentiert wird, beurteile ich das milder, als wo längst vorgeschriebene Erneuerungen aus Liebe zum Gewohnten oder aus Bequemlichkeit missachtet werden.

Mir hat auch die Arbeit in der christlichen Ökumene neue Freude an der eigenen Kirche geschenkt. Die Frage nach dem je Eigenen ließ mich die Entwicklungen in der Tradition meiner Kirche genauer sehen, sowohl was in der Geschichte gefehlt war, als auch, was gerade meine Kirche besonders bewahrt hat und nun mit anderen teilen kann. Die Freude wächst auch, wenn sich der enge Blick der Konfessionen auf die viel größere, *eine* Kirche Jesu Christi weitet, auf die wir alle zugehen und in der die gewachsenen Verschiedenheiten erst die ganze Fülle der Gaben des Geistes anzeigen.

Zuletzt erlebe ich auch tiefe Genugtuung und Freude, wenn die Kirche trotz mancher beißender Kritik in der Öffentlichkeit schließlich doch als Gesprächspartner oder gar Vermittler in neu auftauchenden Problemen der Gesellschaft dringend gesucht wird. Ich bin stolz, dass der Papst gerade in seinem so rastlosen Einsatz für Frieden und mehr Gerechtigkeit, zum Schutz des

Lebens und der Würde aller Menschen weltweit so großes Ansehen genießt. Die Akzeptanz bei seinen vielen Reisen zeigt den Respekt vor der moralischen Autorität dieses Mannes und der christlichen Lehre, die er verkündet. Die vielen Besuche von Staatsmännern der ganzen Welt im Vatikan lassen schließen, dass man von hier Anregungen erwartet, die anderswo so nicht zu bekommen sind.

„Ich glaube an die Gemeinschaft der Heiligen"

Die Kirche ist eine Gemeinschaft von Sündern, aber auch von vielen Heiligen. Bei Firmpredigten versuche ich immer, den Jugendlichen ein wenig die Liebe zur Kirche durch den Blick auf die großen Gestalten der Geschichte zu wecken. Unter anderem zeige ich ihnen, wie der Geist Gottes, den wir ja gerade in der Firmung auf sie herabrufen, so viele Menschen befähigt hat, ihre Zeit und auch so manches in der Kirche zu verändern. Ich zähle gerne jene Heiligen auf, die sie heute besonders mögen, wie den hl. Franz von Assisi, den hl. Martin und den Mädchen stelle ich besonders Elisabeth und Katharina von Siena vor. Viele der Firmlinge haben heute Taufnamen von großen Frauen und Männern aus dem Alten Testament, aber auch aus der unmittelbaren Jüngerschar Jesu. Wenn ich sie dann bei ihrem Namen rufe und salbe, bleib ich gern noch stehen und sage ihnen ein persönliches Wort über ihren Namenspatron. Manchmal erwähne ich auch die vielen „Heiligen" unserer Tage, eine Mutter Theresa von Kalkutta, der Indien sogar ein Staatsbegräbnis ausrichtete, einen Maximilian Kolbe, der stellvertretend für einen Familienvater in Auschwitz in die Todeszelle ging, einen Erzbischof Romero von San Salvador, der für seinen Einsatz für die Ärmsten während einer Eucharistiefeier erschossen wurde. Aber es sind nicht nur die Heiligen, die uns schon in die Ewigkeit vorausgegangen sind, sondern die vielen, die heute leben und ihre besten Kräfte aus dem Glauben heraus für den Frieden und die Versöhnung einsetzen. Ich möchte den Jugendlichen zeigen, wie stolz man sein kann, selbst Glied einer Kirche zu sein, in der so viele Frauen und Männer aus dem

Glauben heraus die Welt im Geiste Jesu Christi verändert haben und auch heute wesentlich mitgestalten.
In meiner Jugend lasen wir gerne die Hymnen an die Kirche von Gertrud von Le Fort. Sie geben die glühende Liebe einer Konvertitin zur Kirche wieder, einer Kirche, die für sie alles geworden war. Später fürchtete ich, dass die Sprache der Dichterin und das doch zeitgebundene Pathos heute nicht mehr allen verständlich sei. Als ich aber vor wenigen Jahren bei Exerzitien für Priesteramtskandidaten dennoch wagte, daraus zu lesen, war ich erstaunt, dass auch diese Generation noch sehr bewegt zuhört. Ich will mit Worten aus diesen Hymnen schließen, die ich selbst oft gelesen habe und in denen ich auch meine Liebe zur Kirche in hoher künstlerischer Form ausgedrückt finde. Gertrud von Le Fort hält in ihrem Werk Zwiesprache mit der Kirche. Dabei lässt sie die Kirche selbst aus der Geschichte erzählen, wie sie schon heimlich in den Tempeln der Heiden war und bei den einsamen Frauen, auf die der Geist fiel, wie sie die Sehnsucht aller Zeiten ist und ihr großes Zusammen und ihr ewiges Einig. Und dann sagt die Kirche von sich selbst:

„Ich bin die Straße aller Straßen:
Auf mir ziehen die Jahrtausende zu Gott!"

In meinem langen Priesterleben ist mir immer mehr bewusst geworden, dass die Kirche tatsächlich die Straße aller Straßen ist hin zu Gott. Ich wüsste keinen anderen, besseren Weg. Und auf dieser Straße möchte ich auch künftig mit möglichst vielen gemeinsam den Pilgerweg des Glaubens gehen, manchmal mühsam, gebückt und gebeugt, sicher aber gestärkt und froh, wenn wir auf das uns allen verheißene Ziel schauen.